12 séquences de géographie au CE2

W0274739

Jacques Arnaud
professeur des écoles et maître formateur

Nicole Darcy
conseillère pédagogique

Daniel Le Gal
professeur des écoles et maître formateur

Atouts Disciplines

www.editions-retz.com
9 bis, rue Abel Hovelacque
75013 Paris

RETZ

Dans la collection « Atouts disciplines »

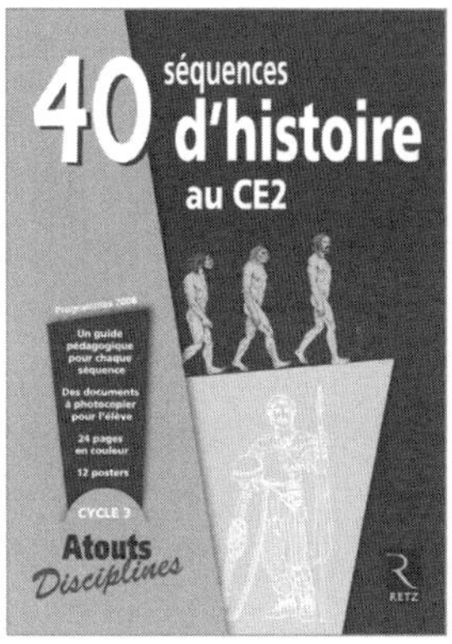

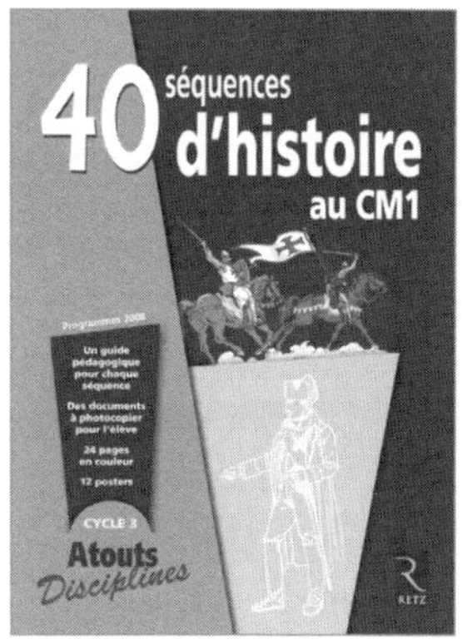

ISBN : 978-2-7256-2811-0

Conception graphique : Anne-Danielle Naname
Réalisation : Françoise Nolibois
Direction éditoriale : Sylvie Cuchin
Édition : Adeline Guérin-Grimouille
Correction : Florence Richard
Recherche iconographique : Anne Mensior
Cartes et schémas : Domino

FSC
www.fsc.org
MIXTE
Papier issu de sources responsables
FSC® C022030

N° de projet : 1077114
Dépôt légal : juin 2009
Achevé d'imprimer en France, en mars 2011
sur les presses de JOUVE, 53100 Mayenne - N° 628242R

Sommaire

Le développement durable

Les posters

1 • Une vue aérienne de Caen

2 • La vallée du Rhône : un axe de communication

3 • Régions et départements français

4 • Le val de Loire à Amboise

5 • Une côte rocheuse en Bretagne : l'île de Groix, dans le Morbihan

6 • Les salines de Guérande

Présentation générale

Construire son savoir en géographie

La géographie est enseignée de l'école élémentaire au lycée. Tous les Français étudient donc la géographie, mais savent-ils ce que recouvre cette discipline ?

Pour les non-spécialistes, la géographie se résume à connaître la Terre, c'est-à-dire à localiser et à nommer des pays, des océans, des capitales... Pour les spécialistes, la géographie va au-delà de ces affirmations puisqu'elle est la science de l'organisation de l'espace. Si, aujourd'hui, cette idée est admise, il n'en a pas toujours été ainsi. En effet, les géographes se sont d'abord intéressés à l'exploration du monde, puis à la surface de la Terre, à son relief, sa végétation, ses climats, puis aux hommes qui vivaient dans ces milieux naturels. Au XXIe siècle, la géographie ne tourne pas le dos à ces différents éléments, bien au contraire, mais elle les englobe dans une analyse qui les met en relation afin d'aboutir à des explications.

Faire de la géographie dès le cycle 3, c'est prendre en compte les critères qui permettent d'expliquer l'organisation de l'espace. Ceux-ci se résument à cinq points fondamentaux :

- C'est d'abord dépasser la description (graphie) de la Terre (géo). Certes, cette description est une étape incontournable et la démarche proposée dans les différentes séances l'atteste, mais elle est un simple point de départ au questionnement ; des objets géographiques sont repérés.
- C'est ensuite sortir de l'inventaire formel. Les séances de géographie ne s'arrêtent donc pas à une liste d'« objets géographiques » perçus et repérés, mais elles se poursuivent par une recherche de réponses explicatives aux phénomènes constatés.
- C'est aussi un rapport à l'espace qui prend en compte la présence d'acteurs ayant des intérêts conflictuels. Ainsi, l'aménagement d'une zone rurale ou la lutte contre la pollution du littoral par des hydrocarbures sont des actions qui prennent en compte des points de vue différents. Cette dimension ne peut plus être ignorée en géographie puisque ce sont, d'abord et avant tout, les interactions dans les sociétés humaines qui donnent du sens aux espaces.
- C'est la recherche de réponses à des situations perçues par le biais d'un changement d'échelle. Ainsi, la carte, le schéma et la photo sont des outils privilégiés du géographe. Toute situation locale trouve une explication dans un contexte plus vaste. Par exemple, le développement d'un village trouve des explications liées à sa situation par rapport à la présence d'une ville et de voies de communication à proximité du lieu étudié. Par ces différentes entrées géographiques, l'élève commence à comprendre la spécificité de certains espaces géographiques.
- C'est enfin la prise en compte de la dimension temporelle qui permet d'expliquer les permanences et les mouvements d'un paysage.

Des références sont donc mises en place afin d'offrir aux élèves d'aujourd'hui et aux adultes de demain la possibilité d'agir en conscience. Parmi ces enjeux : acquérir quelques références politiques, sociales, économiques et culturelles à réinvestir dans d'autres domaines... Ces références contribuent à la constitution d'une culture citoyenne. La géographie vise ainsi à constituer une culture commune. Elle a aussi pour mission, à l'école, de permettre à l'élève de devenir le citoyen de demain, notamment en se forgeant un esprit critique.

Une pédagogie centrée sur l'élève

« Être géographe, c'est avoir un projet et être prêt à utiliser les approches propres à cette discipline comme outil de lecture du monde, du territoire organisé par les sociétés humaines », dit Robert Ferras. Au cycle 3, la géographie est une discipline qui développe des qualités d'observation, de questionnement, de mise en relation, d'explication. Pour acquérir ces compétences, deux démarches sont possibles : inductive (à partir de l'observation d'un exemple, on produit un modèle explicatif) et déductive (on vérifie un modèle général à l'aide d'exemples).

Au cours de la première année du cycle 3, les élèves se sont approprié la démarche inductive : formulation d'hypothèses, de problématiques, lecture de documents variés, construction d'outils de référence diversifiés.

En fin de cycle 3, la démarche déductive est parfois adoptée, car elle requiert une grande habitude de la part des élèves à élaborer des « modèles géographiques » qui seront validés au cours de la séance.

Exemple de démarche déductive

La démarche déductive propose un cheminement inverse à la démarche inductive. Les élèves se placent d'emblée dans l'abstraction en élaborant un modèle explicatif, solution à un problème posé, construisant ainsi un concept géographique. Cette solution est ensuite comparée à la réalité du terrain. La confrontation avec un « objet géographique » connu des élèves va leur permettre de construire les notions mises en jeu.

Au terme de ce cheminement, les élèves s'aperçoivent que la réalité coïncide avec le modèle. Celui-ci est alors associé à une loi géographique, c'est-à-dire à une représentation du concept. ■

Des séances de géographie au service de la maîtrise des autres disciplines

Les auteurs proposent des séquences de géographie en lien avec les nouveaux programmes 2008. Ainsi, les enseignants pourront aborder les thèmes retenus en tenant compte de la maîtrise des autres domaines disciplinaires.

Les nouveaux programmes font référence au lien entre la langue française et les autres disciplines. « Faire accéder tous les élèves à la maîtrise de la langue française, à une expression précise et claire à l'oral comme à l'écrit, relève d'abord de l'enseignement du français mais aussi de toutes les disciplines.[1] » Le souci des auteurs a donc été d'intégrer aux séances de géographie des compétences spécifiques à la maîtrise de la langue.

Différents travaux réalisés par les élèves permettent la compréhension de textes informatifs et documentaires. Grâce à des situations d'échanges variés, l'élève « apprend à tenir compte des points de vue des autres, à utiliser un vocabulaire précis appartenant à un niveau de la langue courante[2] ». Chaque séance, en indiquant le lexique à aborder, vise à l'acquisition d'un vocabulaire spécifique. Les programmes soulignent cet impératif en précisant que « tous les domaines d'enseignement contribuent au développement et à la précision du vocabulaire des élèves[3] ».

Les séances « font l'objet d'écrits divers, par exemple des résumés et frises chronologiques, des cartes et des croquis[4] ». La méthode suivie dans cet ouvrage permet en effet aux élèves de s'exprimer dans toutes formes d'écrits, dans le but de comprendre le monde dans lequel nous vivons. Les élèves sont donc amenés « à mobiliser leurs connaissances et compétences dans des situations progressivement complexes pour questionner, rechercher et raisonner par eux-mêmes ».

« Les capacités d'organisation et de gestion des données se développent par la résolution de problèmes de la vie courante ou tirés d'autres enseignements[5] ». Ainsi, les auteurs font référence aux mathématiques, aux sciences et à l'instruction civique pour faire de ces séquences de géographie une véritable démarche transdisciplinaire.

Les trois objectifs de la démarche scientifique du géographe

- Construire des connaissances articulées autour des grands concepts de la géographie.
- Engager les élèves dans la maîtrise de la langue.
- Atteindre des compétences transversales, des savoir-être. ■

1. *Programmes d'enseignement de l'école primaire*, B.O. hors-série, n° 3, 19 juin 2008, p. 21.
2. *Ibid.*
3. *Ibid*, p. 22.
4. *Ibid*, p. 28.
5. *Ibid*, p. 23.

Avertissement de l'éditeur

Suite aux nouveaux programmes d'enseignement de l'école primaire parus en 2008, les *séquences de géographie* de la collection « Atouts disciplines » ont été entièrement revues et certaines séquences ont été déplacées d'un niveau à l'autre.

Du paysage au croquis d'interprétation

Qu'est-ce qu'un paysage ?

Définir un paysage n'est pas tâche facile. En effet, un même paysage peut être perçu de manière différente : le peintre sera sensible à la lumière, la forme, la couleur ; le naturaliste observera la végétation et la vie animale ; le géologue sera sensible à la qualité des roches ; le promeneur cherchera les sensations auditives et olfactives, le touriste sera attiré par le patrimoine et ses apports culturels...

Quant au géographe, comment perçoit-il le paysage ? De nombreux géographes se sont essayés à la définition du paysage. Ainsi, Veyret et Lemaître le définissent comme « un lieu soumis au regard ». Tricart et Deffontaines l'associent à « la portion de territoire vue par un observateur où s'inscrit une combinaison de faits et des interactions dont on ne perçoit à un moment donné que le résultat global ». Pour Nembrini, il s'agit de « la vision subjective de la réalité d'un espace géographique ». Tous s'accordent à dire que le paysage est ce que l'on voit et que le paysage n'existe que par le regard de celui qui l'observe.

En géographie, le paysage est un espace offert à la vue de l'observateur. Ce n'est pas une donnée objective, mais une représentation qui dépend de la culture, de la qualité de perception de l'observateur et des moyens techniques qu'il peut utiliser. Mieux encore, des paysages ont été inscrits par l'Unesco sur la liste des sites classés, au même titre que certains monuments.

Pourquoi travailler sur le paysage à l'école ?

L'analyse des paysages est une des finalités de la géographie pour comprendre l'espace où vivent les hommes. En effet, cette étude se justifie à partir du moment où le paysage devient une interface entre les hommes et leur espace, où il révèle leurs activités et leurs modes de fonctionnement. Il doit être considéré comme un élément de la mémoire collective des peuples [1]. Lorsque les programmes 2008 soulignent l'appropriation d'une culture commune pour les élèves, ils font référence au paysage qui revêt l'aspect du document patrimonial. Le paysage est ainsi porteur d'un héritage qu'il faut essayer de connaître, même s'il est mouvant. Il est le témoignage visible de l'action des hommes dans le passé et le présent. La valeur patrimoniale qu'on lui assigne oblige donc forcément à s'interroger sur son devenir, qui se traduit en termes d'évolution, de transformations mais aussi d'agression ou de protection.

La lecture de paysage vise un triple objectif :

- Tout d'abord, elle permet « d'identifier, de reconnaître des objets géographiques divers [2] ».
- Elle permet ensuite « de différencier des espaces géographiques et, à l'intérieur, des unités paysagères spécifiques [3] ».
- Le paysage permet enfin « de mettre en relation ces unités paysagères (ville et campagne proche, ville et fleuve, quartiers différents...) [4] ».

Faire de la géographie ne se limite cependant pas à une simple lecture de paysage. En effet, la seule vision d'un paysage ne peut à elle seule permettre d'en expliquer le fonctionnement. Le paysage ne dit pas tout (voir *Présentation générale*, p. 5). La finalité visée est d'amener l'élève à construire progressivement un regard sur le paysage. De « beau, coloré et composé de villas et de voiliers », le paysage de la Côte-d'Azur à Port-Grimaud devient « un espace touristique organisé et intégré à l'espace français et européen ». C'est lorsqu'il fait sens que le paysage devient une clé d'entrée dans un espace organisé.

Méthodologie

La lecture du paysage passe par le croquis d'interprétation, seul moyen permettant de contrôler la qualité de l'analyse du paysage. Comment procéder ? Il existe sans doute des manières différentes d'aborder la lecture de paysage. Celle utilisée dans les séances proposées dans cet ouvrage suit le déroulement suivant.

Étape 1 : observation d'une photographie

Les élèves identifient sur une photographie (ou sur le terrain) les éléments du paysage. Cette étape est volontairement non directive, afin de laisser libre cours à l'observation individuelle. Elle permet à l'enseignant de mesurer les difficultés des élèves à verbaliser, à utiliser un vocabulaire adapté. Généralement, l'essentiel du lexique se limite à « routes, habitations, maisons, chemins, fleuve, champs, montagnes, mer ». Cette première étape est collective ; l'enseignant note les éléments cités à la vue de tous. Il n'est pas nécessaire de localiser ni d'identifier le paysage afin de ne pas induire les résultats du travail suivant.

Étape 2 : réalisation d'un dessin faisant apparaître les éléments cités au cours de l'étape précédente

L'enseignant demande aux élèves de réaliser, en un temps relativement court, le **dessin** du paysage observé. Le terme « dessin » est volontairement utilisé afin de ne pas influencer les élèves sur le type de production à obtenir. Pour cela, une feuille de calque est distribuée afin de pouvoir repasser au crayon à papier les contours du paysage [5]. Ce temps court va aboutir à la recherche d'une solution au problème de la représentation du paysage. En effet, aucun élève n'aura suffisamment de temps pour terminer le travail demandé. Une lecture collective des résultats montre le caractère inachevé du dessin.

1. P. et G. Pinchemel : « les marques, les écritures paysagères servent à affiner l'identité, l'appartenance, soulèvent des différences », faisant ainsi référence à S. C. Kolm : « Comprenons que nos paysages, nos pays, nos monuments, nos bourgs et nos lois sont, non moins que notre langue, la substance de notre identité culturelle. »
2. Document d'application des programmes en géographie.
3. *Ibid.*
4. *Ibid.*
5. Une minute avant la fin du travail, l'enseignant pourra faire repasser au feutre noir les traits obtenus afin d'avoir une meilleure lisibilité des résultats quand ceux-ci seront affichés au tableau. De même, pour faciliter la lecture des productions des élèves, l'enseignant peut numéroter chaque dessin affiché au tableau.

Concrètement, les résultats s'apparenteront à ce type de dessin :

On y distingue facilement une montagne située à l'horizon et un début de représentation des bâtiments situés au bord de l'eau. On mesure également le caractère inachevé du travail.

Les élèves ont eu le temps de réaliser le contour du massif montagneux repéré à l'horizon, mais ils se perdent ensuite dans les détails au détriment de la globalité du paysage à représenter. Ainsi, le dessin ci-dessus souligne-t-il le détail des premiers bâtiments et des aménagements les plus visibles sur la photographie, mais l'intégralité du paysage n'apparaît pas.

Se pose alors la question : comment procéder pour arriver à achever le travail ?

Étape 3 : établir des critères permettant d'obtenir un résultat achevé

Au cours de cette étape, l'enseignant questionne oralement les élèves afin de leur faire prendre conscience que, avec un court délai, on ne peut agir que sur la simplification du dessin. Les détails doivent être abandonnés au profit d'un zonage. C'est au cours de cette étape que les « objets géographiques » vus pendant l'étape 1 sont rappelés afin que chacun puisse s'y référer pour réaliser le dessin.

Sur une nouvelle feuille de calque, chacun réalise une nouvelle représentation du paysage.

Étape 4 : analyser les résultats et trouver les méthodes les plus efficaces

Au cours de la présentation des résultats [6], l'enseignant demande si l'objectif de la consigne a été, cette fois-ci, atteint. On aboutit alors à un croquis de ce type :

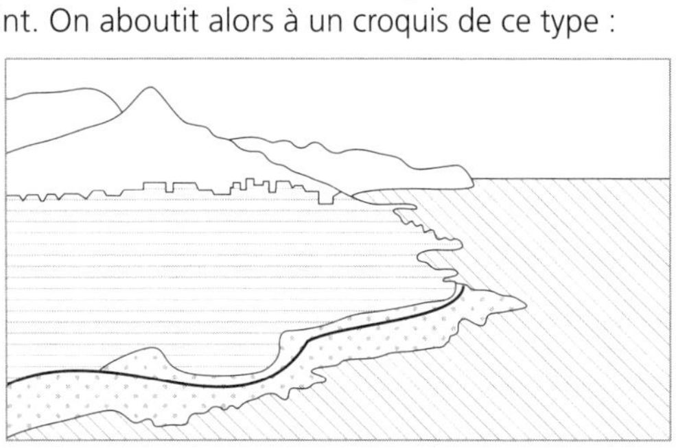

Les détails ne figurent plus et la délimitation des différentes zones évoquées en début de séance ont été privilégiées. On distingue bien les massifs rocheux de l'horizon, la ville, la plage, la mer, la route. Ces cinq éléments permettent d'identifier le paysage. Il ne s'agit plus d'un **dessin** mais d'un **croquis** où sont représentés, par zones, les éléments du paysage.

6. Pour faciliter la lecture des productions de l'étape suivante, l'enseignant peut demander aux élèves de se regrouper par quatre pour choisir la meilleure représentation.

Cependant, un problème se pose. En effet, si pour la classe, les zones sont identifiées, il sera très difficile pour un élève ne connaissant pas le paysage de nommer les différents secteurs repérés. Au cours de cette étape, le questionnement de l'enseignant va permettre d'ajouter des informations. Au cours de cette phase, certains introduisent l'idée de nommer sur le croquis les éléments dessinés. D'autres évoquent déjà le terme de légende.

Les différents groupes reprennent les croquis et les renseignent. C'est à ce moment que l'on identifie le type de paysage ; ici, un paysage littoral à vocation balnéaire.

Étape 5 : le croquis et sa légende

Cette dernière étape va évoluer au cours de l'année scolaire. Elle permet de présenter les différentes trouvailles des élèves et surtout la forme que prend la légende. Dans un premier temps, la légende n'est pas hiérarchisée. Les informations qui y sont notées renseignent le croquis.

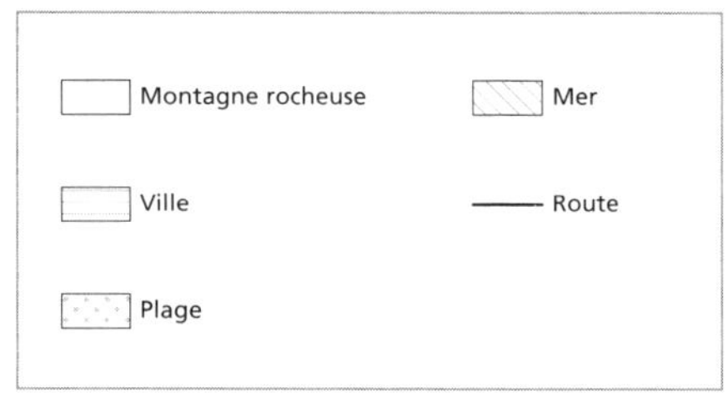

Puis, lorsque les élèves ont pris l'habitude de sa réalisation, l'enseignant apporte une contrainte : il s'agit de la phase de hiérarchisation des informations. On trie les informations, et on les classe en deux grandes catégories : celles qui relèvent du naturel (les zones restant naturelles sont désormais assez rares aujourd'hui ; ainsi il faudra montrer qu'un champ dans lequel on distingue une culture n'est pas naturel puisque l'homme y intervient) et celles qui sont liées à l'aménagement de l'homme, comme une route, un chemin, des bâtiments... Pour cette deuxième catégorie, la légende distingue deux sous-catégories : les aménagements relatifs aux bâtis et ceux liés aux flux, comme les voies de communication.

On affine ensuite l'observation en distinguant des sous-catégories ; ainsi, dans notre exemple, on identifie la ville composée d'immeubles relativement hauts et celle composée de bâtiments plus bas.

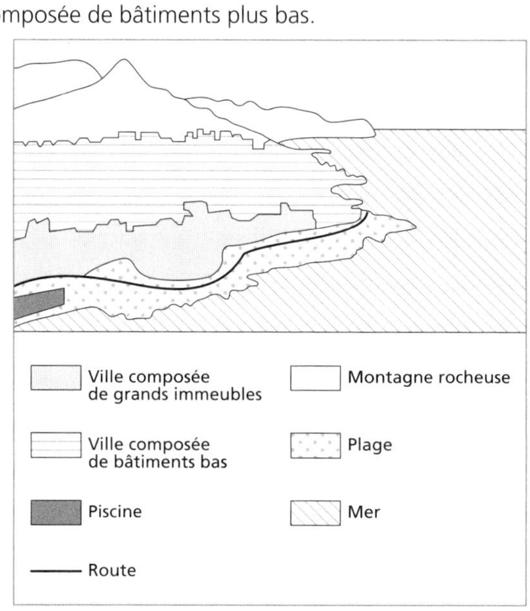

La finalité du croquis au CE2 est de fixer le lexique géographique, de construire une méthodologie sûre, de réaliser un inventaire des types de paysage rencontrés au cours de l'année. Il ne devient croquis d'interprétation qu'au CM1.

Thème	Compétences disciplinaires	Compétences méthodologiques
L'ORGANISATION TERRITORIALE FRANÇAISE		
Des paysages de village en France	• Percevoir la différence entre ville et village. • Dresser une typologie des villages en France en fonction de critères observés.	• Trier des documents iconographiques. • Lire une carte de géographie. • S'informer sur des localisations ou sur des caractéristiques d'un lieu.
Les paysages urbains	• Découvrir les paysages urbains. • Comprendre la structure urbaine. • Découvrir la variété des paysages de centre-ville et de banlieue. • Étudier la fonction urbaine dans un quartier.	• Lire une photographie. • Mettre en relation une photographie et un plan. • Réaliser un croquis par calque. • Comparer des photographies. • Réaliser un croquis. • Dessiner des éléments d'un paysage. • Repérer un lieu sur une carte. • Observer des photographies. • Prélever des indices dans un document pour compléter un tableau. • Établir une synthèse.
La hiérarchie urbaine : vers une typologie des communes	• Différencier les types de communes en fonction des critères relatifs au nombre d'habitants et aux types de services offerts.	• Remplir un tableau de données géographiques. • Élaborer une synthèse à partir de l'observation d'un tableau statistique.
La circulation des hommes et des biens	• Comprendre la notion de réseau de communication. • Comprendre l'organisation des transports en France. • Construire une carte avec sa légende organisée.	• Mettre en relation des cartes. • Effectuer des recherches sur une carte. • Lire un tableau. • Localiser sur une carte. • Comprendre des textes et des documents variés. • Comprendre des graphiques.
Des découpages administratifs	• Faire connaissance avec des divisions territoriales : le département et la commune. • Localiser quelques départements et notamment celui des élèves. • Comprendre le rôle des départements et leur mode de fonctionnement. • S'approprier la notion de région. • Localiser quelques régions en France et notamment celle des élèves.	• Lire une carte. • Analyser différents supports documentaires pour trouver des réponses. • Étudier des documents iconographiques et trouver des informations pertinentes pour les présenter aux autres. • Étudier un croquis. • Mettre en relation des cartes pour appréhender une réalité géographique. • Participer à l'examen d'un document en justifiant son point de vue.

Thème	Compétences disciplinaires	Compétences méthodologiques
L'ANALYSE DES PAYSAGES FRANÇAIS		
La montagne	• Différencier les grands types de paysages montagnards en France. • Localiser des lieux majeurs de l'espace montagnard en France et les nommer. • Réaliser une description fine d'un paysage de montagne en élaborant son croquis. • Aborder la notion d'étagement de la végétation.	• Effectuer sur la carte une localisation des principaux massifs de l'espace français. • Réaliser une description fine d'un paysage de montagne. • Réaliser un croquis simple de paysage. • Établir la légende du croquis.
Plateaux, plaines et vallées fluviales	• Différencier plaines et plateaux. • Caractériser différents paysages de plaine en France. • Connaître divers types d'aménagement des régions basses par l'homme.	• Réaliser un croquis de paysage. • Comparer des photographies. • Observer une photographie. • Lire un plan. • Mettre en relation une photographie et un plan. • Mettre en relation un texte et une photographie.
Les paysages ruraux	• Dégager des types de paysages marqués par des évolutions différentes. • Mettre en place une vision plus large de l'espace rural en abordant les différents aspects qui contribuent à sa définition. • Appréhender, à travers quelques documents liés à l'actualité, la notion de ruralité. • Appréhender, à travers des exemples concrets et des témoignages, la typologie des exploitations agricoles.	• Réaliser un croquis simple du paysage et établir une légende hiérarchisée. • Établir des liens entre un schéma de localisation et une situation démographique pour comprendre une réalité. • Établir une synthèse des informations par l'intermédiaire d'un schéma explicatif. • Établir une typologie des paysages agricoles et des activités liées à la campagne.
Les littoraux	• Définir les éléments du paysage littoral. • Connaître et localiser les différents types de littoraux en France. • Faire prendre conscience aux élèves de l'évolution du paysage littoral. • Initier à la notion de développement durable. • Étudier les activités sur le littoral de la Loire-Atlantique.	• Lire et comparer des photographies de littoraux. • Localiser sur une carte. • Comparer de façon critique deux documents. • Interpréter des photographies. • Lire une légende. • Repérer un lieu sur une carte. • Établir une carte de synthèse avec sa légende. • Analyser un texte documentaire. • Prélever des indices dans un document pour compléter un tableau. • Mettre en relation une photographie et un plan.
Synthèse : la région de l'élève	• Connaître les caractéristiques géographiques de sa région. • Connaître sa région pour comprendre l'organisation du territoire. • Connaître les caractéristiques économiques de sa région.	• Effectuer des recherches sur une carte. • Localiser sur une carte. • Lire un tableau. • Localiser sur une carte. • Réaliser une carte.

Thème	Compétences disciplinaires	Compétences méthodologiques
LE DÉVELOPPEMENT DURABLE		
L'eau : besoins et traitement	• Connaître les besoins en eau des communes en France. • Prendre conscience de la précarité de leurs ressources en eau. • Connaître les actions des communes pour assurer la sécurité et la qualité de l'approvisionnement en eau. • En observer les conséquences dans l'aménagement des zones habitées.	• Repérer un lieu sur une carte. • Lire et analyser une carte. • Analyser une affiche. • Analyser un texte documentaire. • Situer des régions sur la carte de France. • Se repérer sur un plan et le compléter. • Mettre en parallèle un texte et un plan.
Les déchets : réduction et recyclage	• Comprendre la notion de déchets. • Comprendre l'importance de la réduction de nos déchets et du recyclage. • Avoir une première approche de la gestion des déchets selon le principe de développement durable.	• Lire un schéma. • Localiser sur une carte. • Comprendre des textes et des documents variés. • Analyser des photographies et formuler des hypothèses.

Des paysages de village en France

Informations pour l'enseignant

Cette séquence s'inscrit dans les programmes 2008 qui invitent à l'étude de « réalités géographiques locales[1] ». Les repères géographiques visés sont nombreux et, dans le cadre de l'étude des milieux ruraux, les villages offrent une pluralité de paysages à investir. Si aujourd'hui, 80 % de la population française est installé en milieu urbain, l'urbanisation des campagnes reste présente et propose un cadre de vie relativement varié.

En mars 2008, l'INSEE (institut national de la statistique et des études économiques) recense près de 36 700 communes (dont 212 en outre-mer). Plus de 31 000 communes sont rurales et 5 300 urbaines. Parmi les communes rurales, le plus grand nombre (environ 27 000) a moins de 1 000 habitants. Enfin, plus de 10 000 communes comptent entre 200 et 500 habitants.

Les types d'établissements humains regroupant les populations rurales sont nombreux, depuis la ferme jusqu'aux villages. Dans la séance qui suit, les auteurs proposent de travailler sur le village, en dressant une typologie de ces habitats groupés.

Une origine ancienne

Ces regroupements humains remontent tous à une origine historique ancienne, datant de la période gauloise. Dans son ouvrage, Philippe Pinchemel[2] date l'origine du peuplement rural à l'époque celtique. Déjà, les formes d'habitat concentré sont présentes. Cette forme de structure correspond à une communauté agraire, « dont la nature juridique est imprimée dans le sol. (...) L'ensemble du territoire villageois était souvent séparé du terroir cultivé par une ligne matérialisée, mur, haie, chemin de pourtour ; au-delà s'étendait la banlieue du village où étaient faites les cultures exigeant des fumures et des soins importants. (...) Les formations récentes de villages sont rares ; souvent des agglomérations rurales sont issues de fermes seigneuriales isolées ou de granges médiévales (XVIe siècle en Bourgogne), les maisons se tassant à l'intérieur de l'enclos de la grange primitive ; des villages neufs datent du XVIIe et du XVIIIe siècle, villages provençaux fondés ou villages lorrains reconstruits à la suite des guerres ».

Des types d'habitat variés

Deux types d'habitat rural coexistent sur le sol français : l'habitat concentré et l'habitat dispersé.

L'habitat concentré

Diverses structures cohabitent. A. Demangeon, géographe, distingue les villages longs, les villages massifs, les villages en étoile.

– **Les villages longs (ou villages rues)** sont très nombreux sur le territoire. Leur particularité réside dans leur déploiement le long d'une rue principale avec quelques déploiements transversaux. Ce type de village est souvent lié à un facteur naturel. Ainsi, il n'est pas rare de les rencontrer au fond d'une vallée, le long d'une rive concave de méandre encaissé, au pied d'un coteau ou sur un îlot de terre ferme au milieu de marais.

1. *Programme d'enseignement de l'école primaire*, B.O. hors-série, n° 3, 19 juin 2008, p. 25.
2. *La France*, tome 2, Armand Colin, 1981.

Parfois cependant, les explications à la constitution d'un tel développement sont ailleurs. On retrouve ce type d'habitat assez fréquemment dans le nord, le sud et l'est de la France.
Dans cette séquence, pour illustrer cette catégorie de villages, nous proposons une photo de Saint-Guilhem-le-Désert. S'allongeant le long du val de Gellone, la commune est fondée par un moine (Guilhem) qui construit un monastère sur ce site désertique.
– **Les villages massifs (ou villages perchés)**, situés soit dans les plaines, soit sur des éperons rocheux, sont plutôt localisés dans le sud de la France. Les maisons y sont très resserrées. Ces villages sont nés de la colonisation, fondés par les abbés ou les seigneurs. Dans cette séquence, deux villages perchés ont été choisis : Èze, entre Nice et Monaco, surplombe la mer et offre une urbanisation très resserée ; Turenne, en Corrèze, dont la fondation date du IXe siècle.
– **Les villages en étoile (ou villages groupés)** se distinguent des villages massifs par l'implantation des maisons et des fermes, disposées le long des différentes rues qui convergent vers le centre. Riquewihr, en Alsace, est un village situé au cœur du vignoble alsacien. Ses maisons regroupées autour de l'église offrent un bel exemple de ce type de village massif.

Ces trois types de villages peuvent se rencontrer sur un même terroir. La nuance, pour des élèves de CE2, peut parfois être assez subtile. Aussi, afin de simplifier l'analyse, les auteurs ont choisi d'explorer des types de villages qui se différencient par leur aspect (une forme allongée et une forme regroupée) et/ou par leur localisation (construction sur un éperon rocheux).

L'habitat dispersé
L'espace rural est également caractérisé par une multitude de fermes isolées les unes des autres. Ce type d'habitat est particulièrement caractéristique de certains terroirs comme la montagne vosgienne, les hautes chaînes du Jura, la Flandre maritime ou les hautes terres du Velay oriental. Philippe Pinchemel souligne que parfois la dispersion est telle que celle-ci peut se lire à l'intérieur même d'une commune où l'école, la mairie et l'église sont dispersées.
Il existe deux grands types de dispersion :
– L'habitat en hameaux, relativement rare dans la mesure où cette structure demeure très sensible aux transformations démographiques et économiques. En effet, le hameau est souvent l'émanation d'un regroupement familial qui, à chaque génération, subit l'éclatement de la famille.
– La dispersion mixte (hameaux et fermes) ; c'est le type le plus fréquent qui résulte des éclatements cités plus haut.

Lors de cette séquence, l'objectif des auteurs n'est pas de travailler sur l'espace rural, même si celui-ci se prête à une étude plus approfondie. Ainsi, des aspects spécifiques à ce type d'espace ne sont pas évoqués, comme la rurbanisation ou la déprise de certains secteurs. Ces notions seront évoquées au cours de l'année de CM1.

Compétences disciplinaires
- Percevoir la différence entre ville et village.
- Dresser une typologie des villages en France en fonction de critères observés.

Compétences méthodologiques
- Trier des documents iconographiques.
- Lire une carte de géographie.
- S'informer sur des localisations ou sur des caractéristiques d'un lieu.

Problématique

Est-ce que tous les villages de France se ressemblent ?

Matériel

doc. 1 Quatre photographies aériennes :
a) Turenne.
b) Riquewihr.
c) Lyon.
d) Manonville.

doc. 2 Trois photographies aériennes :
a) Saint-Guilhem-le-Désert.
b) Port-en-Bessin.
c) Èze.

doc. 3 Une carte IGN de Manonville.

Lexique : village, ville, village rue, village perché, village groupé.

Durée de la séance : 60 minutes.

Étape 1

Définir le mot village

Matériel

Les quatre photographies aériennes (doc. 1, livret couleur pp. 3-4).

Organisation de la classe

Travail collectif.

L'enseignant demande aux élèves d'observer les quatre photographies et les interroge :

- De quoi s'agit-il ? *Il s'agit de quatre documents photographiques, qui représentent des villes plus ou moins grandes.*
- Comment ont été prises ces photographies ? *Elles sont prises de haut, sans doute d'un hélicoptère. Ce sont des photos aériennes.*

L'enseignant ajoute que le photographe n'a pas pris la photographie exactement sous ses pieds mais devant lui. On dit que la photographie est prise en oblique.

- Parmi ces quatre photographies, il y a un document intrus. À votre avis, lequel est-ce ? *Le document intrus est la photographie de Lyon car cette ville est beaucoup plus étendue que les trois autres.*

Notion à communiquer aux élèves

Une petite ville s'appelle un village. Les constructions y sont souvent établies le long de la route. Autour des villages, on voit la campagne toute proche. Aujourd'hui en France, un Français sur quatre vit à la campagne. ■

Étape 2

Observer les photographies en détail

Matériel

- Les trois photographies de village (doc. 1a, b et d, livret couleur pp. 3-4).
- Le cahier de brouillon.

Organisation de la classe

Travail en binômes, puis collectif.

L'enseignant propose aux élèves d'observer les villages en détail. Il organise la classe en binômes, chaque groupe travaillant sur une photographie. Les élèves doivent observer de manière très précise un des trois documents, puis sur leur cahier de brouillon, ils dressent la liste de tous les éléments qui constituent le paysage.

Durée de la recherche : 10 minutes.

Au cours de la mise en commun, l'enseignant note au tableau les informations issues des différentes observations.

Photo	Éléments géographiques observés
Turenne	Des habitations autour d'un château Des champs Des forêts
Riquewihr	Des maisons Des champs (de vignes) Des forêts
Manonville	Une route Des habitations et un château Des champs Des forêts

À ce stade, les élèves peuvent observer des différences liées à la forme du village (étendu, construction en hauteur). Au cours de l'étape suivante, ces critères seront confirmés par l'observation d'autres photographies.

À l'issue de cette étape, l'enseignant pose la question suivante :

- Est-ce que tous les villages en France ressemblent à ceux observés ?

Étape 3

Dresser une typologie des villages

Matériel

- Les trois photographies de l'étape précédente (doc. 1).
- Les trois photographies aériennes (doc. 2 à photocopier).

Organisation de la classe

Travail en binômes, puis collectif.

Pour répondre à la question posée, l'enseignant donne aux élèves trois photographies supplémentaires de village.

Le travail des élèves consiste à observer ces nouveaux paysages et à les comparer à ceux étudiés en étape 2 puis à associer les villages qui se ressemblent. Leur recherche sera terminée quand ils auront rangé ces trois villages dans le tableau, en étant capables d'expliquer leur choix. Pour les aider, l'enseignant leur indique que chaque nouvelle photographie de village doit être placée dans une ligne différente du tableau.

Durée de la recherche : 5 minutes.

La mise en commun permet de compléter le tableau en ajoutant une colonne sur les « éléments géographiques communs » :

Photo	Éléments géographiques observés	Éléments géographiques communs
Turenne Èze	Des habitations autour d'un château Des champs Des forêts	Une localisation du village en hauteur par rapport aux alentours
Riquewihr Port-en-Bessin	Des maisons Des champs (de vignes) Des forêts	Un village regroupé
Manonville Saint-Guilhem-le-Désert	Une route Des habitations et un château Des champs Des forêts	Une répartition des bâtiments tout en longueur

Notion à communiquer aux élèves

Il existe trois types de village :
– les villages rues, avec des maisons réparties de chaque côté d'une route ;
– les villages aux maisons groupées, avec différentes petites rues ;
– les villages perchés, c'est-à-dire construits sur une hauteur, souvent autour d'un château ou d'une église. ■

Étape 4

Découvrir la carte comme document géographique

Matériel

- La photographie aérienne d'altitude de Manonville (doc. 1d, livret couleur p. 4).
- La carte IGN de Manonville (doc. 3, livret couleur p. 4).
- Le cahier de brouillon.

Organisation de la classe

Travail collectif, par deux puis de nouveau collectif.

L'enseignant propose de travailler à nouveau sur le paysage de Manonville. Il rappelle ce qui a été vu, puis il pose les questions suivantes :

- Pour obtenir des renseignements supplémentaires sur ce village, quel document nous faudrait-il ? *Une carte.*
- Pourquoi une carte ? *Une carte donne des informations, comme le nom des lieux, le nom des bois, les directions…*

L'enseignant invite donc les élèves à se reporter à la carte IGN de Manonville, tout en observant la photo en parallèle. Il demande :

- Quel type d'informations nous donne cette carte ? *Le nom de certaines zones, notamment des bois ; le numéro des routes ; les distances grâce à l'échelle. On voit également des zones colorées en vert.*
- À quoi correspondent ces zones colorées ? *Aux bois.*

Ensuite, l'enseignant donne la consigne suivante :

- En vous aidant de la carte, recherchez ce que représentent le point A, le point B et le point C. Notez vos réponses sur votre cahier de brouillon. Votre recherche sera terminée quand vous serez capables d'expliquer comment vous avez trouvé vos réponses.

Résultats attendus

Le point A correspond à une bande boisée traversée par un ruisseau.

Le point B correspond à la forêt de Garenne.

Le point C est situé à l'emplacement du château. Il ne porte pas de nom.

Notion à communiquer aux élèves

Une carte permet d'obtenir des informations, que l'on n'a pas en observant uniquement une photographie. Elle permet de mesurer les distances ; elles sont données grâce à l'échelle. ■

Évaluation

Compétences évaluées

- Réinvestir le lexique spécifique de la géographie.
- Reconnaître des types de villages à travers l'observation de paysages.
- Lire une carte.
- Confronter deux types de documents pour trouver une réponse.

Corrigé

1. Un village est une petite ville située à la campagne.

2. Le village regroupé, le village rue, le village perché.

3. Un Français sur quatre vit à la campagne.

4. a)

© Michel Gautier

Les Granges Gontardes

© Delmarty / Alpaca / Andia.fr

La Garde Adhémar.

b) Les Granges Gontardes.

Des paysages de village en France

Document 2

© De Richemond / Andia.fr

a Saint-Guilhem-le-Désert.

© Richard Klune / Corbis

b Port-en-Bessin.

© Jean-Pierre Amet / Corbis Sygma

c Èze.

Des paysages de village en France

1. Donne la définition du village.

....

2. Quels sont les trois types de village en France ?

....

....

3. Combien de Français vivent à la campagne ?

....

4. a) Observe les deux photographies et la carte. Écris sous chaque photographie le nom du village.

© Michel Gautier

....

© Delmarty / Alpaca / Andia.fr

....

© IGN – Paris 2009. Autorisation n° 80-9021

Extrait de la carte IGN Serie bleue 3039 ouest Bollène-Pierrelatte.

b) Quel est celui le plus au nord ? Aide-toi de la carte pour répondre.

....

Les paysages urbains

Informations pour l'enseignant

Les programmes comportent l'étude des paysages de ville ou de quartier[1]. L'accent est mis d'emblée sur la pluralité des paysages de la ville et dans la ville, héritage de l'histoire. Cette diversité est accentuée par le fait que l'essentiel de la population, en France comme dans le monde, vit dans les villes et sur les littoraux. Le milieu urbain constitue 80 % du cadre de vie des Français.
Étudier les paysages urbains, c'est s'interroger sur l'origine des villes, la structure urbaine, les espaces bâtis ou non bâtis, la spécialisation des villes (administratives, industrielles, touristiques...) qui engendre des paysages différents. Depuis 30 ans, on est passé d'une organisation centralisée à une structure polynucléaire du fait des changements importants dans les activités.

Le paysage urbain : le résultat de l'histoire

En Europe, le paysage urbain est le résultat d'un long passé historique qui remonte souvent à l'époque romaine, en tout cas au Moyen Âge. Ainsi conserve-t-il dans son architecture la trace de chaque période. À la fin du XVIIIe siècle et au XIXe siècle, les progrès de l'urbanisation sont sensibles à cause de la Révolution industrielle. La création d'entreprises et les nécessités de la main d'œuvre engendrent la formation d'importantes agglomérations urbaines (Roubaix, Le Creusot en 1782...). Avec la croissance démographique et la concentration de la main d'œuvre apparaissent des cités ouvrières (immeubles ou maisons individuelles). Un habitat bourgeois se développe souvent en dehors des limites de la ville ancienne. L'extension est alors anarchique, mais il y existe des programmes d'urbanisme avec l'apparition de percées pour embellir, faciliter la circulation, répondre à un besoin de sécurité et d'hygiène (construction des boulevards haussmaniens de Paris au XIXe siècle)[2].
C'est à partir de cette époque que s'est opérée une transformation urbaine avec l'annexion des villages proches de la ville ancienne. C'est ainsi que sont apparues les banlieues et que se sont constituées de vastes agglomérations urbaines. Dès la fin de la Seconde Guerre mondiale et jusque vers les années 1970 se sont développées les villes nouvelles autour des villes anciennes afin de mieux contrôler leur croissance. Des transformations ont affecté les anciens quartiers du centre avec la construction de bureaux. Des centres commerciaux se sont développés dans les banlieues des périphéries.

La structure du milieu urbain

L'espace urbain se subdivise en éléments différents :
L'îlot constitue l'élément de base de l'unité urbaine ; un ensemble d'îlots forme un quartier. Sa superficie est limitée et il possède une individualité du fait des activités, des richesses des habitants, de l'aspect des maisons. Il se différencie en effet par l'habitat, la voirie, les espaces verts.

Lexique

La ville : la zone continue d'habitations, avec une population très concentrée, un grand nombre d'activités et d'équipements.
La ville comprend plus de 2 000 habitants.
Un quartier : une partie d'une ville qui a ses propres caractéristiques et une certaine unité. Une ville est composée de plusieurs quartiers.
Un service : une activité qui produit un bien qu'on ne peut pas consommer (la santé, l'éducation, la culture...).
Les fonctions d'une ville : les rôles remplis par les équipements ou les lieux dans la ville.
Le citadin : l'habitant de la ville.
La banlieue : un ensemble de communes qui entourent une ville.
Une ville nouvelle : une ville créée à côté d'une ville plus ancienne. Elle a des fonctions résidentielles, économiques et culturelles. Dans la région parisienne, Évry, Saint-Quentin-en-Yvelines, Marne-la-Vallée et Cergy-Pontoise sont des villes nouvelles.

---

1. *Programme d'enseignement de l'école primaire*, B.O. hors-série, n° 3, 19 juin 2008, p. 25.
2. P. Laborde, *Les Espaces urbains dans le monde*, Nathan Université, 2001, p. 75.

Le quartier possède une dimension humaine. Plusieurs éléments le caractérisent :
- sa période de construction, surtout dans les villes européennes (vieux quartiers, quartiers récents) ;
- ses particularités socio-démographiques (quartiers riches, quartiers pauvres) ;
- la nature des habitations (pavillons, immeubles), leurs formes différentes, leurs dimensions ;
- la voirie (rues étroites des vieux quartiers, rues irrégulières des quartiers plus récents, grandes percées urbaines) ;
- les implantations spécifiques, comme une gare ou un aéroport ;
- sa spécialisation (industries, usines, universités, musées, casernes...)[3].

Le centre, noyau ancien de la ville, a une valeur symbolique. C'est souvent un lieu « muséifié[4] ». Il est marqué par le style architectural de ses immeubles. Son évolution a des incidences sur sa morphologie, son architecture, sa fonction. C'est un lieu d'échanges et de rencontres avec une animation, des activités, parfois une possible désertion le soir. On y constate souvent la disparition de certaines activités (comme les commerces de gros et de détail), la construction d'immeubles de bureaux.

Le péri-centre est la zone intermédiaire entre le centre et la banlieue. Ses limites sont souvent mal définies mais connues de ses habitants qui ont un sentiment d'appartenance. La croissance du péri-centre et de la périphérie de la ville s'est opérée d'abord à proximité du centre, et peut dater du Moyen Âge. Ces zones ont été le lieu de la révolution industrielle. Leur partie la plus récente est celle qui touche la banlieue.

La banlieue : son essor date de la révolution industrielle au XIXe siècle avec l'apparition du chemin de fer, la crise agricole qui a entraîné une migration de la population des campagnes vers la ville, et le développement des transports en commun urbains. Son développement s'accélère vers 1950. Actuellement, c'est un secteur d'urbanisation incomplet et en expansion. Les limites avec le milieu rural sont parfois incertaines. Elle possède un caractère dynamique avec des zones toujours en travaux. Elle peut avoir une forme annulaire lorsqu'il n'existe pas d'obstacles physiques, ou tentaculaire. Dans ce cas, elle s'étire le long des axes de communication.

Proche ou lointaine, la banlieue est souvent marquée par la présence d'une agriculture liée au besoin en ravitaillement de la population. Les secteurs industriels, pris naguère dans le tissu urbain, s'installent désormais en limite ou en dehors de ce périmètre. Les sites sont choisis en fonction des moyens de communication (routes, dessertes ferroviaire et fluviale), de la proximité d'établissements scientifiques et en relation avec l'aménagement du territoire.

La croissance de la population amène les villes à s'étendre mais aussi à rénover et à réhabiliter les anciens quartiers, à construire de grands ensembles et à développer l'habitat pavillonnaire, d'où une modification du paysage social et urbain.

Pour faire face à la croissance de la population, des villes nouvelles ont vu le jour près des grandes agglomérations (Paris, Lyon, Rouen, Lille, Marseille).

Les transformations du monde actuel touchent le milieu urbain et celui-ci contribue à les générer. La société en général se confond de plus en plus avec la société urbaine. Cependant, les petites et moyennes villes diffèrent des grandes capitales.

Le défi pour les responsables est d'aménager l'occupation massive de l'espace en préservant l'environnement.

Lexique

Un quartier commercial : qui rassemble différents commerces.

Un quartier portuaire : qui entoure le port.

Un quartier industriel : quartier où les industries sont développées.

Un quartier d'affaires : quartier où sont rassemblés de nombreux bureaux.

---

3. Id., *ibid.*, p. 143 et s.
4. J.-P. Paulet, *Géographie urbaine*, Armand Colin, 2000, p. 138.

Séance 1 – La structure urbaine

Compétences disciplinaires
- Découvrir les paysages urbains.
- Comprendre la structure urbaine.

Compétences méthodologiques
- Lire une photographie.
- Mettre en relation une photographie et un plan.
- Réaliser un croquis par calque.

Problématique

Comment s'organise l'espace urbain dans une ville française ?

Lexique : Péri-centre, zone pavillonnaire, banlieue, citadin.

Durée de la séance : 60 minutes.

Matériel

Poster 1 Une vue aérienne de Caen.
doc. 1 Un plan général simplifié de Caen.
doc. 2 Une vue aérienne de Caen.
doc. 3 Une planche de six photographies :
a) La rue Caumartin, à Paris.
b) Vitry-sur-Seine, dans la banlieue parisienne.
c) Stains, à l'est de Paris.
d) La place de l'Opéra Garnier, à Paris.
e) Euralille, près de la gare de Lille.
f) La faculté de médecine de Bordeaux.
Des atlas.
Une carte murale de France.

Étape 1

Comprendre l'organisation interne d'une ville : l'exemple de Caen

Matériel
- La vue aérienne de Caen (poster 1).
- Des atlas.
- Le plan de la ville et la vue aérienne de Caen (doc. 1 et 2 à photocopier).
- Une carte murale de France.
- Une feuille de papier calque.

Organisation

Travail collectif puis individuel.

Analyser le plan de la ville

L'enseignant affiche le poster au tableau et indique qu'il s'agit d'une vue de Caen, grande ville de la région Basse-Normandie.

À l'aide d'un atlas, les élèves repèrent sa situation sur la carte de France.

L'enseignant distribue alors le plan simplifié de la ville. Il propose aux élèves de l'analyser à partir de la légende et explicite les différents symboles :

- ▸ Où se situe le centre? *Il est symbolisé par une croix : c'est l'ancien château de Guillaume le Conquérant, duc de Normandie. Il a été construit vers 1060. C'est l'une des plus vastes enceintes fortifiées d'Europe.*
- ▸ Quelle rivière traverse la ville ? *L'Orne.*
- ▸ Quel est l'autre cours d'eau que l'on distingue ? *Un canal.*
- ▸ Quels lieux sont reliés par le canal ? *Caen et la mer.* Les élèves suivent le tracé du canal sur le plan distribué par l'enseignant (doc. 1).
- ▸ Comment sont représentés les principaux axes de communication ? *Par des bandes gris clair.*
- ▸ Quelle est leur disposition ? *Rayonnante, sauf le boulevard circulaire qui entoure la ville.*

L'enseignant rappelle l'orientation du plan par rapport aux points cardinaux en utilisant les axes de communication : la direction de Paris se trouve à l'est de la ville. Il demande :

- ▸ Où se situent les directions de Douvres ? *Au nord.* De Rennes ? *À l'ouest.* De Flers ? *Au sud.*

Il les montre en même temps sur la carte murale.

- ▸ Quels sont les deux monuments représentés par les symboles ▲ et ● ? *L'Abbaye-aux-Hommes et l'Abbaye-aux-Dames.*

On peut rechercher la définition du mot « abbaye » dans le dictionnaire.

Observer le poster de Caen affiché au tableau

- ▸ Quel type de document est présenté ? *Une photographie aérienne de la ville de Caen.*

L'enseignant demande de définir le mot ville. Il essaie de faire émerger la représentation qu'en ont les élèves. Il s'agit de leur faire prendre conscience de l'importance d'une agglomération et de la différencier du village, du bourg.

Le maître pose ensuite la problématique suivante :

- ▸ À partir de cette photographie, comment peut-on comprendre l'organisation de la ville ?

Pour y répondre, il demande aux élèves quels éléments sont visibles sur la photographie. Les élèves s'expriment librement. Les remarques, souvent ponctuelles, sont notées au tableau par l'enseignant. *Il y a des immeubles, des monuments, des rues…* Avec les élèves, il essaie de trouver des éléments autour desquels s'organise l'espace. Il apporte les précisions suivantes : au centre de la photographie se trouve l'Abbaye-aux-Hommes, ancien couvent, construit en 1066, sous le règne du duc de Normandie, Guillaume le Conquérant. Les bâtiments ont été reconstruits au XVIIIe siècle. C'est aujourd'hui le siège de l'Hôtel de ville de Caen.

Il demande aux élèves de se reporter à la photographie (doc. 2). Pour mieux repérer les différents quartiers, il propose de faire un croquis de l'espace urbain de Caen en utilisant la technique du calque. Il rappelle les consignes d'utilisation : les élèves posent la feuille de papier en faisant coïncider les bords avec ceux de la photographie. Pour faire leur recherche, ils s'appuient sur les observations collectives précédentes.
Lors de la mise en commun, l'enseignant réalise le croquis au tableau.

Résultat attendu
Quatre zones sont ainsi délimitées :
- le quartier ancien au premier plan ;
- une zone de constructions plus récentes au deuxième plan, le péri-centre ;
- la banlieue, avec les grands ensembles et une zone pavillonnaire au troisième plan ;
- la campagne au quatrième plan.

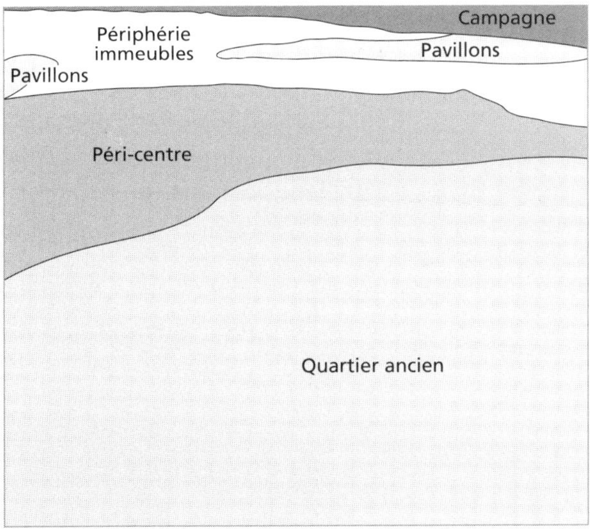

Les élèves indiquent le nom des différentes zones : centre, péri-centre, banlieue, campagne.

Notion à communiquer aux élèves

L'enseignant explique que les villes, en France et en Europe, ont une organisation semblable. Qu'elles soient grandes ou petites, toutes possèdent un centre, plusieurs quartiers et des banlieues qui se développent. C'est ce qu'on appelle le modèle européen.
On trouve d'autres organisations dans le monde, comme le modèle nord-américain avec un centre constitué d'immeubles élevés (centre d'affaires), puis des quartiers plus ou moins dégradés et des banlieues résidentielles très étendues. ■

Étape 2

Découvrir les différentes fonctions d'une ville

Matériel
Les six photographies d'espaces urbains (doc. 3, livret couleur p. 5) :
a) La rue Caumartin, à Paris.
b) Vitry-sur-Seine, dans la banlieue parisienne.
c) Stains, à l'est de Paris.
d) La place de l'Opéra Garnier, à Paris.
e) Euralille, près de la gare de Lille.
f) La faculté de médecine de Bordeaux.

Organisation de la classe
Travail par groupe de deux élèves.

Chaque élève dispose des six photographies.
L'enseignant donne la consigne suivante :
▸ Voici différents paysages urbains. Quelles sont les différentes activités que les habitants peuvent y pratiquer ?

Remarque : l'enseignant peut préciser le nom des habitants de la ville : les citadins.

Les élèves échangent entre eux, commentent les photographies et notent leurs remarques dans un tableau de la forme suivante (ils peuvent aussi écrire sur leur cahier de brouillon) :

Photo	Que représente-t-elle ?	Quelle activité y est pratiquée ?
a		
b		
c		
d		
e		
f		

La mise en commun se fait rapidement sous la conduite de l'enseignant. Le tableau est renseigné au fur et à mesure des réponses.

L'enseignant demande ensuite à chacun de penser à sa ville ou à la ville la plus proche de son lieu d'habitation. Tous ces services s'y trouvent-ils ? En connaissent-ils d'autres qui pourraient compléter la liste proposée ?
Quelles photos auraient pu évoquer l'activité sportive, culturelle… ? L'enseignant complète le tableau avec les différentes réponses.

Tableau attendu

Photographie	Que représente t-elle ?	Quelle activité y est pratiquée ?	Autres activités proposées par les élèves
a	Foule dans une rue de Paris : rue Caumartin	Commerciale	
b	Des immeubles et des habitations à Vitry-sur-Seine	Résidentielle	
c	Des jeunes jouent au football sur un terrain de sport, en banlieue parisienne, à Stains	Sportive (loisirs)	
d	La place de l'Opéra à Paris	Culturelle	
e	Un immeuble de bureaux à Lille	Travail	
f	La façade de la faculté de médecine à Bordeaux	Enseignement	
Autres photographies proposées par les élèves			

Prolongement

Les élèves, dans un atelier différé, peuvent rechercher des documents iconographiques, des articles dans la presse régionale... pour dresser le tableau des activités de leur ville. On réalise ainsi un panneau d'affichage pour la classe.

Étape 3

Trace écrite

Les élèves notent la définition de la ville construite avec l'enseignant :

C'est une zone continue d'habitations qui comprend au moins 2 000 habitants. La population y est très concentrée. La ville regroupe de nombreuses activités (fonctions) et des équipements variés. *Chaque élève en indique quelques-uns qu'il choisit parmi ceux qui ont été évoqués.*

Un schéma d'organisation de la ville, réalisé en commun avec l'enseignant, complète cette trace écrite :

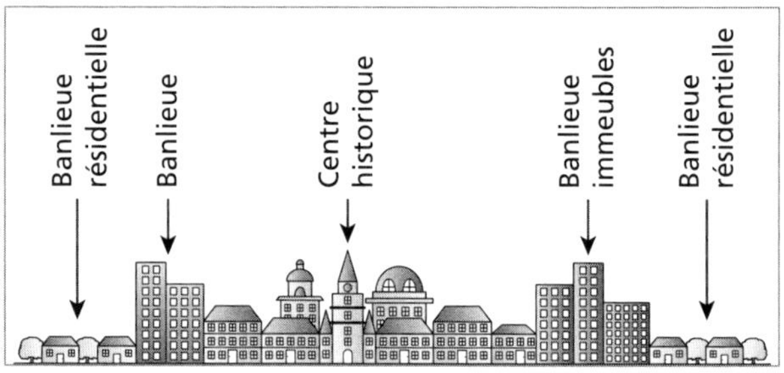

Schéma d'organisation de la ville européenne.

La structure urbaine

Document 1

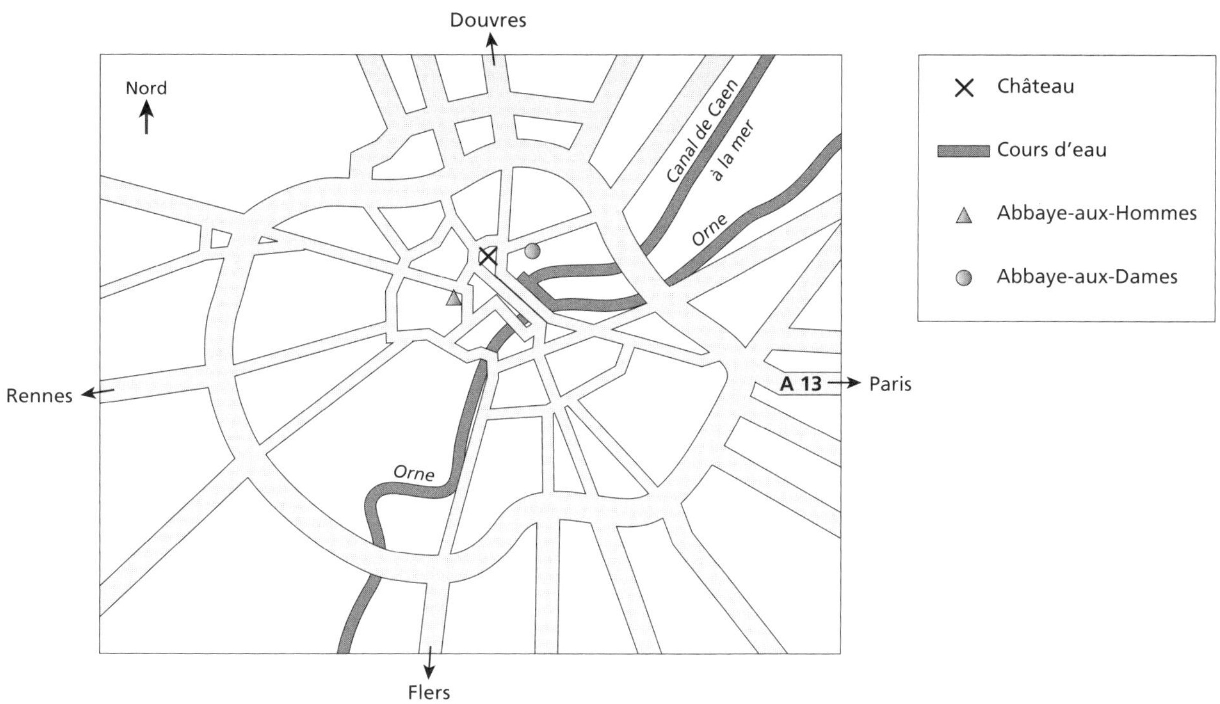

Plan de la ville de Caen.

Document 2

© Photo aérienne Bernard Beaujard

Vue aérienne de la ville de Caen.

Séance 2 – Les quartiers urbains en fonction de l'habitat

Compétence disciplinaire
- Découvrir la variété des paysages de centre-ville et de banlieue.

Compétences méthodologiques
- Comparer des photographies.
- Réaliser un croquis.
- Dessiner des éléments d'un paysage.

Problématique
Chaque quartier urbain est-il caractérisé par son habitat ?

Matériel
doc. 4 Deux photographies de centre-ville :
a) La Petite France à Strasbourg.
b) Saint-Nazaire.
doc. 5 Un tableau vierge à compléter.
doc. 6 Trois photographies de banlieues autour de Paris :
a) Corbeil-Essonnes.
b) Le Vésinet.
c) Pantin.
La carte de France murale.

Lexique : Lotissement, villa, espace vert, ardoise, tuile, immeuble collectif, cité.

Durée de la séance : 60 minutes.

Étape 1

Observer des quartiers de centre-ville

Matériel
- Les deux photographies de centre-ville (doc. 4 à photocopier).
- Le tableau à compléter (doc. 5 à photocopier).
- La carte de France murale.

Organisation de la classe
Travail collectif, en binômes, puis collectif.

L'enseignant propose aux élèves d'observer et d'analyser les photographies de deux quartiers urbains.

▸ Où peut-on observer ces paysages ? *En ville (ou dans des villages).*

▸ Quels renseignements fournissent les légendes de ces documents ? *Les lieux photographiés : un quartier de Strasbourg, une rue de Saint-Nazaire.*

L'enseignant indique sur la carte murale la situation de ces villes. Strasbourg est située dans le nord-est de la France, dans la région Alsace, au bord du Rhin. Saint-Nazaire est une ville de l'ouest de la France : elle appartient à la région des Pays de la Loire, elle est construite en bordure de l'estuaire de la Loire et de l'océan Atlantique.

▸ Quels sont les éléments caractéristiques de chacune de ces photographies ?

Les élèves décrivent la spécificité de ces deux quartiers urbains en complétant le tableau, par groupe de deux. L'enseignant récapitule leurs remarques et apporte des informations supplémentaires.

Tableau attendu

Villes	Éléments observés par les élèves	Apport du maître
Strasbourg	Au premier plan, une rue pavée et un fleuve ou une rivière. Des maisons avec un toit en pente sur lequel apparaissent des fenêtres. Les façades sont blanches, rayées de barres brunes verticales ; les balcons sont fleuris. Ces maisons sont anciennes.	Strasbourg possède un patrimoine exceptionnel à cause de son histoire et de sa situation frontalière avec l'Allemagne. Chaque quartier est marqué par l'histoire. Cette rue appartient à la Petite France, quartier médiéval avec des ruelles étroites, des canaux et des ponts, des maisons anciennes à *colombages* (leur charpente en bois est apparente). Ce quartier attire de nombreux touristes.
Saint-Nazaire	Une large rue commerçante avec un espace central planté d'arbres et éclairé par de grands lampadaires. Des places de parking pour les voitures le long des trottoirs. Des immeubles peu élevés dont le rez-de-chaussée est occupé par des magasins aux enseignes lumineuses.	La ville de Saint-Nazaire a été entièrement détruite pendant la Seconde Guerre mondiale. Elle a été reconstruite avec de larges avenues. Ce quartier est donc assez récent.

Notion à communiquer aux élèves

Les villes de Strasbourg et Saint-Nazaire possèdent des centre-ville d'aspect différent du fait de leur histoire : le quartier ancien au centre de Strasbourg possède des habitations datant du Moyen Âge, avec des ruelles étroites, des maisons caractéristiques à colombages, alors que le centre de Saint-Nazaire est récent avec des immeubles peu élevés, de larges avenues, des commerces.
À travers ces exemples, l'enseignant donne une première approche de la notion de quartier : un ensemble urbain dont l'habitat est caractérisé par sa période de construction, son histoire, le type des habitations, la nature des voies qui le desservent. Il montre également que des quartiers de même localisation (ici centre-ville) ont des aspects différents. ■

Étape 2

Observer des quartiers de banlieue

Matériel
- Trois types de banlieue autour de Paris (doc. 6, livret couleur p. 4).
- La carte de France murale.

Organisation de la classe
Travail individuel, puis collectif.

L'enseignant rappelle la structure de la ville étudiée au cours de la première séance sur les paysages urbains, et demande aux élèves de donner la situation de la banlieue par rapport au centre de la ville.
Il propose ensuite d'observer trois photographies de banlieue autour de Paris.
Les élèves situent la capitale sur la carte murale. En se reportant au document 4, ils donnent le nom des trois banlieues et leur localisation par rapport à Paris. L'enseignant rappelle quels sont les éléments qui permettent de situer un point sur une carte (ici, *les points cardinaux*).

La problématique est la suivante :
▸ Existe-t-il plusieurs types d'habitat dans les banlieues ?

L'enseignant demande à chaque élève de choisir une photographie et de la décrire en deux ou trois phrases sur une feuille blanche quadrillée, de dessiner les maisons ou immeubles, de faire un croquis rapide du paysage observé.
La mise en commun permet de conclure sur la diversité de l'habitat dans les banlieues. L'enseignant indique le lexique à retenir pour chacune des photographies.
Il distribue un document synthétique qui contient toutes les données pour les trois photographies, comme le tableau ci dessous :

Corbeil-Essonnes	Le Vésinet	Pantin
• Regroupement de maisons (villas) individuelles souvent identiques. • Petites rues dans le secteur pavillonnaire ; en arrière plan : grande route avec un échangeur.	• Des maisons de type ancien, à plusieurs étages, sont disséminées au milieu d'espaces verts (parcs). • Certaines ont des toits d'ardoise ; d'autres, plus récentes, sont couvertes avec des tuiles. • Des routes sont visibles sur la photo.	• Plusieurs types d'immeubles composent ce quartier. • Au milieu d'espaces verts : – au fond, des immeubles en forme de barre ; – en bas, à gauche, des tours colorées à trois branches ; – au centre, des immeubles en forme de serpentin dont les façades sont également colorées ; – des rues rectilignes, des chemins piétonniers.
Dessins attendus de quelques types de maisons :	*Dessins attendus de deux types de maisons :*	*Dessins attendus des types d'immeubles :*
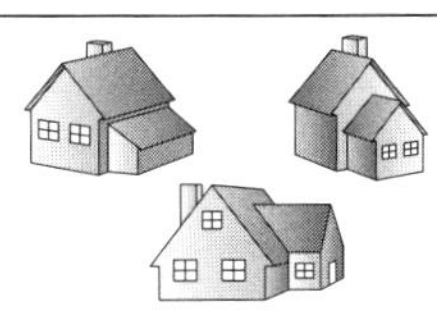	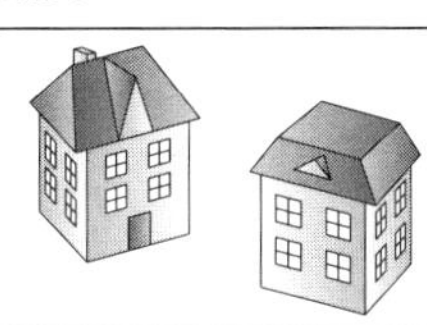	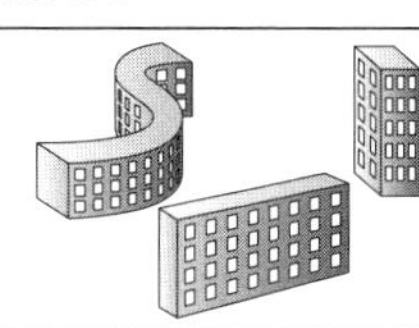
Croquis du paysage :	Croquis du paysage :	Croquis du paysage :
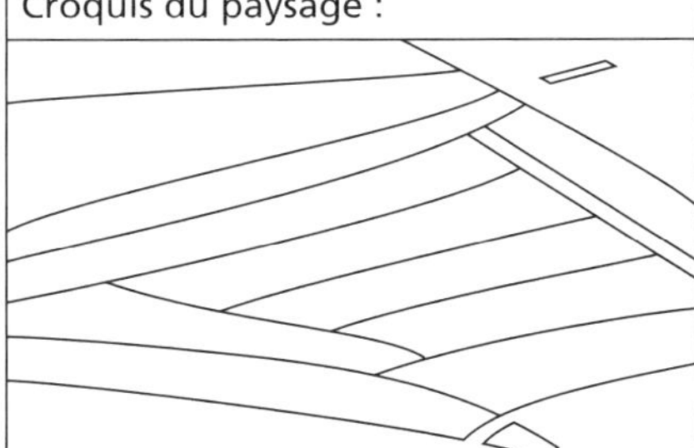	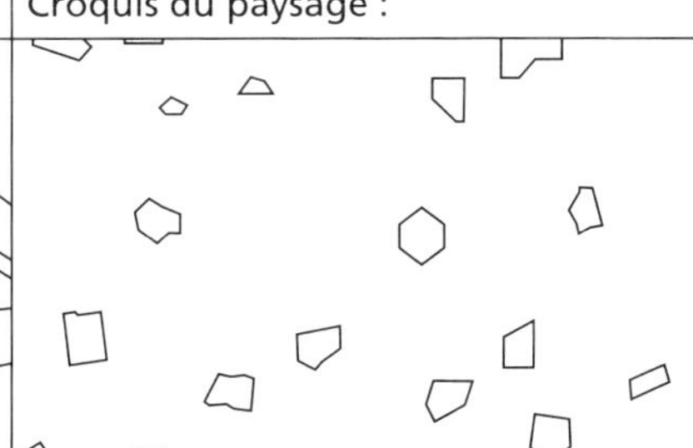	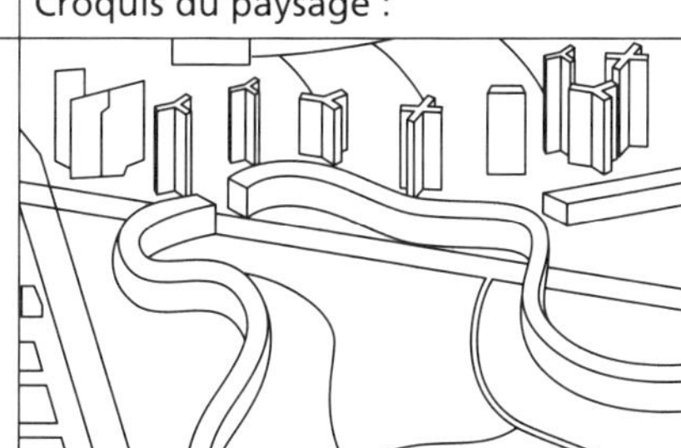
Lexique : un lotissement, une villa récente.	Lexique : une villa ancienne, un parc, un espace vert ; l'ardoise, la tuile.	Lexique : une tour, une barre, un immeuble collectif, une cité.

Étape 3

Synthétiser par la trace écrite

La trace écrite comprend :
- la synthèse de l'étape 1 (« Notion à communiquer aux élèves ») ;
- la feuille d'observation individuelle d'une photographie de banlieue (étape 2) et le tableau synthétique distribué par le maître.

Les quartiers urbains en fonction de l'habitat

Document 4

© M. Peres / Hoa Qui / Eyedea

a Une rue du quartier de la Petite France à Strasbourg.

© Bigot / Andia.fr

b Une rue de Saint-Nazaire.

Document 5

Villes	Éléments observés par les élèves	Apport du maître
Strasbourg		
Saint-Nazaire		

Séance 3 – Les quartiers urbains en fonction de leur activité

Compétence disciplinaire
- Étudier la fonction urbaine dans un quartier.

Compétences méthodologiques
- Repérer un lieu sur une carte.
- Observer des photographies.
- Prélever des indices dans un document pour compléter un tableau.
- Établir une synthèse.

Problématique
Comment identifier la fonction urbaine d'un quartier ?

Matériel
doc. 7 Quatre photographies sur différents quartiers :
a) L'usine Michelin à Clermont-Ferrand.
b) Le quartier de La Défense.
c) Le port de La Grande-Motte.
d) Le quartier de l'Europe à Strasbourg.
La carte de France murale.

Lexique : Quartier commercial, quartier portuaire, quartier industriel, quartier d'affaires.

Durée de la séance : 60 minutes.

Étape 1

Observer des photographies de différents quartiers urbains

Matériel
- Les quatre photographies de différents quartiers (doc. 7, livret couleur p. 7).
- La carte de France murale.
- Le cahier de brouillon.

Organisation de la classe
Travail en binômes, puis collectif.

À partir de quatre photographies, les élèves doivent caractériser les quartiers urbains en fonction de leur activité. En binômes, les élèves choisissent deux photographies et notent dans leur cahier de brouillon les indices qui leur permettent de définir l'activité pratiquée au sein du quartier photographié, en répondant à la question :
- Est-ce que les traces humaines laissées dans le paysage nous permettent de distinguer une activité particulière ?

Lors de la mise en commun, l'enseignant situe les villes étudiées sur la carte de France murale. Il développe les observations des élèves : il donne des indications complémentaires et introduit le vocabulaire géographique. La synthèse est faite sous forme de tableau.

Tableau attendu

Ville et quartier	Situation	Indices retenus	Informations complémentaires	Type de quartier
L'usine Michelin Clermont-Ferrand	Dans la ville	Au centre de la photo, un ensemble de bâtiments peu élevés avec des toits clairs. Trois bâtiments surmontés de deux hautes cheminées et une tour. Autour de cet ensemble, des zones d'immeubles d'habitation : au premier plan, de gauche à droite, des bâtiments allongés, une voie rapide avec un échangeur et, de l'autre côté, une cité avec des immeubles identiques ; en arrière-plan d'autres cités avec des immeubles de forme différente.	Le quartier des usines Michelin se trouve au nord-ouest de la ville. Au XIXe siècle, Michelin était une entreprise de machines agricoles, puis on y a fabriqué des balles en caoutchouc pour les enfants, et enfin des pneus. C'est maintenant une firme mondiale mais Clermont-Ferrand reste le siège et le principal foyer de l'entreprise. En 2007, Michelin a produit 191 millions de pneumatiques (un peu moins en 2008) et imprimé 19 millions de cartes et guides. Les cités ouvrières, construites pour loger les ouvriers, sont aujourd'hui restaurées.	Quartier industriel

Puteaux Courbevoie Nanterre La Défense	À l'ouest de Paris	Un quartier moderne avec des immeubles élevés, aux formes diverses, qui entourent une plate-forme centrale aux constructions basses. Ensemble entouré, au premier plan, par des autoroutes superposées. En arrière-plan, un axe relie la Défense à Paris. Des inscriptions figurent sur les tours (Fiat, Total, Elf) et sur le bâtiment au premier plan (Auchan).	Le quartier de La Défense, créé en 1958 dans l'ouest parisien, est situé sur trois communes (Puteaux, Courbevoie et Nanterre). On y trouve le siège de grandes sociétés, de banques, un grand centre commercial, des restaurants, des parkings, de nombreux immeubles de bureaux et La Grande Arche. Ce quartier est desservi par des voies routières rapides, le métro, le train, le tramway et des bus. C'est le plus grand centre d'affaires européen.	Quartier d'affaires et commercial
Le port de La Grande-Motte	Dans la ville	Un bassin maritime séparé en deux par une courte jetée avec des constructions. Un grand nombre de voiliers est amarré le long des pontons. Des immeubles en forme de pyramide bordent le quai. À droite, un parking et des résidences avec une piscine. En arrière-plan, un espace arboré avec quelques constructions et une étendue d'eau.	La Grande-Motte est une station balnéaire créée il y a un peu plus de cinquante ans sur le littoral du Languedoc. Des immeubles en forme de pyramide bordent le port de plaisance qui peut contenir plus de 1 400 bateaux. De très nombreux vacanciers fréquentent cette zone touristique en été.	Quartier portuaire
Strasbourg Le quartier de l'Europe	À la limite de la ville et de la banlieue	Ensemble de constructions d'architecture moderne, traversé par un cours d'eau. Des ponts et des passerelles en relient les rives. Au centre, un bâtiment en forme d'aile et une tour. À droite, des immeubles aux parois sombres et un grand bâtiment en forme de quadrilatère.	Strasbourg est la capitale de l'Europe. C'est à ce titre qu'elle possède des institutions qui dirigent l'Europe. Leurs sièges sont installés dans ces bâtiments qui forment le quartier de l'Europe : – Le Parlement européen. – Le Palais de l'Europe. – Le Palais des Droits de l'Homme. De nombreux fonctionnaires y travaillent.	Quartier administratif
Un quartier urbain que je connais :				

L'enseignant invite les élèves à reprendre les photos de Strasbourg et de Saint-Nazaire étudiées lors de la séance 2 et demande aux élèves :

- Quelle activité est caractéristique de ces quartiers ? *La Petite France est un quartier touristique et le centre-ville de Saint-Nazaire, un quartier commercial.*

Les élèves peuvent compléter ce travail avec l'exemple d'un quartier de leur ville ou d'une zone urbaine qu'ils connaissent.

Les élèves constatent que la physionomie d'un quartier possède un lien souvent étroit avec les activités économiques qui y sont pratiquées. Toutefois, pour une même activité, cette physionomie peut être différente (par exemple, un quartier portuaire peut abriter différents types de port : port de commerce, port de plaisance, port industriel, port de pêche ; le quartier commercial de Saint-Nazaire est très différent de celui de La Défense).

Étape 2

Établir une typologie des quartiers selon leur activité

Matériel
Le tableau établi lors de l'étape 1.

Organisation de la classe
Travail collectif.

À partir du tableau construit en étape 1, l'enseignant élabore, avec les élèves, une approche d'une typologie des quartiers urbains fondée sur les fonctions urbaines.
La description de chacun des quartiers étudiés est reprise avec l'enseignant : les indices qui permettent d'identifier un type de quartier urbain sont repérés collectivement, puis ils sont notés dans un tableau synthétique.

Types de quartiers étudiés	Caractéristiques
Quartier industriel	Usine. Voies de communication. Cités ouvrières.
Quartier d'affaires et commercial	Grandes tours, sièges de sociétés, restaurants, parkings souterrains, bureaux, commerces. Moyens de communication nombreux.
Quartier commercial de centre-ville	Voies d'accès larges avec de nombreuses places de parkings. Commerces et enseignes juxtaposés le long de la rue.
Quartier portuaire de plaisance	Différents bateaux de plaisance (voiliers...). Parking. Zone d'habitations touristiques.
Quartier administratif	Immeubles d'architecture moderne. Nombreux employés.
Quartier touristique	Maisons anciennes pittoresques. Voies piétonnes.
Le quartier urbain que je connais :	

Le maître précise que ce tableau n'est pas exhaustif : on peut identifier aussi des quartiers culturels, universitaires...
Ce tableau constitue la trace écrite de cette séance. Les élèves le copient dans leur cahier de géographie.

Évaluation

Compétences évaluées
- Réinvestir les connaissances sur les éléments du milieu urbain sur un document de même type que celui qui a été étudié.
- Reconnaître la structure d'une ville européenne parmi d'autres organisations urbaines.
- Comprendre la notion de fonction des espaces de la ville.
- Savoir écrire un texte qui correspond à la spécificité d'une banlieue.
- Lire et comprendre un texte en géographie.

Corrigé

1.

2. C'est le schéma B qui correspond à une ville française.
3. Mairie : fonction administrative. Bibliothèque : fonction culturelle. Piscine : fonction de loisirs. Marché : fonction commerciale. Hôpital : fonction de santé. École : fonction d'enseignement.
4. L'élève doit décrire un type d'habitation (immeubles, résidences, ou habitats pavillonnaires) et indiquer son environnement (cadre de verdure, cités juxtaposées...).
5. Le centre-ville.

Les paysages urbains

1. Voici une photographie de la ville de Gap.
Écris en légende le nom des éléments indiqués par une flèche.

centre ancien – zone pavillonnaire – immeubles

....
....
....
....
....

2. Ces trois schémas représentent l'organisation de différentes villes dans le monde.
Lequel correspond à celui de la ville française ? Entoure-le.

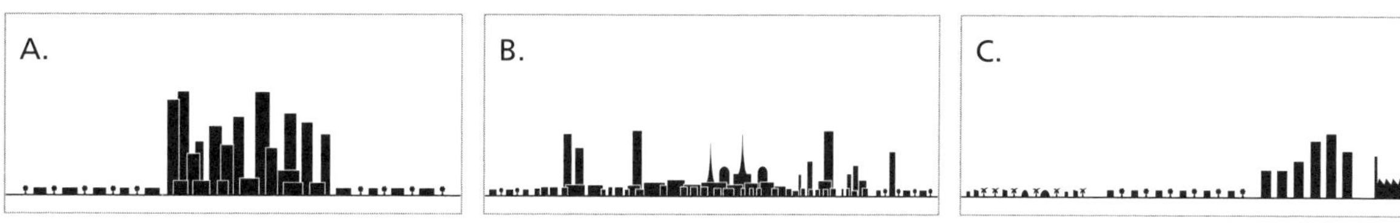

3. Relie les noms des bâtiments et des lieux à leur fonction dans la ville.

mairie	bibliothèque	piscine	marché	hôpital	école

fonction culturelle	loisirs	fonction commerciale	santé	fonction administrative	enseignement

4. Écris un texte court qui décrit la banlieue d'une ville.

....
....
....

5. Lis ce texte :

Des maisons anciennes, serrées les unes contre les autres, dataient certainement du Moyen Âge. Les rues étroites (les ruelles) étaient encore couvertes de pavés mal taillés. Elles avaient été transformées en rues piétonnes. De chaque côté, des magasins offraient aux nombreux touristes les spécialités de la ville.

Quelle partie de la ville y est décrite ? ....

3

La hiérarchie urbaine : vers une typologie des communes

Informations pour l'enseignant

Les programmes 2008 invitent les enseignants à travailler sur les paysages urbains. Trois concepts clés sont visés à travers ce thème : le concept de localisation, celui lié à la hiérarchie des villes et le dernier consacré à la polarisation du territoire. Au CE2, les auteurs ont choisi de travailler sur le concept de hiérarchie des villes à travers un exemple concret. Outre des compétences disciplinaires ciblées, cette séquence vise des compétences du pilier 5 relatif au socle commun. Ainsi, parmi les activités proposées, l'étude de tableaux graphiques et une lecture des langages graphiques ont été privilégiées.

Les agglomérations et les zones périurbaines constituent aujourd'hui le lieu de résidence de 89 % de la population française et le lieu de travail de plus de 90 % des actifs ayant un emploi en France métropolitaine. Les villes jouent ainsi un rôle déterminant dans l'économie du pays : elles apparaissent comme l'armature du territoire.

Ce dynamisme urbain est récent. Jusqu'au milieu du XXe siècle, la répartition de la population de la France se caractérisait par une forte population rurale. C'est dans les années 1930 que la part de la population urbaine rejoint celle de la population installée dans les campagnes. Désormais, en France métropolitaine, la quasi-totalité de la population vit à moins de trente minutes des services nécessaires dans la vie de tous les jours. La vie en dehors de tout système urbain tend donc à disparaître. Cela s'explique entre autres par l'essor de l'automobile, qui permet à l'ensemble de la population de se déplacer aisément. Ainsi, « depuis deux ou trois décennies, la nouvelle mobilité renouvelle les espaces de vie. C'est la manière d'appréhender un territoire qui s'en trouvera transformée[1] ».

Le réseau urbain français est marqué par sa macrocéphalie. Paris, forte de plus de 11 millions d'habitants, est sept fois plus peuplée que Lyon. Cette suprématie démographique s'accompagne d'une mainmise exceptionnelle sur les fonctions de commandement politique, économique et culturel. Après Paris, les grandes villes en France sont peu nombreuses. Seules Lyon, Marseille et Lille dépassent le million d'habitants (en comptabilisant la population des banlieues). Cette particularité du système urbain français est historique. Daniel Noin explique que « l'extrême centralisation de l'État pendant les périodes moderne et contemporaine est elle-même liée à la formation de la nation française en lutte contre les périls extérieurs et intérieurs. Devenue très forte au XVIIe siècle, à l'époque de la monarchie absolue, elle a été renforcée par la Révolution en raison de la prédominance du courant jacobin, puis par Bonaparte qui a organisé le pays selon un principe strictement hiérarchique. La centralisation du pouvoir de décision a alors été très poussée dans le domaine politique, et elle a fini par gagner tous les autres domaines. Ce type d'organisation a contribué à faire grossir la capitale à l'excès en gonflant les services centraux et en attirant quantité d'activités qui, normalement, auraient pu

1. J.-M. Benoît, P. Benoît, D. Pucci, *La France à vingt minutes*, Paris, Belin, 2002.

ou dû prendre place dans d'autres villes. (…) La réorganisation administrative entreprise lors de la Révolution a eu également des effets importants sur les villes de province. La petitesse de l'unité de commandement qu'était le département a complété et renforcé l'omnipotence de la capitale[2] ».

La hiérarchie des villes

Le concept de hiérarchie des villes repose sur l'existence de niveaux différents parmi les villes. Cette différence s'accompagne d'écarts significatifs sur le plan qualitatif. Plus la ville est grande, plus elle offre de services destinés à sa population comme à celles qui gravitent autour d'elle. Ainsi, pour les équipements scolaires par exemple, le bourg est pourvu d'un collège, la petite ville a son lycée, la grande ville ses écoles spécialisées et ses universités. Ces nuances se perçoivent également pour l'équipement commercial : la petite ville n'offre qu'une gamme limitée de produits courants grâce à ses boutiques et ses supermarchés ; la ville plus importante a ses boutiques spécialisées et les hypermarchés permettant à la population de trouver des articles diversifiés et plus rares ; la métropole offre une multitude de produits dans des commerces hautement spécialisés. Au sommet de cette « pyramide », on trouve Paris avec ses boutiques de produits de grand luxe.

Le critère quantitatif peut être retenu pour classer des villes. La ville se définit par une agglomération de la population plus ou moins dense. Pour les villes françaises, le classement démographique est sensiblement le même, que l'on utilise la notion d'agglomération ou celle d'aires urbaines. Pour ces deux classements, Paris demeure en tête, puis suivent Lyon, Marseille et Lille.

2. D. Noin, *Le Nouvel Espace français*, Paris, Armand Colin, 2006.

Les unités urbaines peuvent être classées en cinq niveaux

- Les hameaux sont composés d'un petit groupe de maisons rurales à l'écart de la commune.
- Les bourgs (environ 1 500 communes de 1 000 à 5 000 habitants) forment un maillage dense et fournissent au milieu rural environnant des services d'usage fréquent (commerces, pharmacien, médecin, écoles et collèges…). Certains d'entre eux sont chefs-lieux de canton.
- Les petites villes (environ 1 500 communes regroupées dans quelque 700 unités urbaines de 5 000 à 20 000 / 30 000 habitants) regroupent un Français sur dix. Elles jouent le rôle de centres locaux. Leurs fonctions sont plus étoffées : sous-préfectures, lycée, hôpital, commerces plus diversifiés.
- Les villes moyennes (1 000 communes regroupées dans 200 unités urbaines de 20 000 à 200 000 habitants) regroupent plus du quart de la population urbaine française. Le seuil de 200 000 habitants n'est que relatif, dans la mesure où certaines villes comme Reims, Angers, Limoges ou Perpignan sont de véritables petites capitales régionales, sans atteindre le poids démographique de Rennes ou Montpellier par exemple. Dans ces villes, on trouve toujours une fonction commerciale complète, des structures administratives de niveau élevé, une activité de transports urbains et régionaux.
- Les grandes villes (27 unités urbaines dépassant 200 000 habitants) concentrent des sièges sociaux de grandes entreprises, l'ensemble des activités de recherche, une presse régionale influente, une bourse de valeurs. Elles exercent par leur puissance décisionnelle un pouvoir de commandement qui leur confère l'image de métropole régionale.

Compétence disciplinaire

- Différencier les types de communes en fonction des critères relatifs au nombre d'habitants et aux types de services offerts.

Compétences méthodologiques

- Remplir un tableau de données géographiques.
- Élaborer une synthèse à partir de l'observation d'un tableau statistique.

Problématique

Peut-on établir un classement des communes autour de l'école ?

Matériel

doc. 1 Un schéma de localisation des communes situées autour de l'école.

doc. 2 Deux documents statistiques élaborés par l'enseignant :
a) Le nombre d'habitants des communes situées autour de l'école[3].
b) Les différents services offerts par ces communes.

doc. 3 Un tableau de classement des informations.

Lexique : hiérarchie urbaine, hameau, village, bourg, ville, métropole.

Durée de la séance : 60 minutes.

Remarque : le travail proposé au cours de cette séance s'appuie sur des informations concernant des communes situées au sud-est de Lyon. Il conviendra à chacun d'adapter le travail et la documentation en fonction de la réalité de son environnement.

Étape 1

Établir la liste des communes situées autour de l'école

Matériel

- Le schéma de localisation des communes situées autour de l'école (doc. 1 – voir modèle ci -contre).
- Le cahier de brouillon.

Organisation de la classe

Travail collectif.

Avant de dresser la liste des communes situées autour de l'école, l'enseignant demande aux élèves s'ils peuvent donner une définition du mot « commune ».

Réponse attendue

Une commune est un morceau de territoire souvent appelé « ville ».

Il leur demande ensuite de noter dans leur cahier de brouillon le nom des communes qu'ils connaissent et qui sont situées autour de l'école.
La mise en commun permet à l'enseignant d'en dresser la liste au tableau.
Par exemple, pour Marennes : Chaponnay, Toussieu, Saint-Pierre-de-Chandieu, Saint-Symphorien-d'Ozon, Corbas, Lyon, Vénissieux, Simandres, Villette-de-Vienne, Luzinay, Mions, Saint-Priest, Feyzin.

À l'issue de cette mise en commun, l'enseignant distribue le schéma de localisation de ces communes (doc. 1). Par exemple, pour Marennes :

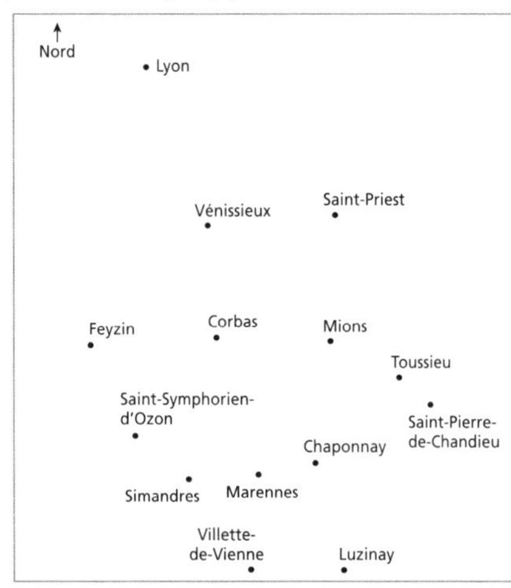

Dans un premier temps, les élèves l'observent et découvrent la localisation des communes les unes par rapport aux autres. Dans un second temps, l'enseignant pose quelques questions :

- Est-ce que toutes les communes citées se ressemblent ? *Non. Certaines sont plus grandes que d'autres car le nombre d'habitants n'est pas le même.*

Si le nombre d'habitants n'est pas évoqué par les élèves, l'enseignant oriente alors sa question : Est-ce que toutes les communes citées ont le même nombre d'habitants ?

- À partir de ce document, pouvons-nous obtenir d'autres informations sur ces communes ? *Non.*
- Est-ce qu'en lisant ce document, il est possible de savoir quels magasins (ou commerces) se trouvent dans chaque commune ? *Non.*

Les élèves peuvent supposer que tous les magasins ne sont pas présents dans chaque commune.

3. On trouvera ces renseignements sur le calendrier distribué par les facteurs, mais aussi sur Internet (notamment sur le site : http://management.journaldunet.com/ville/).

Notion à communiquer aux élèves

Le nombre d'habitants est différent d'une commune à une autre.
On ne trouve pas dans chaque commune tous les magasins dont on a besoin. On dit qu'une commune propose des services à la population, par exemple boulangerie, coiffeur, presse, etc. ■

Étape 2

Dresser la liste des besoins sociaux

Matériel

- Le schéma de localisation des communes situées autour de l'école (doc. 1).
- Une grande affiche vierge installée au tableau.

Organisation de la classe

Travail collectif.

L'enseignant demande aux élèves de reprendre le schéma de la localisation des communes et rappelle qu'il manque deux sortes d'informations : le nombre d'habitants et la liste des services pour chaque commune.
Il annonce qu'avant de compléter ce schéma, il serait intéressant de dresser la liste des services qui répondent aux besoins des habitants.
Collectivement, les élèves énumèrent les services auxquels ils pensent. L'enseignant synthétise les informations sous forme de tableau qu'il note sur l'affiche.

Résultat attendu

Même si ce tableau recense les besoins largement cités par les élèves, cette liste n'est pas exhaustive et d'autres besoins seront sans doute évoqués.

Les besoins	Les services
Se nourrir	Magasins (boucherie, poissonnerie, boulangerie…) Supermarchés, hypermarchés Fermes
Se vêtir	Magasins Usines
Se distraire	Terrains de sport Salles spécialisées Salles de spectacle
S'instruire	Écoles Collèges Lycées Universités ou grandes écoles
Se déplacer	Agences de voyage Gare, aéroport Voies de communication
S'informer	Médias Mairie Préfecture
Se soigner	Cabinets médicaux Hôpital

▸ Les services que nous venons de lister sont-ils utiles tous les jours ?

Réponse attendue

On a besoin de pain tous les jours, mais pas nécessairement d'une agence de voyage.

Notion à communiquer aux élèves

Les hommes, au cours de leur existence, ont besoin d'utiliser des services très variés, comme acheter le pain, se rendre à la banque…
Tous les services ne sont pas forcément utilisés tous les jours par les mêmes personnes. Ainsi, on classe ces services en quatre catégories :
– les services de **première nécessité** : utiles quasiment tous les jours par un grand nombre de personnes (le boulanger…) ;
– les services **scolaires** et les services liés à la **santé** (collèges, lycées, hôpitaux…) ;
– les services plus **diversifiés**, comme le supermarché par exemple ;
– les services **rares**, comme l'aéroport (utilisés peu souvent). ■

Étape 3

Remplir le tableau avec les informations sur la population et les services

Matériel

- Les informations sur la population et les services des différentes communes recensées par l'enseignant (voir modèle : doc. 2, p. 42).
- Le tableau vierge de classement des informations (doc. 3 à photocopier).
- Un agrandissement de ce tableau pour la mise en commun.

Organisation de la classe

Travail individuel puis collectif.

L'enseignant distribue à chaque élève le tableau vierge et les deux documents statistiques. Il donne la consigne :

▸ Votre travail consiste à remplir le tableau avec les informations relatives à la population et aux services de chaque commune.

Durée de la recherche : 10 min.
Avant la recherche, une lecture collective du tableau vierge permet de s'assurer de la bonne compréhension du tableau par tous.
Au cours de la mise en commun, l'enseignant note dans le tableau affiché les informations données par les élèves.

Résultat attendu

Exemple pour les communes autour de Marennes :

Communes	Population	Bureau de poste	Boulangerie, etc.	École	Médecin	Banque	Collège	Agence de voyage	Hôpital	Hyper- ou supermarché	Lycée	Vétérinaire	Aéroport	Tribunal	Studio de télévision	Université
Chaponnay	2 913															
Corbas	8 100															
Feyzin	8 500															
Luzinay	1 200															
Marennes	1 400															
Mions	9 140															
Lyon	415 000															
Saint-Pierre-de-Chandieu	3 500															
Saint-Priest	42 000															
St-Symphorien-d'Ozon	5 200															
Simandres	1 040															
Vénissieux	60 500															
Villette-de-Vienne	1 100															
Toussieu	1 650															

Étape 4

Obtenir un classement des informations

Matériel
- Le tableau rempli par les élèves (doc. 3).
- Des feuilles blanches.

Organisation de la classe

Travail individuel.

Comme les résultats obtenus au cours de l'étape précédente sont rangés dans un ordre aléatoire, l'enseignant propose aux élèves de réaliser un classement de ces résultats en fonction de critères qu'ils auront préalablement déterminés. Il donne la consigne suivante :

▸ Votre travail consiste à découper les bandes relatives aux communes afin de les classer en fonction d'un critère que vous déterminerez ; il faut que vous puissiez argumenter votre choix. Quand vous aurez trouvé ce critère de classement, vous collerez les bandes sur une feuille blanche.

Durée de la recherche : 10 min.

Pendant que les élèves découpent leurs bandes, l'enseignant fait de même avec les bandes qui constituent le tableau collectif ; les bandes ainsi préparées serviront à la mise en commun.

Résultat attendu

La mise en commun permet de mettre en évidence un classement qui s'articule autour de la population ou qui s'appuie sur le nombre de services offerts par chaque commune. Un élève volontaire peut venir au tableau pour présenter sa démarche en utilisant les bandes préalablement préparées par l'enseignant.

On obtient alors un document du type :

Communes	Population	Bureau de poste	Boulangerie, etc.	École	Médecin	Banque	Collège	Agence de voyage	Hôpital	Hyper- ou supermarché	Lycée	Vétérinaire	Aéroport	Tribunal	Studio de télévision	Université
Lyon	415 000															
Vénissieux	60 500															
Saint-Priest	42 000															
Mions	9 140															
Feyzin	8 500															
Corbas	8 100															
St-Symphorien-d'Ozon	5 200															
Saint-Pierre-de-Chandieu	3 500															
Chaponnay	2 913															
Toussieu	1 650															
Marennes	1 400															
Luzinay	1 200															
Villette-de-Vienne	1 100															
Simandres	1 040															
		Services de 1re nécessité			Services de base diversifiés			Services spécialisés					Services rares			

Notion à communiquer aux élèves

Les plus petites communes possèdent une boulangerie et une école (services de première nécessité : que l'on utilise tous les jours et sur place) ; les communes plus importantes possèdent d'autres services comme une banque, un collège ; certaines communes offrent des services que l'on ne trouve pas partout, comme les hypermarchés ; enfin les plus grandes communes possèdent des services rares, comme un tribunal ou un aéroport. Ainsi, plus le nombre d'habitants est élevé, plus le nombre de services proposés par la commune est important. ■

Étape 5

Établir une typologie des communes

Matériel

- Le tableau de synthèse de l'étape précédente.
- Le cahier de brouillon.

Organisation de la classe

Travail par groupes de quatre, puis collectif.

À partir du tableau construit lors de l'étape précédente, l'enseignant demande aux élèves, organisés par équipes de quatre, d'établir des groupements de communes.
Durée de la recherche : 10 min.

À la fin de la recherche, chaque équipe montre son travail au reste de la classe.
En suivant l'exemple de Marennes, la mise en commun permet d'établir des regroupements du type :

- Saint-Pierre-de-Chandieu, Chaponnay, Toussieu, Marennes, Luzinay, Villette-de-Vienne, Simandres ont une population inférieure à 5 000 habitants. On n'y trouve aucun service rare, une seule commune propose un service spécialisé.
- Mions, Feyzin, Corbas, Saint-Symphorien-d'Ozon ont moins de 10 000 habitants. Elles proposent quelques services spécialisés.
- Vénissieux et Saint-Priest comptent plus de 10 000 habitants et proposent beaucoup de services spécialisés.
- Lyon est une commune supérieure à 100 000 habitants et propose l'ensemble des services.

L'enseignant propose alors le tableau ci-dessous et le commente :

Communes	Population	Bureau de poste	Boulangerie, etc.	École	Médecin	Banque	Collège	Agence de voyage	Hôpital	Hyper- ou supermarché	Lycée	Vétérinaire	Aéroport	Tribunal	Studio de télévision	Université	
Lyon	415 000	■	■	■	■	■	■	■	■	■	■	■	■	■	■	■	Métropole régionale
Vénissieux	60 500	■	■	■	■	■	■	■	■	■	■	■					Villes moyennes
Saint-Priest	42 000	■	■	■	■	■	■	■	■	■	■	■					
Mions	9 140	■	■	■	■	■	■			■		■					Petites villes
Feyzin	8 500	■	■	■	■	■	■			■		■					
Corbas	8 100	■	■	■	■	■	■			■		■					
St-Symphorien-d'Ozon	5 200	■	■	■	■	■	■										
Saint-Pierre-de-Chandieu	3 500	■	■	■	■	■				■							Bourgs ou villages
Chaponnay	2 913	■	■	■	■	■	■										
Toussieu	1 650	■	■	■	■												
Marennes	1 400		■	■	■												
Luzinay	1 200		■		■												
Villette-de-Vienne	1 100	■	■	■	■	■											
Simandres	1 040		■	■													
		Services de 1re nécessité			Services de base diversifiés			Services spécialisés					Services rares				

Notion à communiquer aux élèves

On appelle **village** ou **bourg** des communes de petite taille dont la population est inférieure à 5 000 habitants et qui ne possèdent que des services de première nécessité.
La **petite ville** est une commune dont la population se situe entre 5 000 et 30 000 habitants et où l'on trouve des services supplémentaires, comme la banque où le collège.
La **ville** est une commune dont la population est supérieure à 10 000 habitants, possédant des services diversifiés, comme l'hypermarché ou l'hôpital.
La **grande ville** ou métropole, dont la population est supérieure à 100 000 habitants, regroupe tous les services rares, comme la préfecture ou l'aéroport.
Lorsque aucun service n'est présent, on parle de **hameau**. ■

Étape 6

Compléter le schéma des communes autour de l'école

Matériel
Le schéma de localisation des communes situées autour de l'école (doc. 1).

Organisation de la classe
Travail individuel, par groupes de quatre, puis collectif.

L'enseignant propose d'améliorer le schéma des communes en y apportant les renseignements liés à la population et aux types de services offerts. Il donne la consigne :

▸ Sur ce document, chaque commune est indiquée par un point. Votre travail consiste à compléter ce schéma en trouvant un moyen efficace d'indiquer la population de chaque commune et les services qu'on y trouve. Après dix minutes de recherche, vous vous regrouperez par quatre afin de comparer vos résultats et adopterez ceux qui vous paraissent les plus pertinents.

Durée totale : 20 min.

La mise en commun met en valeur la technique de grossissement des cercles en fonction de la nomenclature de la commune et celle qui permet de distinguer les niveaux de services par des couleurs différentes.

Résultat attendu

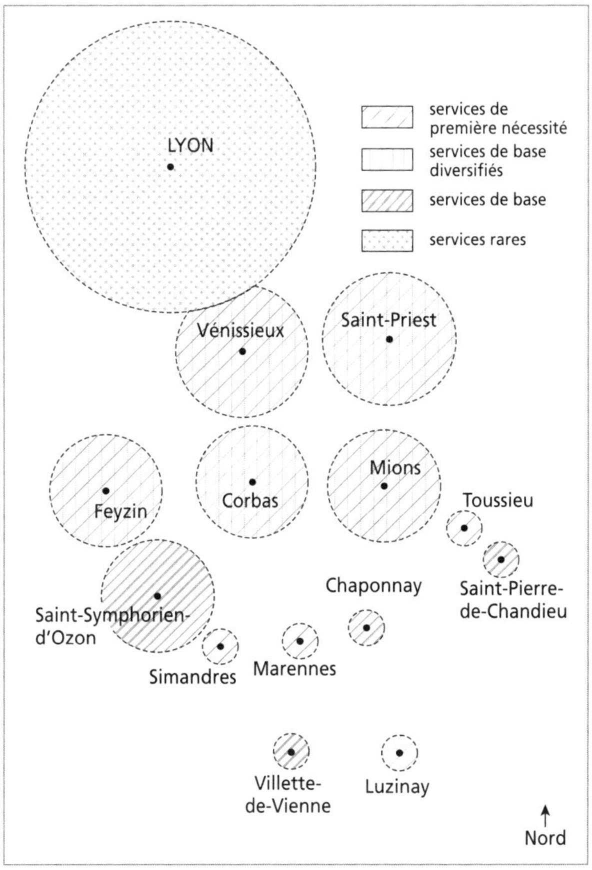

L'enseignant fait remarquer l'importance de la présence de la légende.
Les élèves collent leur schéma ainsi renseigné sur le cahier.

Évaluation

Compétences évaluées
- Lire un document et comprendre ses informations.
- Se référer à des connaissances factuelles pour répondre à une situation abstraite (travail sur une région imaginaire).

Corrigé
2. Dans une autre localité car il n'y a pas de boulanger aux Loges.
3. Savant.
4. À Nelon, Moncy ou Lera.
5. Nelon.
6. Les Loges est un hameau.

La hiérarchie urbaine : vers une typologie des communes

Document 2

Communes	Population	Services offerts
Chaponnay	2 913	Bureau de poste École Médecin Boulanger, etc. Banque Collège
Corbas	8 100	Bureau de poste École Médecin Boulanger, etc. Supermarché Banque Collège Vétérinaire
Feyzin	8 500	Bureau de poste École Médecin Boulanger, etc. Hypermarché Banque Collège Vétérinaire
Luzinay	1 200	École Médecin Boulanger, etc.
Marennes	1 400	École Médecin Boulanger, etc.
Mions	9 140	Bureau de poste École Médecin Boulanger, etc. Supermarché Banque Collège Vétérinaire
Lyon	415 000	Bureau de poste École Médecin Boulanger, etc. Hypermarché Banque Collège Lycée Vétérinaire Agences de voyage Hôpital Aéroport Tribunal Studio de télévision Université

Communes	Population	Services offerts
Saint-Pierre-de-Chandieu	3 500	Bureau de poste École Médecin Boulanger, etc. Supermarché Banque
Saint-Priest	42 000	Bureau de poste École Médecin Boulanger, etc. Hypermarché Banque Collège Lycée Vétérinaire Agences de voyage Hôpital
Saint-Symphorien-d'Ozon	5 200	Bureau de poste École Médecin Boulanger, etc. Banque Collège
Simandres	1 040	Boulanger, etc. École
Vénissieux	60 500	Bureau de poste École Médecin Boulanger, etc. Hypermarché Banque Collège Lycée Vétérinaire Hôpital
Villette-de-Vienne	1 100	Bureau de poste École Médecin Boulanger, etc. Collège
Toussieu	1 650	Bureau de poste École Médecin Boulanger, etc.

Exemple de recensement des informations sur les services et la population des communes autour de Marennes.

3
Fiche documents

La hiérarchie urbaine : vers une typologie des communes

Document 3

Communes	Population	Bureau de poste	Boulangerie, etc.	École	Médecin	Banque	Collège	Agence de voyage	Hôpital	Hyper- ou supermarché	Lycée	Vétérinaire	Aéroport	Tribunal	Studio de télévision	Université

Nombre d’habitants et liste des services principaux dans les communes autour de ....

La hiérarchie urbaine : vers une typologie des communes

1. Observe ce croquis d'une région imaginaire et lis le tableau de synthèse des services qui l'accompagne.

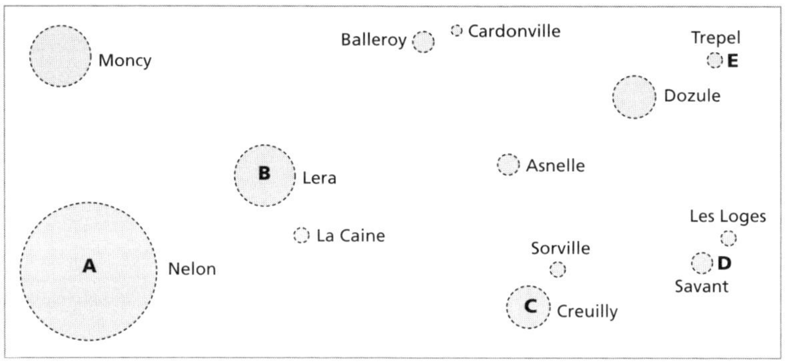

Communes	Population	École	Bureau de poste	Commerces de 1re nécessité	Médecin	Collège	Lycée	Agence de voyage	Hyper- ou supermarché	Hôpital	Aéroport	Studio de télévision	Université
NELON	274 000												
MONCY	23 000												
LERA	14 000												
DOZULE	6 800												
CREUILLY	5 000												
BALLEROY	914												
ASNELLE	612												
SAVANT	587												
SORVILLE	512												
LES LOGES	123												
TREPEL	87												
CARDONVILLE	64												
LA CAINE	56												
		Services de 1re nécessité			Équipement scolaire et santé			Services diversifiés			Services rares		

2. Tu habites Les Loges. Où achètes-tu ton pain ?

☐ Aux Loges ☐ Dans une autre localité.

Explique ton choix :

☐ Tu es fâché(e) avec le boulanger des Loges.

☐ Il n'y a pas de boulanger aux Loges.

☐ Les Loges possèdent un boulanger.

3. Comment s'appelle la localité la plus proche de chez toi où tu peux acheter du pain ?

....

4. Tu continues tes études au lycée. D'après le classement des villes en fonction des services, dans quelle(s) ville(s) pourrais-tu aller ?

....

5. Comment s'appelle la métropole régionale de cette région imaginaire ?

....

6. Dans quelle catégorie de villes places-tu Les Loges ?

....

La circulation des hommes et des biens

Informations pour l'enseignant

Nous allons analyser au cours de cette séquence l'organisation de la circulation des hommes et des biens en France. Toutefois, nous évoquerons peu le transport maritime qui reste le moyen le plus important pour les échanges de marchandises internationaux.

« En 2007, la mobilité globale des voyageurs est en hausse, après deux années de recul. Cette évolution recouvre une légère reprise de la circulation des voitures particulières et une poursuite de la croissance des transports collectifs. (...) Pour les marchandises, les tonnages traités dans les ports métropolitains ralentissent fortement (+ 0,5 %) malgré la forte croissance des conteneurs (+ 17 %). À l'inverse, les transports intérieurs terrestres restent en forte hausse (+ 3 %) et notamment le transport ferroviaire dont la croissance (+ 4,1 % tous opérateurs confondus) est supérieure à celle de la route.[1] »

Les différents types de transport de marchandises

Le transport routier est réglementé par deux types de licence : la licence de transport intérieur, réservée aux transports domestiques ; la licence communautaire, valable dans toute la communauté européenne. Compte tenu de l'activité de transport routier de marchandises en 2007, la croissance de la circulation des poids lourds devrait être de l'ordre de 2,5 %.

Le transport ferroviaire est plus rapide que la route, mais nécessite des infrastructures pour le transbordement des marchandises. Ces transbordements et les coûts de manutention engendrés sont l'une des raisons pour lesquelles les entreprises se détournent du train au profit de la route, malgré la croissance constatée en 2007.

Le transport fluvial permet de transporter à moindre coût des tonnages importants sur de longues distances en émettant peu de pollution. Il a l'inconvénient d'être relativement lent.

Le transport maritime permet sur de longues distances le transport de charges importantes sur des navires spécialisés (méthaniers, pétroliers, porte-conteneurs).

Les différents types de transport de personnes

Le transport routier peut être individuel ou collectif, urbain ou inter-urbain.

Le transport ferroviaire est constitué du train et du métro, mais aussi du tramway redevenu un moyen de transport à la mode en raison de ses qualités écologiques et économiques.

Le transport fluvial est peu important même si le projet de transport en commun sur la Seine existe à Paris ; il concerne surtout le tourisme.

Le transport aérien, intéressant pour sa rapidité, est concurrencé par les TGV sur les courts trajets et sur les lignes intérieures reliant les grandes villes à Paris. Son bilan écologique négatif est l'une des raisons pour lesquelles certains voyageurs préfèrent le train.

1. http://www.statistiques.equipement.gouv.fr/IMG/pdf/Synthese_Chronologie_cle751998.pdf

Que ce soit pour le fret ou les personnes, la route domine les flux terrestres (voir document 2 de la séquence) en raison de ses qualités de souplesse et de possibilité d'intermodalité (mise en œuvre de plusieurs moyens de transport). Toutefois, cette mobilité a un inconvénient majeur : elle entraîne l'encombrement des routes et notamment de quelques itinéraires internationaux traversant la France, comme le couloir rhodanien ou les passages de la frontière franco-espagnole.
Le train perd des parts de marché du transport des marchandises, même si régulièrement de grands projets d'autoroute ferroviaire ou ferroutage (transport de camions par le train) voient le jour. Ces projets, malgré des avantages (temps de parcours plus rapide que la route), imposent des contraintes techniques et économiques importantes : trains spéciaux, gares de fret et coûts de manutention. C'est pourquoi ils ne concernent que des transports internationaux sur de longues distances où le camion est pénalisé par les règles légales de temps de conduite des chauffeurs et par les limitations de vitesse, ou par des parcours contenant des obstacles naturels tels que montagnes (Alpes pour la liaison vers l'Italie) ou mer (la Manche pour celle vers l'Angleterre). Le dernier projet mis en oeuvre en 2007 relie le Luxembourg et Le Boulou près de Perpignan. Un autre projet d'autoroute maritime existe entre le Pays Basque et les ports belges pour éviter la traversée de la France à de nombreux camions.
Cependant, il est à noter que les familles modestes privilégient la voiture au train à grande vitesse, notamment en raison du coût élevé des billets.

Les chiffres du transport en France en 2007

Le transport intérieur de voyageurs repart à la hausse en 2007 (+ 1,5 %), après deux années de légère décroissance. L'augmentation de la circulation des véhicules particuliers (+1,6 %) contribue fortement à cette inflexion, sans remettre en cause la croissance des transports collectifs (réseaux urbains et réseaux TER en province, transports collectifs en Île-de-France). Sur la longue distance, la mise en service de la LGV Est, d'une part, et les liaisons aériennes et ferroviaires entre les régions, d'autre part, assurent une poursuite de la croissance des transports collectifs de voyageurs.
Pour les transports de marchandises, « l'année 2007 marque un retour à la croissance du fret ferroviaire (+ 4,1 %, en particulier pour le transport de conteneurs). Le transport routier confirme sa croissance des années précédentes tandis que les transports fluviaux connaissent une baisse[2] ».

Les réseaux de communication

Les réseaux de communication peuvent être matériels dans le cadre qui nous occupe, mais aussi immatériels (réseaux de télécommunication, d'information, faisceaux hertziens...).
Dans cette séquence, nous abordons la notion de réseaux de transport ou de communication support de flux de marchandises ou de personnes, réseaux constituant des axes plus ou moins complexes qui relient des points (ou nœuds du réseau).
On peut caractériser ces différents réseaux par leur forme : réseaux maillés, en étoile, en arbre.
Les réseaux centralisés ou en étoile se caractérisent par la prédominance d'une ville et l'absence d'échelons intermédiaires. Le bassin parisien en est le meilleur exemple : de grandes villes comme Rouen ne parviennent pas à exercer un rôle régional en raison de la proximité de Paris. Ces réseaux centralisés forment des étoiles caractérisées par un centre d'où partent des branches (les voies de communication) en direction de villes situées en périphérie.

Lexique pour l'enseignant

Tonne-kilomètre :
Unité de mesure correspondant au transport d'une tonne sur une distance d'un kilomètre.
Transport de marchandises :
il comprend tout mouvement de marchandises à bord d'un mode de transport quel qu'il soit : ferroviaire, routier, fluvial, maritime, aérien...
Il se mesure en tonnes-kilomètres ou sur un trajet donné en tonnes.
Transport de voyageurs :
il comprend tout mouvement de voyageurs à bord d'un mode de transport quel qu'il soit : ferroviaire, routier, maritime, aérien... Il se mesure en voyageurs-kilomètres ou, sur un trajet donné en nombre de voyageurs.
Voyageur-kilomètre :
Unité de mesure qui équivaut au transport d'un voyageur sur une distance d'un kilomètre.

2. http://www.statistiques.equipement.gouv.fr/rubrique.php3?id_rubrique=438

Les réseaux hiérarchisés ou maillés se caractérisent par une métropole située au centre d'un espace, dans lequel des villes plus petites, qui gardent des relations privilégiées avec la métropole, sont aussi en relation les unes avec les autres. Les régions Rhône-Alpes ou Alsace offrent de bons exemples de ce type de réseau.

Les réseaux éclatés ou en arbre sont caractéristiques des réseaux densément urbanisés (Midi méditerranéen, Nord-Pas-de-Calais) ou moins urbanisés (Bretagne, Massif central), dans lesquels aucune ville ne parvient totalement à s'imposer. Ce type de réseau ressemble à une arborescence assez allongée où les villes sont reliées les unes aux autres en fonction de leur positionnement dans l'espace.

Les voies de communication

Les unités urbaines sont connectées par l'ensemble des voies de communication qui tissent sur le territoire un véritable maillage de l'espace, les villes constituant les nœuds de ce maillage. La circulation accrue des hommes anime l'ensemble du territoire, mais l'augmentation de la circulation est très inégale et tend à accentuer les contrastes. Certaines zones ont profité plus que d'autres du développement des transports, renforçant ainsi des axes où les flux ne cessent de croître.

Le trafic des personnes et des marchandises se fait principalement sur un petit nombre de voies à très gros débit. Le réseau routier français s'étend sur plus de 800 000 km, mais la moitié du trafic emprunte les 9 000 km d'autoroutes.

La route demeure le moyen de transport le plus utilisé. « Résolument centré sur Paris, le réseau autoroutier n'a que partiellement corrigé le caractère étoilé du réseau routier car le souci de rentabilité a amené les pouvoirs publics (...) à le calquer sur les itinéraires à fort trafic.[3] »

Le réseau ferré s'étend sur un peu plus de 30 000 km de voies, mais, là encore, la plus grande partie du trafic s'effectue aujourd'hui sur seulement 1 500 km de voies spéciales, permettant la circulation de trains à très grande vitesse. Le parcours d'un point du territoire à un autre s'évalue désormais en temps et non plus en kilomètres. Certaines villes sur les axes privilégiés sont proches, tandis que d'autres paraissent de plus en plus inaccessibles car de moins en moins bien desservies (voir, pour illustration, des cartes en anamorphose du réseau ferré français[4]).

Quant au trafic aérien intérieur (dont le réseau est le plus étendu d'Europe, avec 80 aéroports), il comporte plus d'une centaine de lignes. Toutefois, l'essentiel du trafic s'effectue sur simplement une demi-douzaine de lignes.

La mise en service de nouvelles infrastructures de transport à gros débit et à vitesse élevée a changé les conditions de circulation en privilégiant une quinzaine de plaques tournantes. Les autoroutes et les TGV n'ont pas nécessairement entraîné un développement économique des villes concernées. « Les grandes infrastructures de transport n'ont un effet d'entraînement sur les activités que si la ville a une certaine taille ou s'il y a un nœud de communication. Les pôles urbains sont ceux qui permettent un éclatement du trafic dans diverses directions, qui comportent éventuellement des ruptures de charge ou qui disposent de plates-formes multimodales permettant d'exploiter le développement de la conteneurisation (...). Les grandes infrastructures de transport semblent avoir surtout profité aux grandes villes.[5] » Seule une quinzaine de villes françaises constituent des nœuds de communication. Elles disposent d'équipements autoroutiers, d'une desserte par TGV et d'un aéroport. Parmi ces villes, en dehors de Paris, se distinguent Lyon, Lille, Strasbourg ou Marseille.

Lexique pour l'élève

Axe de communication : voie de communication utilisée par divers moyens de transport.

Flux : On appelle flux l'écoulement d'une certaine quantité de personnes, de véhicules, de marchandises, transportés par un moyen de communication, par le biais d'un réseau.

Nœud : carrefour entre plusieurs voies de communication importantes.

Plate-forme multimodale : Plate-forme qui associe plusieurs modes de transport, maritime, fluvial, ferroviaire, routier, réunis dans un même lieu (port, aéroport).

Réseau de communication : ensemble des voies de communication (matérielles ou immatérielles) qui relient les villes entre elles.

Réseau urbain : ensemble de villes ayant des relations économiques, administratives ou culturelles.

3. D. Noin, *Le Nouvel Espace français*, Armand Colin, 2003.
4. Exemple : http://www.cafe-geo.net/ article.php3?id_article=1099.
5. D. Noin, *Le Nouvel Espace français*, Armand Colin, 2003.

Compétences disciplinaires
- Comprendre la notion de réseau de communication.
- Comprendre l'organisation des transports en France.
- Construire une carte avec sa légende organisée.

Compétences méthodologiques
- Mettre en relation des cartes.
- Effectuer des recherches sur une carte.
- Lire un tableau.
- Localiser sur une carte.
- Comprendre des textes et des documents variés.
- Comprendre des graphiques.

Problématique

Comment s'organise la circulation des hommes et des biens en France ?

Matériel

Poster 2 Une photographie de la vallée du Rhône.
doc. 1 Douze photographies de moyens de transport.
doc. 2 Deux graphiques sur le transport intérieur en 2006 et un questionnaire.
doc. 3 Deux cartes :
a) Les routes et les voies ferrées en France.
b) Le trafic autoroutier en France.
doc. 4 La photographie de Feyzin.
Une carte murale du relief de la France.

Lexique : Réseau de communication, flux, voie de communication, carrefour.

Durée de la séance : 50 minutes.

Étape 1

Lister les différents modes de transport

Matériel
- Les douze photographies de moyens de transport (doc. 1, livret couleur pp. 8 à 10).
- Le cahier de brouillon.

Organisation de la classe

Travail par groupes de 4 élèves.

L'enseignant demande aux élèves d'observer les photographies et de les légender (un bus, des voitures, un ferry...). Il leur demande ensuite d'établir un classement selon des critères qu'ils choisiront. Ce travail est réalisé sur le cahier de brouillon. *Durée de la recherche* : 15 minutes.

L'intérêt de cette recherche est que le choix des critères de classement est libre. La mise en commun, et notamment la confrontation des légendes, permet de clarifier les divers classements proposés par les élèves et d'établir un premier diagnostic de leurs connaissances. Lors de cette mise en commun, l'enseignant doit faire émerger la notion de **mode de transport**.

Résultats attendus

a) Un tramway (à Strasbourg)
b) Un bus (à Caen)
c) Des voitures (à Paris)
d) Des vélos « en libre service » (à Nantes)
e) Un ferry (à Marseille)
f) Un bateau de marchandises (au Havre)
g) Un TGV
h) Des trains de marchandises (à Gerzat)
i) Des camions (à la frontière franco-espagnole)
j) Un métro (à Rennes)
k) Un TER (Train Express Régional)
l) Des péniches (sur l'Oise)

Les classements possibles sont :
a) Transport de fret / transport de personnes
b) Transport ferroviaire / transport routier / transport fluvial / transport maritime
c) Transport individuel / transport collectif
d) Transport urbain / transport interurbain

L'enseignant explicite les différents critères de classement et donne des informations complémentaires. Par exemple, le TGV, le TER, le tramway ou le métro sont des moyens de transport qui utilisent des voies ferrées, mais ils sont différents de par les distances parcourues et le type de réseau emprunté (international, national, régional, interurbain, urbain). Le rôle des péniches est important dans le transport des matières pondérables qui ne peuvent être transportées par camion sur de longues distances.

Notion à communiquer aux élèves

Les moyens de transport en France sont très variés. Il en existe pour les personnes (voitures, trains, bateau...) mais aussi pour les marchandises (camion, train, bateau...).
Ils permettent de se déplacer au sein des villes mais aussi entre elles. ■

Étape 2

Identifier les réseaux de communication

Matériel
Les deux graphiques sur le transport intérieur en 2006 et un questionnaire (doc. 2 à photocopier).

Organisation de la classe
Travail collectif, individuel puis collectif.

L'enseignant distribue le document 2 et demande aux élèves d'étudier la légende des deux graphiques. Il pose la question suivante :

- Quelles différences existe-t-il entre ces deux légendes ?

Pour les guider dans leur réflexion, il peut leur demander la différence entre transport routier et voitures particulières. Il s'agit de faire le lien entre le mode de transport et le réseau de communication utilisé.
Ensuite, les élèves répondent individuellement aux questions ; la mise en commun est collective.

Corrigé

1. Ce sont des graphiques, aussi appelés « camemberts ».
2. Ils montrent la part des différents modes de transport dans les trafics des marchandises et des personnes.
3. La route est le principal mode de transport des marchandises en France.
4. La voiture particulière est le moyen de transport le plus utilisé par les voyageurs.
5. C'est un moyen de transport rapide et souple.
6. Il génère beaucoup de pollution et des nuisances.

Notion à communiquer aux élèves

Malgré un réseau ferré et fluvial développé, en France, la très grande majorité des transports se fait par la route. Voitures particulières ou camions sont des moyens de transport qui permettent d'atteindre les endroits les plus reculés sans être soumis à des contraintes horaires. Mais, ce mode de transport est la cause de nombreuses nuisances et d'une pollution importante. ■

Étape 3

Acquérir du vocabulaire géographique

Matériel
Les deux cartes sur le réseau de communication en France (doc. 3 à photocopier).

Organisation de la classe
Travail collectif.

Les élèves observent les deux cartes, puis répondent aux questions orales de l'enseignant :

- De quoi s'agit-il ? *Il s'agit de deux cartes de France.*
- Quelles informations peut-on lire sur ces documents ? *Ils donnent des informations sur le trafic autoroutier et la position des grandes routes et voies ferrées sur l'espace français.*
- Pourquoi certains traits sont-ils plus épais que d'autres ? Quelles informations donnent ces différentes épaisseurs ? *Plus le trait est épais plus le trafic est important.*
- Qu'observez-vous sur Paris ? *À Paris, toutes les voies convergent et forment une étoile.*
- Observe-t-on le même phénomène dans d'autres régions françaises ? *On retrouve la même disposition en étoile à Lyon et à Lille.*
- Le réseau est-il organisé de la même façon en Bretagne ? *Non, en Bretagne, le réseau est un réseau en arbre partant d'un nœud important, Rennes.*

L'enseignant note au tableau les informations données par les élèves en apportant des mots-clés du lexique géographique :

- des routes, des chemins de fer sont des **axes de communication** ;
- des axes plus ou moins utilisés par les voyageurs ou les marchandises caractérisent des **flux** ;
- des croisements d'axes au niveau des grandes villes sont des **nœuds** ;
- un ensemble d'axes autour des grandes villes constitue un **réseau** (en forme d'étoile, ou d'arbre).

Notion à communiquer aux élèves

Les grandes villes françaises sont reliées entre elles par des axes de communication (routes, voies ferrées, fleuves). Certains axes sont très empruntés ; le trafic y est important : on parle de flux.
Les grands axes de communication se croisent dans des villes importantes, formant ainsi des carrefours appelés « noeuds ».
Le réseau qui part d'une grande ville peut avoir la forme d' « une étoile » comme autour de Paris, ou être « un réseau en arbre » comme dans l'ouest de la France. ■

Étape 4

Réaliser un croquis de réseaux de communication

Matériel

- La photographie de la vallée du Rhône (poster 2 et doc. 4 à photocopier).
- Les deux cartes sur le réseau de communication en France (doc. 3).
- Une carte murale du relief de la France.

Organisation de la classe
Travail collectif puis individuel.

L'enseignant affiche le poster et pose des questions aux élèves, qui répondent oralement :

- Quelle est la nature du document ? *Il s'agit d'une photographie aérienne de la vallée du Rhône.*
- D'après sa légende, situez la photographie sur les cartes de France du document 3. *Cette photographie a été prise près de Lyon.*
- Selon la carte, quelle est la particularité de ce lieu ? *Il est situé sur deux axes de communication majeurs, routier et ferroviaire.*

Les élèves repèrent ces deux axes sur la photographie. L'enseignant les nomme et écrit la réponse au tableau : *autoroute A7 et voies ferrées.*

- Existe-t-il sur la photographie un autre axe de communication évoqué précédemment ? *Un canal pour le transport fluvial à côté du Rhône.*

L'utilisation d'une carte murale du relief de la France permet d'expliquer ce regroupement de voies de communication au sein du couloir rhodanien.

Les autres éléments du paysage sont relevés et notés au tableau (habitations, champs, routes, zones industrielles et artisanales).

L'enseignant distribue la photographie en noir et blanc correspondant au poster (doc. 4). Il demande aux élèves de réaliser individuellement le croquis du paysage étudié en faisant bien apparaître les différents axes de communication. Il rappelle que faire un croquis, c'est représenter les éléments importants du paysage par un zonage, en n'oubliant pas de légender (voir méthodologie, pp. 7-8). Les élèves peuvent s'aider des éléments notés au tableau lors de l'analyse collective.

Résultat attendu

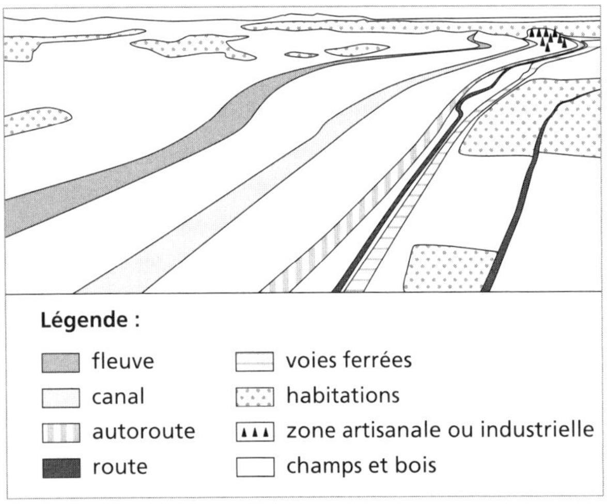

Étape 5

Trace écrite

La trace écrite est constituée des différentes rubriques « notion à communiquer aux élèves » et du plan de la région de la vallée du Rhône.

Évaluation

Compétences évaluées

- Restituer le vocabulaire spécifique de la géographie relatif aux réseaux de communication.
- Connaître les différents modes de transport.
- Connaître l'organisation des réseaux de communication en France

Corrigé

1. Un ensemble de voies de communication (routes, chemins de fer...) permettant le transport des biens ou des personnes.
2. Routes, autoroutes, voies ferrées, canaux.
3. Un ensemble de voies de communication reliées entre elles par des noeuds (carrefours). Il peut être en étoile ou en arbre.
4. La voiture particulière.
5. Transport routier, transport ferroviaire, transport fluvial ou oléoduc.
6.

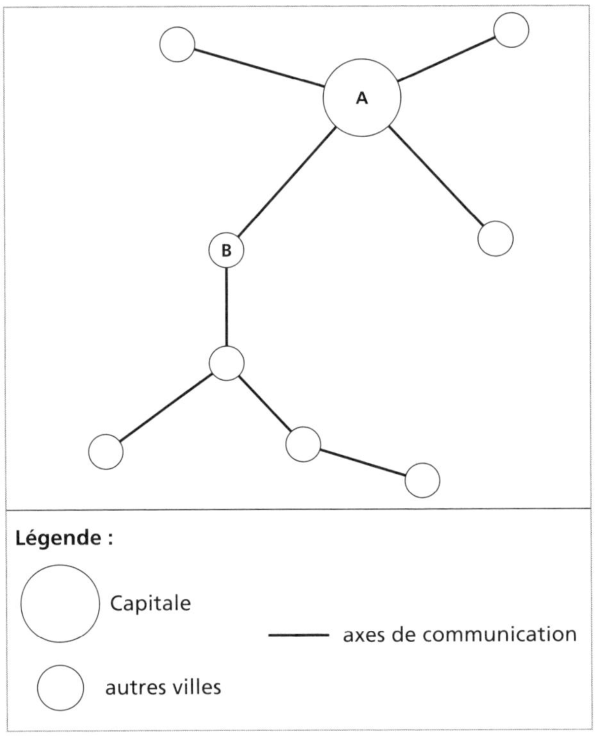

La circulation des hommes et des biens

Document 2

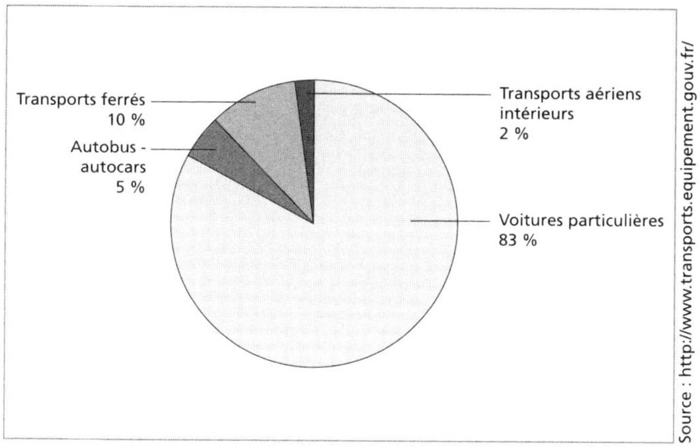

a Moyens de transport utilisés pour le trafic voyageurs en France, en 2006.

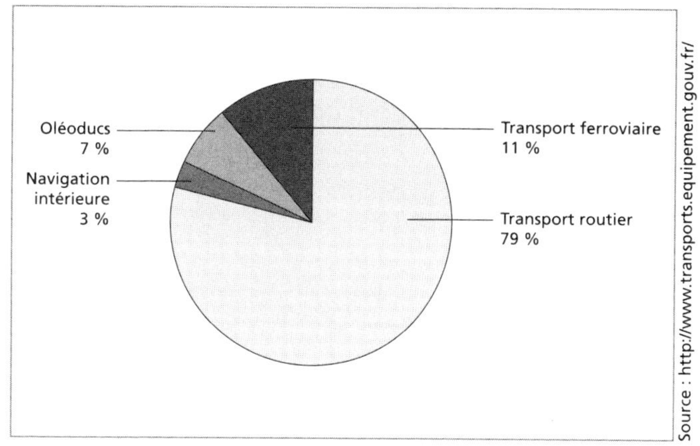

b Moyens de transport utilisés pour le trafic de marchandises en France, en 2006.

1. Comment appelle-t-on ce type de document ?

....

2. Que montrent ces deux documents ?

....

....

3. Quel est le principal mode de transport des marchandises en France ?

....

4. Quel est le moyen de transport le plus utilisé par les voyageurs en France ?

....

5. D'après toi, pourquoi utilise-t-on principalement ce mode de transport ?

....

6. Quels sont les inconvénients de ce mode de transport ?

....

La circulation des hommes et des biens

Document 3

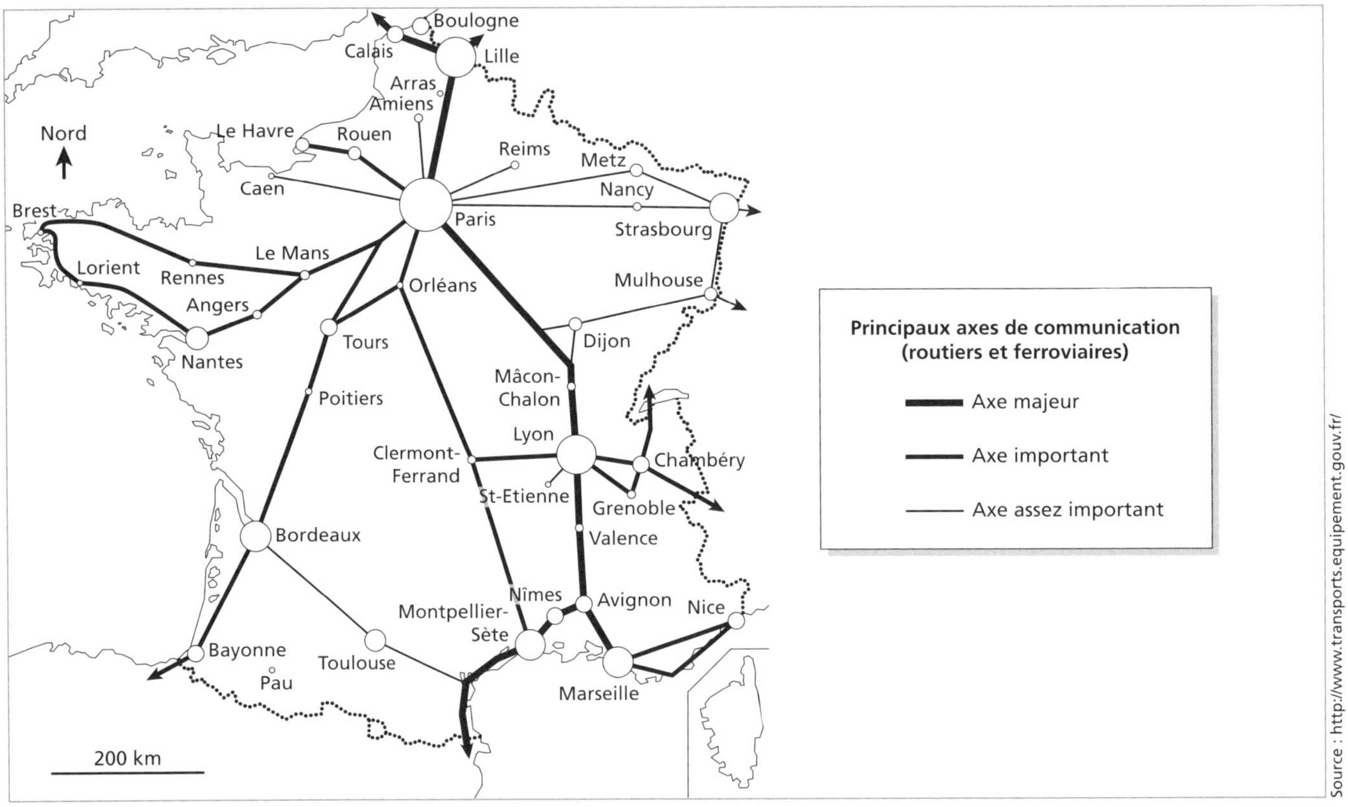

a Les routes et les voies ferrées en France.

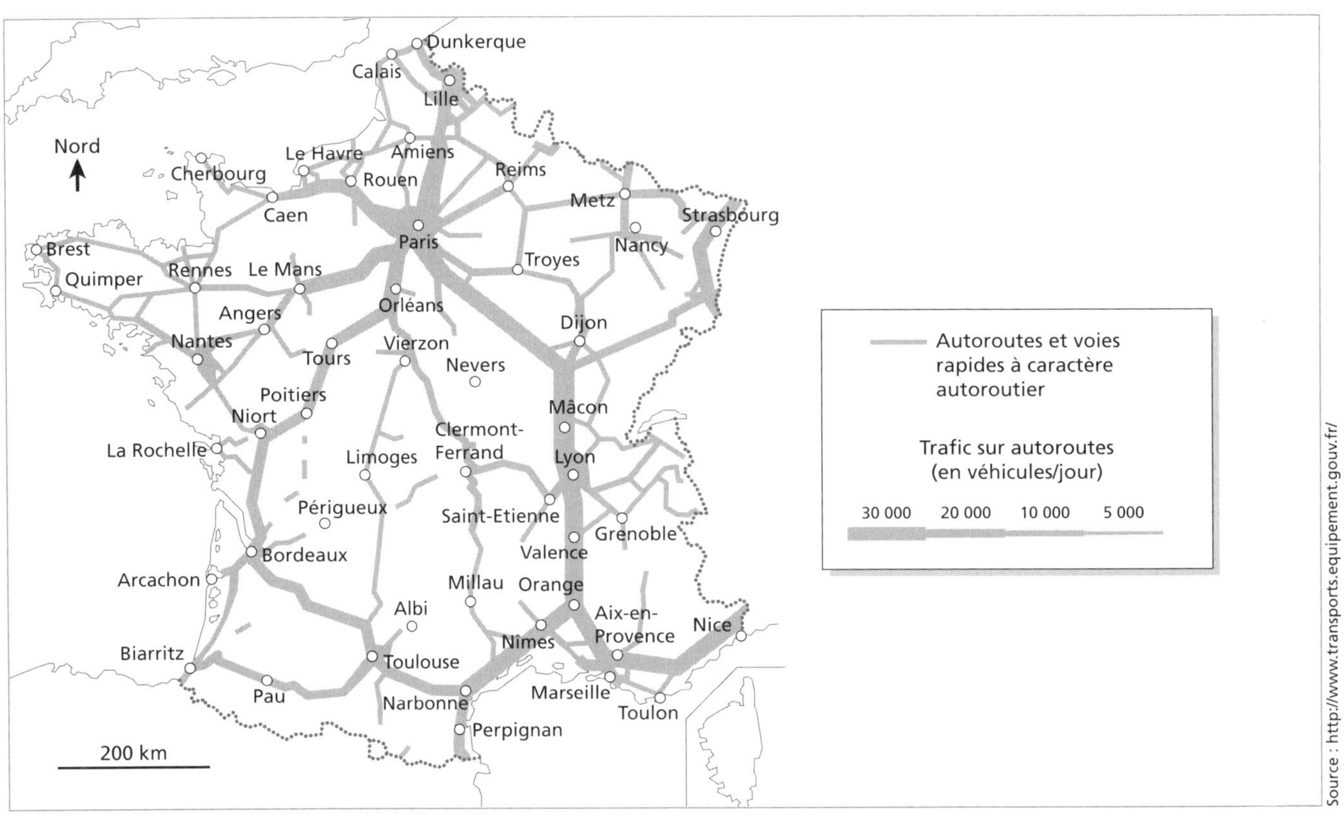

b Le trafic autoroutier en France.

4
Fiche documents

La circulation des hommes et des biens

Document 4

© Yann Arthus-Bertrand / Altitude

La vallée du Rhône.

4
Fiche documents

La circulation des hommes et des biens

Document 4

© Yann Arthus-Bertrand / Altitude

La vallée du Rhône.

La circulation des hommes et des biens

1. Qu'appelle-t-on un axe de communication ?

....

....

2. Cite différentes voies de communication.

....

3. Qu'appelle-t-on un réseau de communication ?

....

....

4. Quel mode de transport est le plus utilisé par les voyageurs en France ?

....

5. Cite deux modes de transport empruntés par les marchandises en France.

....

6. Voici la carte d'un pays imaginaire. On y voit la capitale (A) et plusieurs villes, dont B.

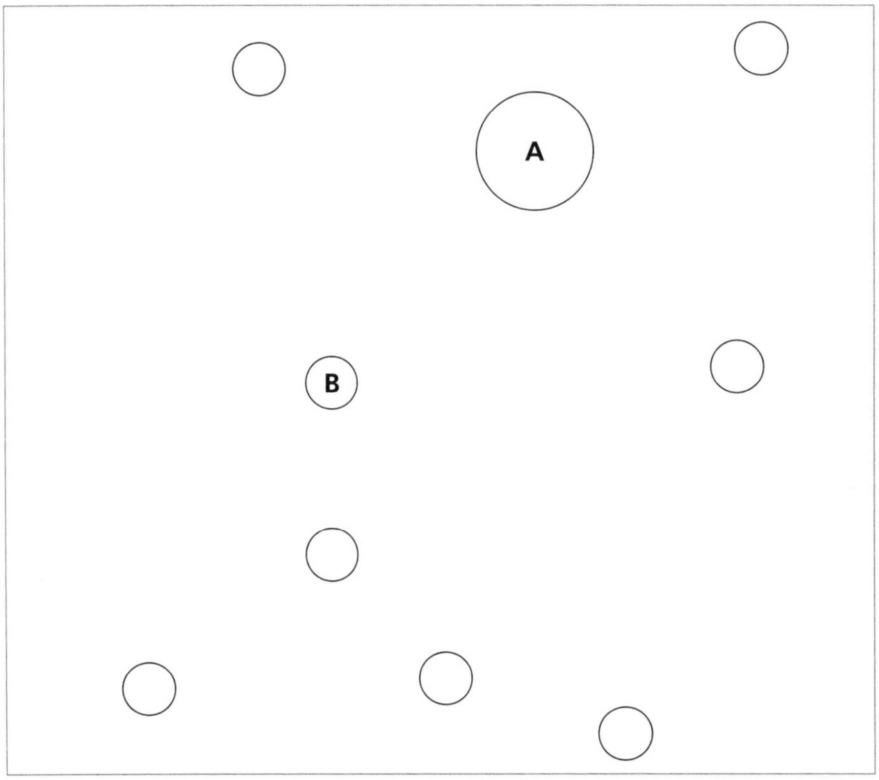

Légende :

....

....

....

Trace un réseau de communication, en suivant les instructions :
- À partir du point A, dessine un réseau en étoile.
- À partir du point B, dessine un réseau en arbre.

N'oublie pas de légender ta carte.

Des découpages administratifs

Informations pour l'enseignant

L'étude du département et de la région est inscrite dans les programmes 2008. Cette séquence s'articule autour d'un concept clé de la géographie : celui de territoire. Les deux séances présentent une approche du découpage administratif du territoire français. Elles visent à donner une définition des deux entités territoriales (le département et la région) et à proposer des exemples concrets d'aménagements locaux en lien avec leurs espaces de compétences.
Le département est doté « d'une double autorité : celle de l'État représentée par le préfet et celle de la collectivité locale exprimée par le Conseil général[1] ». La région est un des mots les plus répandus, les plus vagues et les plus polysémiques de la géographie.

Le département
Le département est une division du territoire national née pendant la Révolution française de 1789 pour répondre à trois principes :
- une taille sensiblement identique pour chaque département ;
- un chef-lieu situé de telle sorte que chacun des habitants puisse l'atteindre en une journée de cheval ;
- un nom de département qui permet de gommer les références historiques.

En effet, à l'origine, ce partage de la France en 83 départements de taille presque identique a été réalisé dans un souci d'égalité. Les départements, eux-mêmes découpés en districts, cantons et communes, offrent à la population une administration identique sur l'ensemble du territoire.
Aujourd'hui, l'espace français est découpé en 96 départements métropolitains et 4 départements d'outre-mer (la Guadeloupe, la Martinique, la Guyane et la Réunion). Le terrritoire de Mayotte deviendra le 101e département en 2011.
L'étude du département s'inscrit dans celle du concept de territoire. Cécile Juin-Rialland présente ce concept « comme une notion concrète qui sous-tend l'idée d'un espace approprié par une communauté ou un État. Ses frontières sont le résultat d'un compromis entre deux communautés voisines.[2] » Cette notion, souligne Cécile Juin-Rialland, « peut paraître étriquée à l'heure du village planétaire mais elle permet aux communautés de s'identifier et de se positionner dans le système monde.[3] »
Dans la logique de ce concept de territoire, le département se présente donc comme un morceau de territoire aux frontières clairement définies et dont l'organisation s'appuie sur les actions d'un groupe social qui l'occupe. Si les limites du département sont précises, elles ne répondent pas forcément à une logique géographique et reposent toujours sur une construction sociale.
Au cours de la séance sur les départements, les auteurs ont choisi de prolonger le travail sur le territoire en y incluant l'étude de la notion de commune, première entité administrative locale. Cette première séance s'inscrit donc dans les programmes 2008 qui soulignent que « les sujets étudiés se situent en premier lieu à l'échelle locale[4] ».

Lexique

Département : division administrative du territoire en petits espaces.
Région : regroupement administratif de plusieurs départements.

1. R. Brunet, R. Ferras, H. Théry, *Les Mots de la géographie*, Reclus La documentation française, 1992.
2. Cécile Juin-Rialland, *Initiation à la géographie*, Vuibert, 2003.
3. Id., *Ibid.*
4. *Programmes d'enseignement de l'école primaire*, B.O. hors-série, n° 3, 19 juin 2008, p. 25.

La région

Qu'est-ce qu'une région ?

« La notion de région désigne, au sens le plus large, tout espace découpé, repéré, objectivé. C'est une portion d'espace à laquelle les hommes donnent des limites et un contenu. [...] Le terme est issu du latin *regio* qui signifie pays, contrée, zone, territoire s'étendant autour d'une ville ou d'un lieu. De cette origine, la région tire deux significations complémentaires : celle de *regionis* (direction, ligne, limite) et celle de *regere* (régir, diriger) qui lui confère la dimension d'un espace politique.[5] »
Ainsi, la région évoque des morceaux de territoire qui possèdent des caractéristiques communes pouvant être liées au climat, à une unité culturelle, au développement économique local, à une spécificité agricole... C'est d'ailleurs dans ce sens que s'oriente le concept de région chez les géographes du début du XXe siècle. Elle peut également être définie comme une entité administrative où s'affirment des réalités d'ordre économique, fiscal et politique. Si la première acception s'articule autour de faits géographiques, la deuxième met en valeur la volonté des pouvoirs publics de créer artificiellement un espace limité au sein duquel pourra s'exercer une politique d'aménagement.
Aujourd'hui encore, les géographes rencontrent bien des difficultés à définir la notion de région. Entre la région traditionnelle, celle du terroir qui l'assimile « au pays », et la région artificielle, créée à partir du regroupement de plusieurs départements, les nuances sont variées. Le sentiment d'appartenance des habitants à leur région est très inégal. Ainsi, si plusieurs régions sont dotées d'une forte identité liée à l'histoire, à la culture, voire à la langue (Alsace, Corse ou Bretagne par exemple), d'autres sont encore en quête de repères. Ce manque d'unité se perçoit notamment au niveau des limites de la région, souvent thème d'apres polémiques.
On pourrait donc avancer qu'une région se définit comme une mosaïque de sous-ensembles homogènes, marquée par une aire de marché polarisé par une ville et dotée d'un pouvoir plus ou moins autonome.

La politique de décentralisation

Si depuis des décennies la France est riche de « ses pays », ce n'est que depuis 1955 qu'une politique de régionalisation – instituée par les pouvoirs publics dans un souci de rééquilibrage du territoire – a organisé le territoire métropolitain en 22 régions (plus 4 en outre-mer). Ces régions sont, depuis la loi de décentralisation du début des années 1980, des collectivités territoriales qui disposent de compétences de plus en plus élargies. La région constitue un niveau intermédiaire entre le territoire national, marqué par la tradition centralisatrice, et les départements, créés après la Révolution française. L'esprit de la région repose sur un maillage plus large que celui des départements. La naissance de cet espace a été rendue possible en raison de la mobilité croissante de ses habitants. Alors qu'il ne fallait pas plus d'une journée de cheval pour se rendre dans la « ville capitale », à l'intérieur du département, il n'en faut pas plus aujourd'hui pour se rendre dans la « ville capitale » de la région depuis l'ensemble des départements qui la constituent.

Les régions sont dotées de pouvoirs

La région administrative répond également à la volonté, en province, de prendre en compte les spécificités des régions face au poids de Paris.
Depuis 1982, les régions sont des collectivités territoriales, au même titre que les départements et les communes. Elles sont administrées par un conseil régional, élu au suffrage universel direct depuis 1986 (tous les 6 ans). Ce Conseil régional dispose d'un exécutif par l'intermédiaire de son président. Les décisions prises par la région sont contrôlées par le représentant de l'État (le préfet de région), qui veille ainsi à la légalité des décisions du conseil régional. Cette collectivité territoriale dispose de

5. Stéphanie Beucher, Magali Reghezza, *La Géographie : pourquoi ? comment ?* Hatier, 2005.

moyens financiers provenant de deux sources : les dotations versées par l'État et les produits de la fiscalité locale (part régionale des taxes foncières et de la taxe professionnelle, carte grise des automobiles). Mais le budget reste souvent insuffisant face aux besoins des régions.

La région est au cœur de l'aménagement du territoire depuis la loi de 1982 sur la décentralisation qui lui impose d'élaborer un « projet régional d'aménagement du territoire ». Les compétences de la région en ce domaine ont été renforcées en 1999 par une loi qui lui octroie « l'aménagement et le développement durable du territoire ».

Les domaines dans lesquels interviennent les régions s'articulent autour de chantiers répondant aux besoins de leurs habitants. Le premier pôle d'intervention est lié aux infrastructures (transports, universités, équipements sportifs et culturels) ; la région œuvre également pour créer des conditions favorables au développement économique : aide aux entreprises, développement de la formation professionnelle, soutien à la recherche et à la diffusion de nouvelles technologies. Enfin, la région veille à la préservation de l'environnement : c'est elle qui crée les parcs régionaux.

La région est donc le cadre local de l'organisation de l'espace par l'homme. Elle devient un espace fonctionnel considéré comme « le champ d'action de flux de tous ordres à partir d'un centre qui commande et lui donne son existence. Cette région polarisée se définit par la combinaison de trois notions : celle de pôle, c'est-à-dire de lieu nodal d'où partent les flux ou vers lesquels ils convergent ; celle de réseau, c'est-à-dire un ensemble de lieux hiérarchisés et interdépendants ; celle d'aire d'influence, c'est-à-dire d'une portion d'espace liée à un pôle par des flux[6] ».

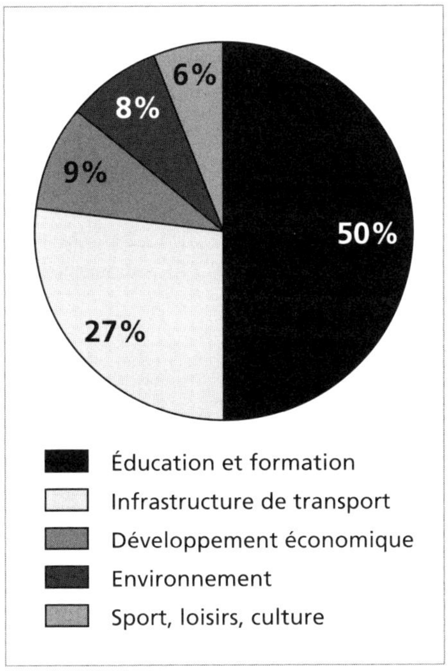

Les cinq grands domaines d'intervention des régions (% moyens).

6. Id., *Ibid.*

Séance 1 – Le département

Compétences disciplinaires

- Faire connaissance avec des divisions territoriales : le département et la commune.
- Localiser quelques départements et notamment celui des élèves.
- Comprendre le rôle des départements et leur mode de fonctionnement.

Compétences méthodologiques

- Lire une carte.
- Analyser différents supports documentaires pour trouver des réponses.
- Étudier des documents iconographiques et trouver des informations pertinentes pour les présenter aux autres.
- Étudier un croquis.

Problématique

Qu'est-ce qu'un département ?

Lexique : l'aménagement du territoire, le département, la commune, la division territoriale, la métropole, l'outre-mer.

Matériel

Poster 3 Régions et départements français.
doc. 1 Un extrait d'un article de journal.
doc. 2 Une carte des départements français.
doc. 3 à 5 Un corpus de documents sur le département :
3. Le rôle du département.
4. Le nom des départements.
5. Petit historique du département.
doc. 6 Une carte de la division des communes en France.
doc. 7 Un corpus de document sur la commune :
a) Une photographie du panneau de Monistrol-sur-Loire.
b) Un plan de Monistrol-sur-Loire.
c) Une carte du département de la Haute-Loire.
Un planisphère.
Une carte du relief en France.

Durée : 75 minutes.

Étape 1

Aborder le mot département

Matériel

- L'extrait d'un article de journal (doc. 1 à photocopier).
- Le cahier de brouillon.
- Une affiche vierge.

Organisation de la classe

Travail collectif, par deux, puis collectif.

L'enseignant propose aux élèves une lecture collective de l'article du journal *Le Progrès* concernant la reprise du championnat départemental de football. Puis, par groupes de deux, les élèves relisent le document et répondent, sur leur cahier de brouillon, aux questions que l'enseignant a notées au tableau :

▸ Quel sujet est traité dans cet article ? *L'article évoque la reprise des entraînements d'une équipe de football d'une petite commune.*
▸ Où se situe le club de football ? *Le club se situe à St-Pal-en-Chalencon, dans le département de la Haute-Loire.*
▸ De quelle compétition parle-t-on ? *De la coupe de Haute-Loire et du championnat départemental.*

Lors d'une rapide mise en commun, l'enseignant précise que le mot « départemental » signifie « qui appartient au département ». Il demande :

▸ Qu'est-ce qu'un département ?

Oralement, les élèves émettent des hypothèses que l'enseignant note sur une grande affiche.

Étape 2

Vérifier les hypothèses et donner une définition du département

Matériel

- L'affiche avec les hypothèses des élèves.
- La carte des départements français (doc. 2 à photocopier).
- La carte des régions et départements français (poster 3).
- Un planisphère.

Organisation de la classe

Travail collectif.

L'enseignant propose de vérifier les hypothèses de l'étape 1 en travaillant sur le document 2. Il distribue la carte aux élèves et demande :

▸ Quels renseignements pouvons-nous relever sur cette carte ?

Résultats attendus

Cette carte indique le partage de la France en petits territoires séparés les uns des autres par une limite. Ces petits territoires sont les départements. Le titre du document valide cette information. Chaque département possède un nom et un numéro.

On remarque qu'il y a des départements dans quatre cadres : la Martinique et la Guadeloupe, la Guyane, la Réunion. L'enseignant signale que ces quatre départements sont localisés ailleurs dans le monde. Les élèves les situent grâce au planisphère de la classe : la Martinique et la Guadeloupe sont situées à l'est de l'Amérique, la Guyane au nord de l'Amérique du sud, enfin la Réunion se trouve dans l'océan Indien à l'est de l'Afrique.

Remarque : Lors de la mise en commun, l'enseignant peut prendre comme support la carte des régions et départements français (poster 3).

Notion à communiquer aux élèves

Le territoire de la France en Europe est appelé métropole ; les départements situés loin de France sont appelés départements d'outre-mer (au-delà des mers).

La France est découpée en 96 départements en métropole et 4 départements d'outre-mer.

Chaque département est numéroté. Les départements sont rangés et numérotés par ordre alphabétique, ainsi l'Ain porte le 01 car il est le premier de la liste. ■

Ensuite, l'enseignant demande aux élèves le nom du département de l'école ; chacun le localise sur la carte. (Si les élèves ont encore des difficultés pour se repérer sur la carte, l'enseignant aura pris soin au préalable de placer une petite croix pour indiquer la position de l'école.) Les enfants colorient leur département sur leur carte. On propose une localisation à l'aide des points cardinaux.

Étape 3

Connaître les caractéristiques des départements

Matériel

- La carte des départements français (doc. 2).
- Un corpus de documents sur le département (doc. 3 à 5 à photocopier).
- La carte du relief.
- La carte des régions et départements français (poster 3).

Organisation de la classe

Travail en binômes, puis en équipes de quatre.

L'enseignant propose aux élèves d'approfondir le travail sur le département. Pour cela, il partage la classe en trois grands groupes : un groupe travaille sur le document 3, un autre sur le doc. 4 et le dernier sur le doc. 5.

Dans chaque grand groupe, les élèves répondent d'abord au questionnaire en binômes. Puis deux binômes se réunissent afin de comparer leurs réponses. Lors d'un court échange, ils conviennent des informations nouvelles à proposer au reste de la classe.

Durée de la recherche : 20 minutes (15 min. en binômes + 5 min. d'échange par quatre).

Remarque : La carte du relief est à disposition du groupe qui travaille sur le document 4 ; elle peut constituer une aide pour répondre au questionnaire.

La carte des régions et départements français (poster 3) est aussi affichée dans la classe.

La mise en commun permet d'apporter des informations complémentaires sur le département et d'écrire une synthèse.

Résultats attendus

Pour le doc. 3

1. Devant le chantier d'une nouvelle école, à Monistrol, en Haute-Loire.
2. La commune a lancé la construction d'une nouvelle école. Cette école est financée par la ville mais aussi par le département de Haute-Loire.
3. Le préfet.
4. Il s'occupe du département : il gère le problème des déchets, de la sécurité routière, de l'aménagement du territoire (travaux sur les routes ou financement de nouvelles écoles). L'enseignant précise que le lieu où travaille le préfet est en général la plus grande ville du département.

Pour le doc. 4

1. Par exemple : Le Rhône, La Saône et Loire...
2. Par exemple : La Haute-Savoie...
3. La Corse-du-sud ou la Haute-Corse.
4. Paris.
5. À sa localisation géographique.
6. La grande majorité des départements doivent leur nom à des éléments de géographie.

Pour le doc. 5

1. De 1789.
2. Le préfet aidé par des personnes élues.
3. Le chef-lieu.
4. En raison de sa position centrale dans le département.
5. Le Conseil général.

Notion à communiquer aux élèves

Les départements ont été créés en 1789. Aujourd'hui, le représentant de l'État dans le département s'appelle le préfet.
Le préfet est aidé dans son travail par une assemblée de conseillers élus : le Conseil général.
Le département finance les collèges, une partie des écoles, réalise des travaux sur les routes. Il joue donc un rôle important dans l'aménagement du territoire.
Le nom des départements est souvent lié à une information géographique comme une montagne, un cours d'eau… ■

La carte des départements de la France est collée dans le cahier de géographie à côté de la synthèse écrite.

Étape 4

Connaître la notion de commune

Matériel
La carte de la division des communes en France (doc. 6 à photocopier).

Organisation de la classe
Travail collectif.

L'enseignant reprend une des informations observées sur la photographie du document 3 : la construction de l'école est financée par le département mais aussi par la commune. Il demande :
- La commune serait-elle un autre découpage du territoire ?

Pour apporter une réponse à cette question, il distribue la carte de la division des communes en France. Ce document montre un découpage de la France en secteurs beaucoup plus petits que les départements : les communes. Il est difficile de les compter tant le découpage est petit.

Notion à communiquer aux élèves

Il existe un découpage en très petits secteurs appelés communes. Il existe un peu plus de 36 000 communes en France. ■

Après l'étude de la carte, l'enseignant propose de donner une définition de la commune.

Étape 5

Établir une définition de la commune

Matériel
Le corpus de documents sur la commune (doc. 7 à photocopier).

Organisation de la classe
Travail collectif.

Pour essayer d'établir une définition de la commune, les élèves disposent de trois documents. L'enseignant pose des questions auxquelles les élèves répondent oralement :
- Qu'observez-vous sur la photographie ? *Un panneau sur lequel est écrit Monistrol.*
- Où peut-il être situé sur la commune ? Les élèves supposent qu'il peut se trouver à l'entrée de la commune.
- Qu'est-ce que Monistrol ? *Monistrol est une ville, une commune.*
- Sur la photographie, quels éléments indiquent que Monistrol est une ville ? *Derrière le panneau, on aperçoit une maison.*

Pour valider la réponse des élèves sur la situation du panneau, l'enseignant leur propose d'observer le plan de Monistrol.
- La croix représente l'emplacement du panneau visible sur la photographie. Où est-il situé par rapport à la commune ? *Le panneau se situe à une entrée de la commune ; il indique que nous arrivons à Monistrol.*

L'enseignant demande aux élèves d'observer les photographies qui accompagnent le plan de Monistrol.
- Que montrent le plan et les photographies ? *Ils montrent que la commune de Monistrol est une zone géographique correspondant à des paysages variés : on y voit un secteur urbain et un secteur de campagne.*
- Dans quel département se situe Monistrol ? *Dans le département de la Haute-Loire.*

Pour répondre à cette question, les élèves se réfèrent à la carte du département de la Haute-Loire.
- Qu'indique la carte de la Haute-Loire ? *La carte montre que le département de la Haute-Loire est composé de plusieurs communes.*

Notion à communiquer aux élèves

La commune est un petit territoire qui correspond à une ville ou à un village. Le territoire d'une commune englobe des secteurs construits (urbains), comme des secteurs de campagne.
Un département regroupe plusieurs communes. ■

5
Fiche documents

Le département

Document 1

C'est la reprise chez les footballeurs de St-Pal-en-Chalencon. Les seniors ont repris le chemin du stade. Le premier entraînement a eu lieu vendredi soir. En septembre, les entraînements reprendront chaque vendredi soir à 19 heures au stade ou en salle selon les conditions météo. Le premier match en Coupe de Haute-Loire est prévu début septembre et devrait être disputé contre La Chapelle d'Aurec. Le championnat départemental débutera le 14 septembre.

Le Progrès, août 2008.

Document 2

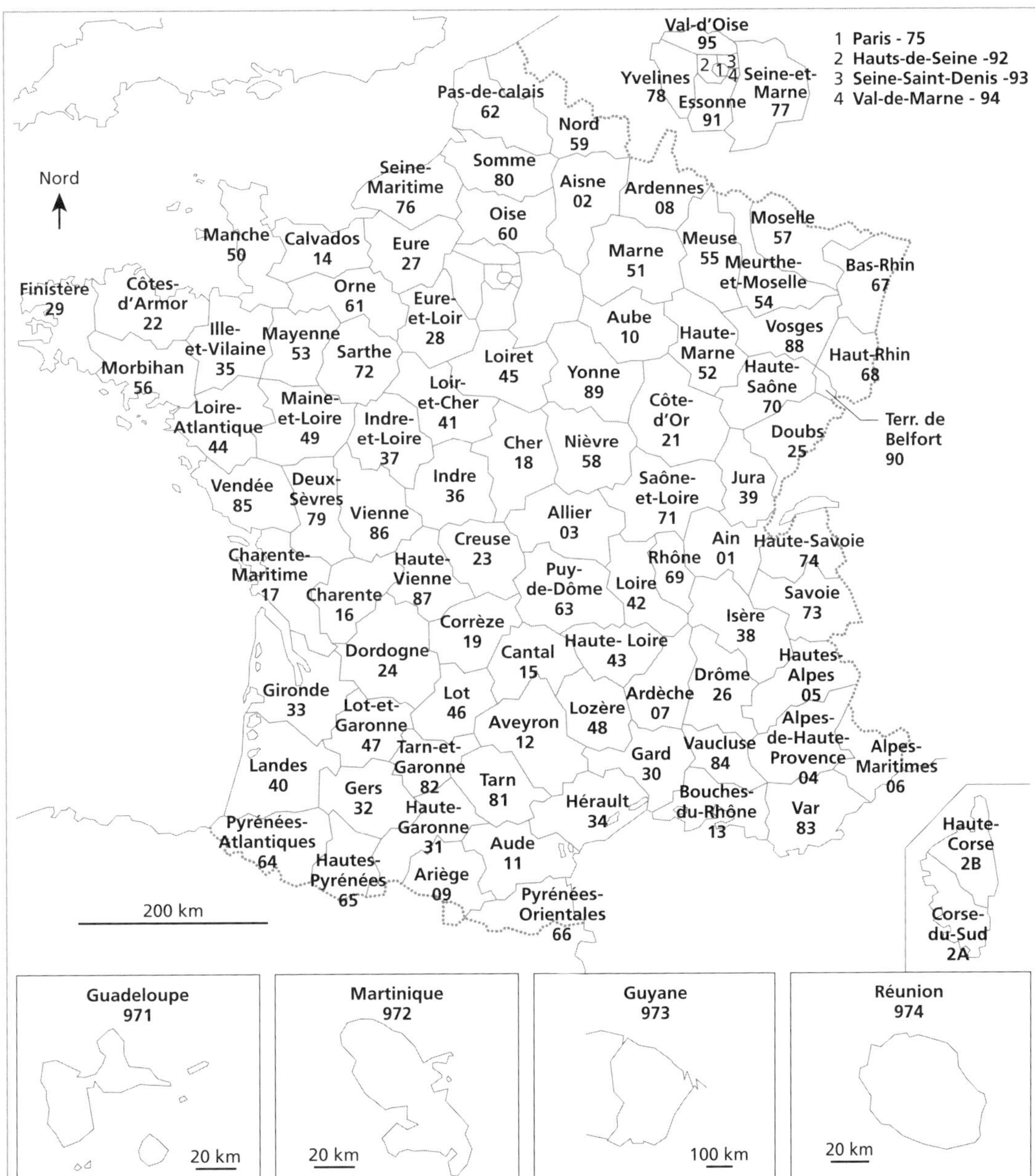

Les départements français.

Le département

Document 3

© Jacques Arnaud

a

Deux ans au service de l'État en Haute-Loire

Christophe Mirmand quitte le département. À la veille de son départ, le préfet revient sur cette période marquée par la richesse des contacts avec les élus. Il parle de quelques dossiers qu'il a menés en Haute-Loire comme celui de la collecte des déchets ménagers, de la sécurité routière et de l'aménagement du territoire comme les travaux sur la route départementale 103.

Le Progrès, 28 juillet 2008.

b

1. **Où la photographie a-t-elle été prise ?**

....

2. **Quels renseignements nous donne cette photographie ?**

....

....

3. **Quel personnage est cité dans l'article de journal ?**

....

4. **De quoi s'occupe ce personnage ?**

....

....

Le département

Document 4

Observe la carte des départements français et réponds aux questions.

1. Cite deux départements dont le nom est lié à un cours d'eau.

....

2. Recherche un département dont le nom est lié à une montagne.

....

3. Recherche un département dont le nom est lié à une île.

....

4. Cite un département dont le nom est lié à une ville.

....

5. À quoi le département du Nord doit-il son nom ?

....

6. En regardant toutes tes réponses, que peux-tu conclure sur le nom des départements ?

....

Document 5

Petit historique du département

Les départements furent crées en 1789, au lendemain de la Révolution française. Le département est une partie du territoire français géré par un préfet (représentant de l'Etat dans chaque département) et une assemblée de conseillers élus au suffrage universel. Cette assemblée s'appelle le Conseil général.

Le préfet et le Conseil général sont installés dans une ville appelée chef-lieu du département. Cette ville a été choisie pour sa position centrale dans le département. Elle devait être atteinte par l'ensemble de la population du département après un maximum d'une journée de cheval.

1. De quand date le partage de la France en départements ?

....

2. Qui est à la tête du département ?

....

3. Comment s'appelle la ville qui abrite le préfet ?

....

4. Comment cette ville a-t-elle été choisie ?

....

5. Comment s'appelle l'assemblée élue pour aider le préfet ?

....

Le département

Document 6

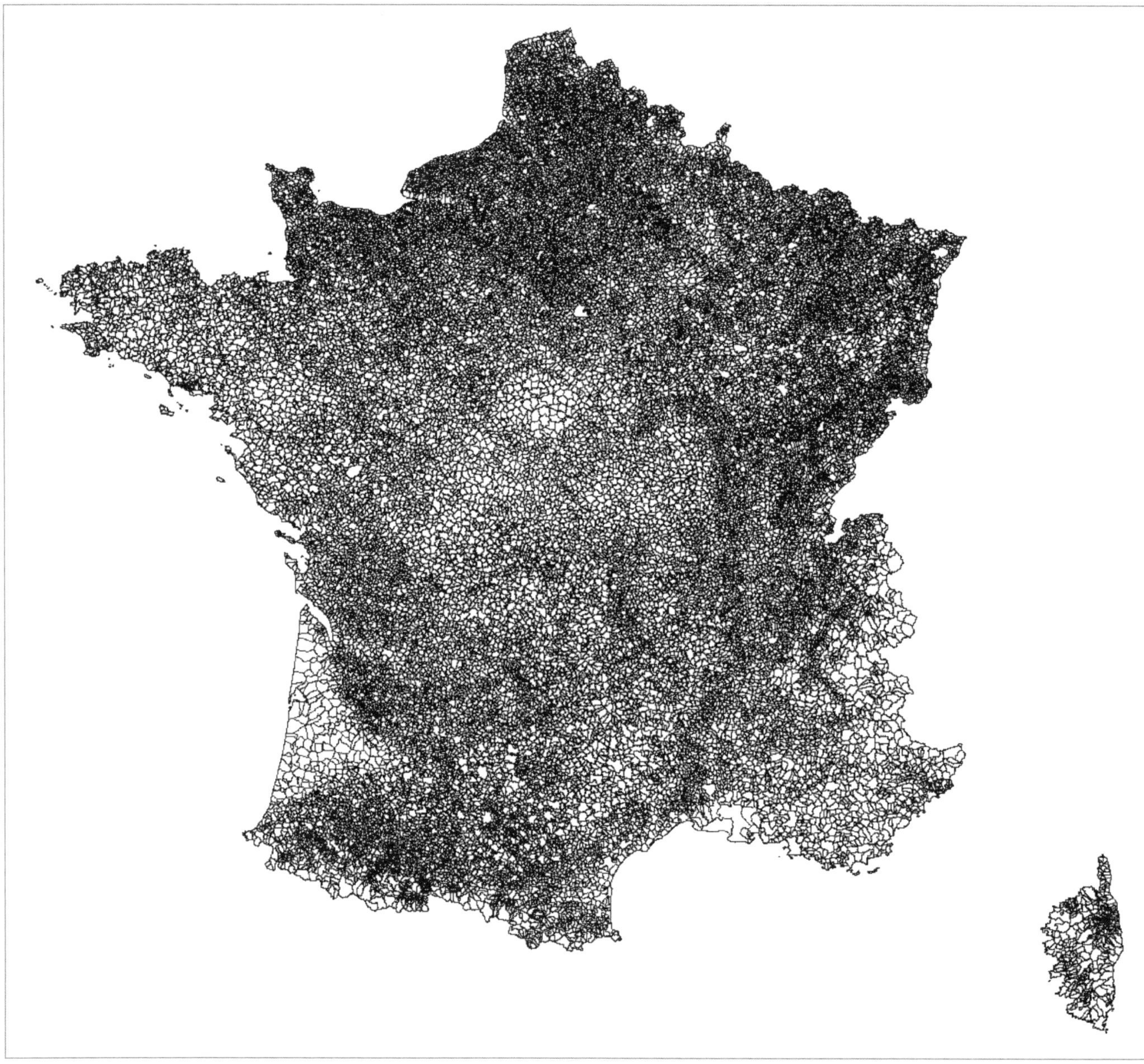

Les communes en France.

Le département

Document 7

a Le panneau de Monistrol-sur-Loire.

c La carte du département de la Haute-Loire.

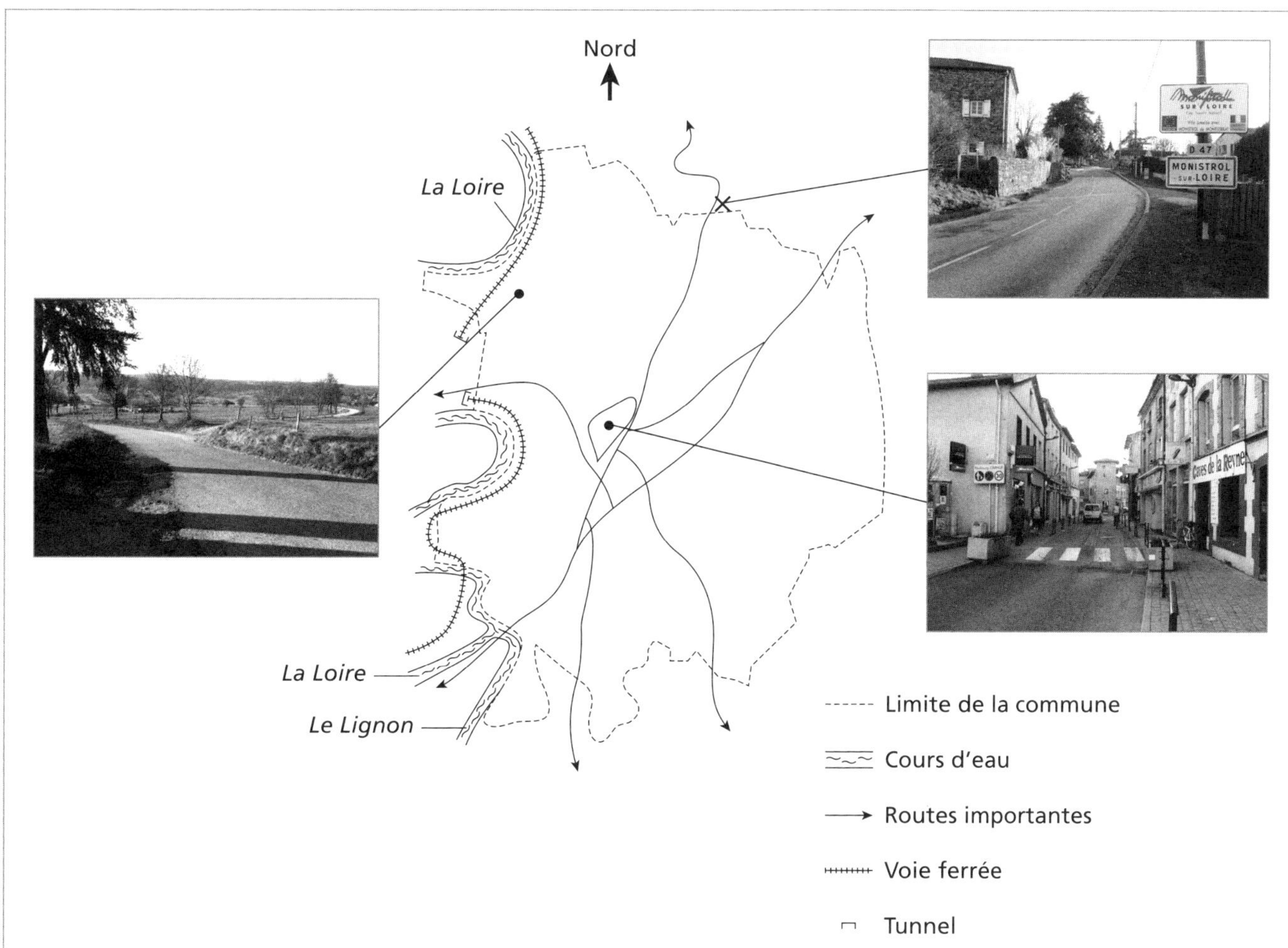

b Le plan de Monistrol-sur-Loire.

Séance 2 – La France organisée en régions

Compétences disciplinaires
- S'approprier la notion de région.
- Localiser quelques régions en France et notamment celle des élèves.

Compétences méthodologiques
- Mettre en relation des cartes pour appréhender une réalité géographique.
- Participer à l'examen d'un document en justifiant son point de vue.

Problématique
Qu'est-ce qu'une région ?

Matériel
Poster 3 Régions et départements français.
doc 8 Une carte des régions françaises.
doc 9 Un texte relatif aux attributions de la région.
doc 10 Le logo de deux régions : l'Auvergne et Rhône-Alpes.
doc 11 Une carte des provinces avant 1789.
Une carte du relief de la France.

Lexique : région, département.

Durée : 60 minutes.

Étape 1

Découvrir un autre découpage du territoire

Matériel
- La carte des régions françaises (doc. 8 à photocopier).
- La carte des régions et départements français (poster 3).

Organisation de la classe
Travail collectif.

L'enseignant fait rappeler aux élèves ce qu'ils ont observé sur le partage du territoire au cours de la séance précédente. Collectivement, la classe énumère la partition de la France en départements (et en communes).
La carte des régions est alors distribuée à chacun. Les élèves l'observent et répondent oralement aux questions de l'enseignant :
- ▸ Quelles informations peut-on lire sur cette carte ? Que remarque-t-on ?
- ▸ Citez quelques noms de régions.
- ▸ Peut-on établir une définition du mot région à partir de ce document ?

Remarque : L'enseignant utilise comme support la carte des régions et départements français (poster 3).

Résultats attendus
Cette carte montre un découpage du territoire français différent de celui étudié lors de la première séance. Il s'agit du découpage en régions. On peut citer la Bretagne, la Bourgogne, le Languedoc-Roussillon, etc. Cette carte montre qu'une région est constituée de plusieurs départements.
On peut donc dire qu'une région est un regroupement de départements et que chaque région porte un nom.
Ensuite, l'enseignant demande aux élèves le nom de la région de l'école. Chacun l'identifie sur sa carte et colorie en jaune le département de l'école et en orange les autres départements qui constituent la région.

Étape 2

S'intéresser au rôle des régions

Matériel
Le texte relatif aux attributions de la région (doc. 9 à photocopier).

Organisation de la classe
Travail collectif, individuel, puis collectif.

L'enseignant pose alors la question suivante :
- ▸ Pourquoi avoir décidé de regrouper des départements et de créer des régions ?

Collectivement, les élèves proposent quelques idées que l'enseignant note au tableau. Puis il distribue à chacun le texte sur les attributions de la région. Les élèves le lisent et répondent au questionnaire qui l'accompagne.
Durée de la recherche : 10 minutes.

Résultats attendus
1. La région décide, construit et finance certains travaux.
2. La région intervient dans l'enseignement avec la construction de lycées, ou dans les transports.
3. La région Pays-de-la-Loire.

Les réponses permettent de répondre à la question initiale et de rédiger une synthèse.

Notion à communiquer aux élèves

La région s'occupe de prévoir et de financer des travaux concernant les grandes écoles comme les lycées et les universités, les transports (routes, autoroutes, trains régionaux) ; elle peut aussi aider des entreprises.
Comme le département, la région est dirigée par une assemblée, le Conseil régional, dont les membres sont élus pour 6 ans au suffrage universel par les habitants de la région. ■

Étape 3

Analyser le logo de sa région

Matériel

- Le logo de deux régions : Auvergne et Rhône-Alpes (doc. 10, livret couleur p. 11).
- Le logo de la région des élèves agrandi au format A3, si possible en couleur.
- La carte des régions et départements français (poster 3).
- Une carte du relief de la France.

Organisation de la classe

Travail collectif, par groupes de deux, puis collectif.

L'enseignant annonce que chaque région a son logo. Un logo est un symbole représentant une marque ou un élément, par exemple chaque marque de voiture a son logo.
Les élèves observent le logo des régions Auvergne et Rhône-Alpes et répondent aux questions de l'enseignant :

- ▸ Que représentent-ils ?
- ▸ Quelles informations peut-on y lire ?
- ▸ Pourquoi avoir choisi un tel logo pour la région Auvergne et la région Rhône-Alpes ?

Le travail est oral et collectif. Chacun donne son point de vue.
Remarque : L'enseignant propose aux élèves de trouver des arguments en consultant le poster et la carte du relief de la France.

Résultat attendu

Le logo de l'Auvergne montre un volcan. L'enseignant confirme qu'on y trouve d'anciens volcans comme le puy de Dôme, le puy de Sancy… La couleur verte a été choisie pour symboliser une caractéristique de la région : la nature.
Le logo de Rhône-Alpes est plus difficile à lire : le R situé à gauche symbolise le Rhône, fleuve qui permet d'atteindre la Méditerranée et qui représente une voie d'accès ; le A situé à droite symbolise les montagnes du massif alpin et sa forme indique aussi la facilité d'accès.

Ensuite, l'enseignant propose de travailler sur le logo de la région de l'école. Il peut trouver ce logo, ainsi que toutes les informations s'y reportant, sur le site Internet de sa région. Il l'affiche au tableau au format A3, si possible en couleur.
Les élèves répondent aux trois questions posées précédemment. Ils mènent une recherche en binômes et s'appuient aussi sur les deux types de cartes (poster et carte du relief).
Durée de la recherche : 10 minutes.
La mise en commun fait l'objet d'un temps collectif.

Étape 4

Expliquer la naissance des régions

Matériel

- La carte des régions françaises (doc. 8).
- La carte des provinces françaises avant 1789 (doc. 11 à photocopier).
- Une feuille de papier calque par élève.
- Le cahier de brouillon.

Organisation de la classe

Travail collectif, individuel, en équipes de quatre, puis collectif.

Pour démarrer cette étape, l'enseignant écrit la problématique suivante au tableau :

- ▸ Comment sont nées les régions ?

L'enseignant distribue aux élèves la carte des provinces françaises avant 1789. L'observation de cette carte permet de constater qu'avant 1789, la France était déjà découpée en plusieurs territoires, qui portaient le nom de « provinces ». Pour chaque province, une date indique le moment où celle-ci a été rattachée au royaume de France. En histoire, il aura certainement été rappelé que la France actuelle fut formée par l'adhésion de seigneuries au royaume de France.

L'enseignant demande aux élèves de reprendre la carte des régions et de la comparer à la carte des provinces françaises avant 1789. On remarque que le découpage n'est pas identique, mais qu'on retrouve parfois les mêmes noms sur les deux cartes.
L'enseignant propose de rechercher de quelles provinces est constituée la région de l'école. Pour cela, à l'aide d'une feuille calque, les élèves repassent les contours de la France et les limites de la région sur le document 8. Puis, ils disposent leur feuille calque sur le document 11. La superposition des deux cartes permet de voir la ou les provinces qui constituaient la région. Les élèves remarquent alors que le découpage actuel a évolué par rapport à l'ancien découpage.
L'enseignant poursuit et élargit le travail de comparaison des deux cartes en posant quatre questions :

- ▸ Cite une région qui doit son existence à une seule province.
- ▸ Cite une province qui n'a pas donné son nom à une région.
- ▸ Combien comptait-on de provinces avant 1789 ?

▸ Combien compte-t-on de régions aujourd'hui ?
Les élèves notent leurs réponses sur leur cahier de brouillon, puis ils se regroupent par quatre afin de comparer leurs résultats et éventuellement les corriger.
Durée de la recherche : 15 minutes

Lors de la mise en commun, chaque porte-parole de groupe annonce les réponses trouvées.

Résultats attendus
L'Alsace, la Bretagne, la Lorraine ou la Normandie ont pour origine une seule province.
La Guyenne, le Nivernais, l'Anjou ou le Maine, par exemple, sont des provinces qui n'ont pas donné leur nom à une région.
Avant 1789, on comptait un peu moins d'une quarantaine de provinces.
Aujourd'hui, on compte 26 régions, 22 en métropole et 4 en outre-mer.

Notion à communiquer aux élèves

Le découpage du territoire français en régions a pour origine un découpage en « provinces ». Ce dernier a évolué pour des raisons historiques. Certaines régions comme l'Alsace ou la Bretagne ont conservé la presque totalité du territoire de la province, alors que d'autres ont évolué ou disparu comme l'Anjou.
Aujourd'hui, le territoire métropolitain français compte 22 régions et il y a 4 régions d'outre-mer. ■

Évaluation

Compétences évaluées
- Avoir compris et retenu le lexique géographique spécifique.
- Être capable de situer sa région et son département sur la carte de France.
- Avoir compris le rôle des départements et des régions.
- Être capable de lire une carte pour répondre à un problème géographique.

Corrigé
1. Un département est une division administrative du territoire.
4. 22 en métropoles et 4 en outre-mer.
6. Il pleut en Bretagne et il y a des éclaircies en Alsace.
8. Vrai, faux, faux, vrai, faux.

La France organisée en régions

Document 8

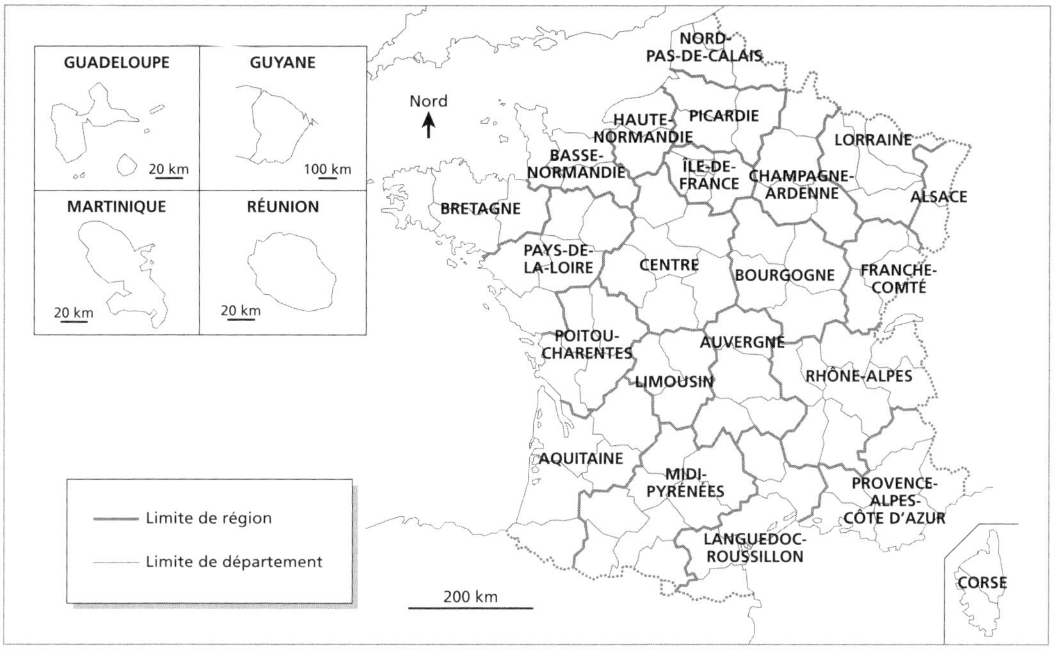

Les régions en France.

Document 9

La loi a donné aux régions quelques pouvoirs. Ainsi, dans le domaine de l'éducation par exemple, c'est la région qui construit et entretient les lycées. En octobre 2007, la région Pays de la Loire voyait son projet de construction du lycée Éric Tabarly se réaliser. La région décide aussi des travaux dans le domaine des transports qu'elle finance. Toujours dans la région Pays-de-la-Loire, un train plus confortable et pouvant accueillir un plus grand nombre de voyageurs a été mis en service.

D'après le site du Conseil régional des Pays de la Loire : www.paysdelaloire.fr

1. **D'après le texte, quelles sont les responsabilités de la région ? (Pour t'aider, retrouve trois verbes d'action qui désignent ce que la région fait.)**

....

....

2. **Donne des exemples d'actions entreprises par la région.**

....

3. **Quelle est la région citée en exemple ?**

....

La France organisée en régions

Document 11

Les provinces françaises avant 1789
et les dates de leur rattachement à la France.

5
Fiche documents

La France organisée en régions

Document 11

Les provinces françaises avant 1789
et les dates de leur rattachement à la France.

5 Fiche évaluation — Des découpages administratifs

1. Qu'est-ce qu'un département ?

....

2. Écris le numéro et le nom du département dans lequel tu habites.

....

3. Écris le nom de la région dans laquelle tu habites.

....

4. Combien de régions compte la France ?

....

5. Sur cette carte des départements et des régions de France, colorie en jaune ta région et en rouge ton département.

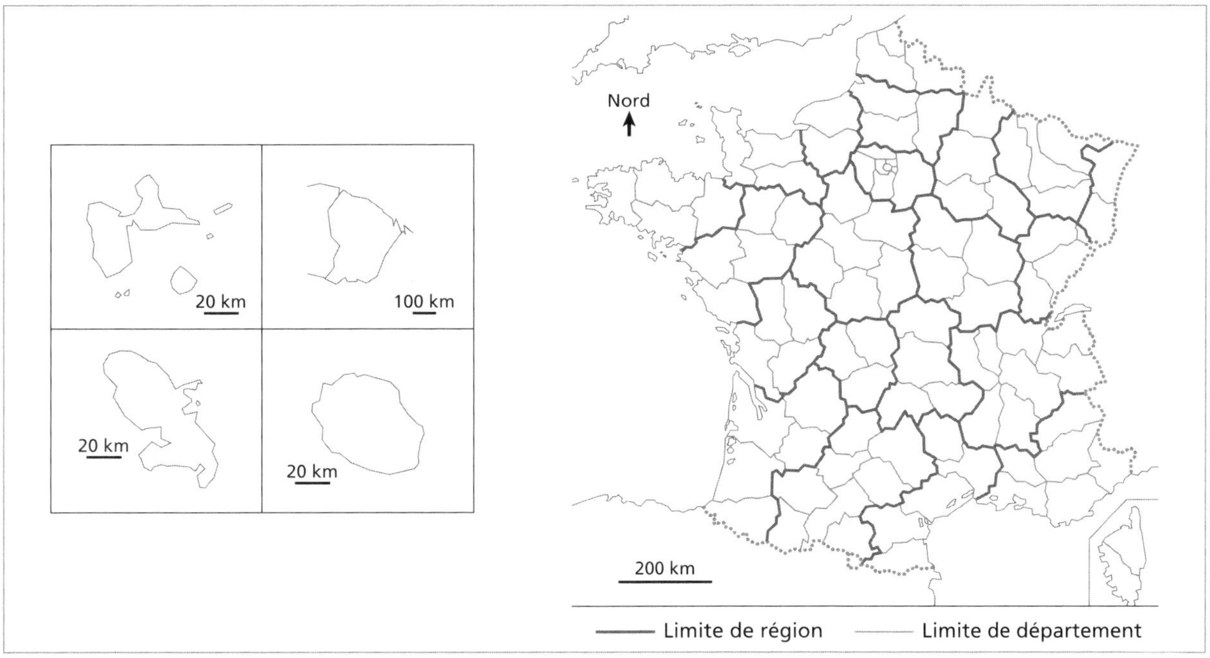

6. D'après cette carte, quel temps est prévu sur la région Alsace et la région Bretagne ?

....

....

....

....

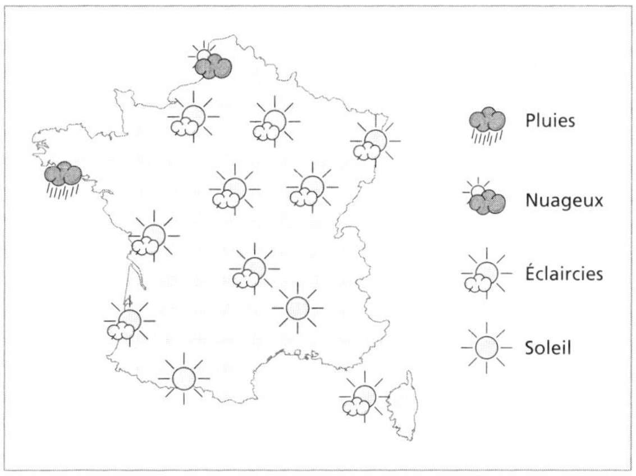

Des découpages administratifs

7. Voici la carte d'un pays imaginaire constitué de quatre régions : la région 1, la région 2, la région 3 et la région 4.

Observe bien toutes les informations données par la légende.

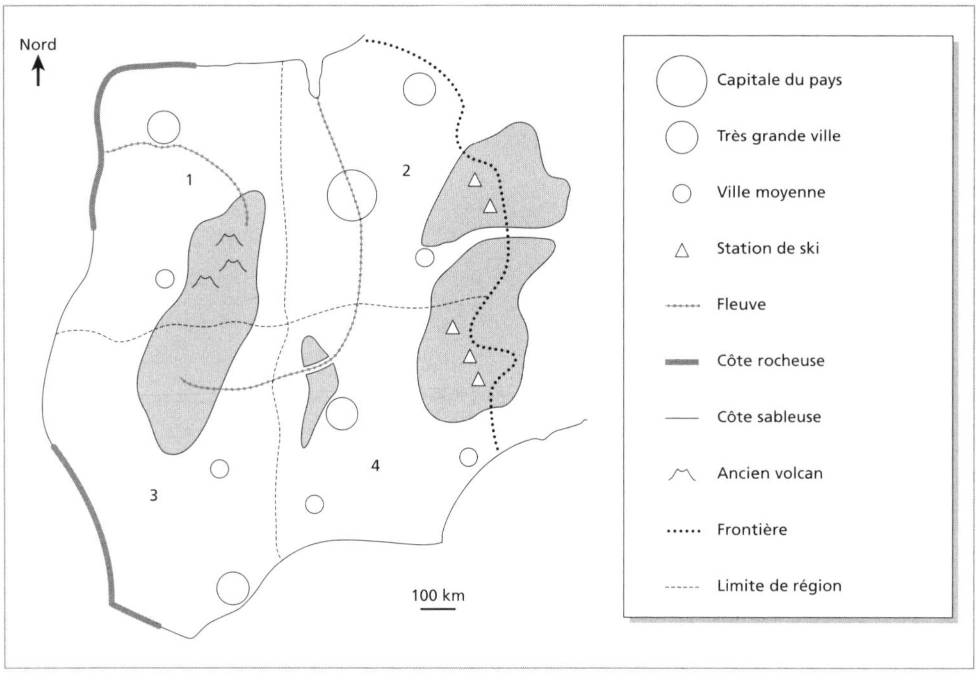

Choisis une de ces quatre régions, imagine son logo et explique-le.

....

....

....

....

....

....

....

8. Indique si les phrases sont vraies ou fausses.

Une école primaire doit être construite dans une commune :

C'est la commune qui décide des travaux.	Vrai	Faux
C'est la commune seule qui paie.	Vrai	Faux
C'est le département seul qui paie.	Vrai	Faux
C'est le département et la commune qui paient.	Vrai	Faux
C'est la région qui décide et qui paie les travaux.	Vrai	Faux

La montagne

Informations pour l'enseignant

La montagne, qu'est-ce que c'est ?
Le dictionnaire définit la montagne comme une masse de rochers dominant de haut les terres avoisinantes et occupant une grande étendue (un minimum de plusieurs km^2).
La montagne se caractérise ainsi par des pentes et de l'altitude. Leur combinaison et leur mise en valeur par les hommes constituent un géosystème original.
Certains versants sont exposés au soleil (on parle d'adret dans les Alpes), d'autres sont davantage à l'ombre (ubac). Dans la zone tempérée, là où les rayons du soleil ne sont jamais à la verticale, l'exposition est un critère environnemental fondamental. Ainsi, dans les Alpes du Nord, les versants nord sont plus froids que les versants sud et les versants ouest plus humides que les versants est, abrités des influences océaniques.
L'altitude joue également un rôle important. La température diminue en effet de 0,6 °C par 100 mètres et les précipitations augmentent avec l'altitude (jusqu'à un certain seuil, car à très haute altitude, le froid réduit les précipitations).
Les conséquences de la modification du climat avec l'altitude sont l'étagement de la végétation.

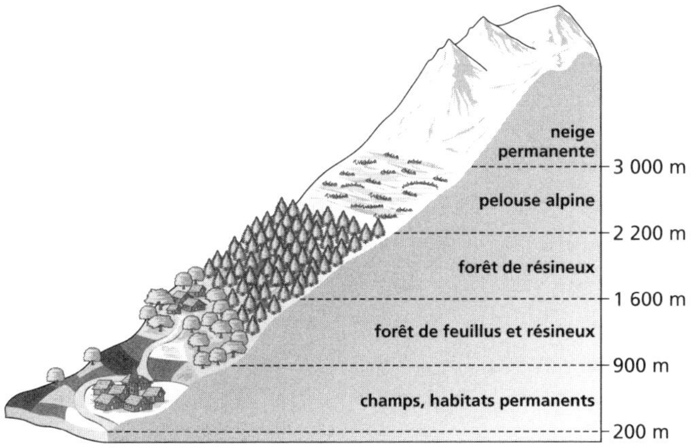

Étagement de la végétation.

Pour le milieu montagnard, on peut aborder la notion de contrainte. Le relief joue un rôle essentiel dans l'organisation de l'espace puisque la pente est une des principales contraintes. Elle rend les communications difficiles et gêne l'activité agricole. Ces contraintes peuvent devenir de véritables handicaps (par exemple, l'agriculture montagnarde fournit des denrées à des coûts supérieurs à ceux de la plaine en raison des difficultés d'exploitation). Ces contraintes ne se résument pas à la simple idée d'impossibilité de peuplement : il faut aussi appréhender le relief comme une ressource dans l'organisation de l'espace.
Ce relief particulier peut toutefois être un atout touristique (stations de sports d'hiver).

Lexique

Un géosystème : un ensemble d'éléments en interaction (relief, climat, eau, sol, végétation) constituant un milieu mis en valeur par les hommes.

On distingue généralement deux grands types de montagnes : les montagnes anciennes (ou vieilles) et les montagnes récentes (ou jeunes).
Avec leurs formes acérées, les montagnes jeunes offrent des sommets élevés. Les plus hauts sont souvent recouverts de neige permanente et de glaciers. Les Alpes, les Pyrénées, le Jura et les sommets corses appartiennent à cette catégorie. Dans les Pyrénées, le Vignemale, le sommet le plus haut, culmine à 3 298 m, tandis que dans les Alpes, le Mont Blanc, à 4 810 m d'altitude, fait office de toit de l'Europe. Ces montagnes jeunes sont issues de forts soulèvements datant du tertiaire, il y a une vingtaine de millions d'années.
Les sommets plus arrondis sont caractéristiques des montagnes vieilles, usées par l'érosion. L'altitude de ces vieilles montagnes est le plus souvent inférieure à 1 000 m. Les sommets sont recouverts de végétation. Les Vosges et le Massif central appartiennent à cette catégorie. Datant de l'époque hercynienne, ils ont été soulevés au moment de la naissance des montagnes jeunes. Ainsi, les Vosges se soulèvent au-dessus de la plaine d'Alsace tandis qu'en Auvergne, dans le Massif central, de grands volcans se sont dressés sur des surfaces alors usées et aplaties.

Cette séquence sur la montagne est composée de deux séances. La première propose de dresser avec les élèves une typologie des massifs français en fonction des caractéristiques issues de l'observation. Au cours de la seconde, l'étude du paysage permet de s'essayer à la réalisation du croquis, de travailler sur le zonage et d'apprendre à réaliser une légende

Séance 1 – Vers une typologie des paysages de montagne

Compétences disciplinaires
- Différencier les grands types de paysages montagnards en France.
- Localiser des lieux majeurs de l'espace montagnard en France et les nommer.

Compétences méthodologiques
- Effectuer sur la carte une localisation des principaux massifs de l'espace français.
- Réaliser une description fine d'un paysage de montagne.

Problématique

N'y a-t-il qu'un seul type de paysage montagnard ?

Matériel

doc. 1 Une carte du relief de la France.
doc. 2 Une photographie d'un paysage alpestre.
doc. 3 Une photographie d'un paysage pyrénéen.
doc. 4 Une photographie d'un paysage du Massif central.
doc. 5 Une photographie d'un paysage des Vosges.

Lexique : sommet, versant, vallée, altitude, massif montagneux, voies de communication, habitat groupé, habitat dispersé, alpage, forêt, neige permanente.

Durée de la séance : 60 minutes.

Étape 1

Donner sa propre représentation de l'espace montagnard

Matériel
- Une feuille de brouillon par élève, crayons de couleur, feutres.
- Une grande affiche vierge.

Organisation de la classe
Travail individuel, puis collectif.

L'enseignant demande aux élèves de dessiner rapidement un paysage de montagne tel qu'ils se le représentent.

Au bout de dix minutes, l'enseignant fait afficher au tableau les réalisations des élèves.
Remarque : chaque production des élèves sera numérotée. Cela facilitera la lecture des dessins.

Après un rappel de la consigne, les élèves évoquent oralement les éléments perceptibles à partir des diverses productions.
L'enseignant guide la lecture par quelques questions comme : « Voyez-vous des points communs, des différences ?… »
L'enseignant note sur une affiche bilan les mots-clés utilisés par les élèves.

Résultats attendus
À ce stade de la séance, beaucoup de dessins présenteront des sommets pointus, des pistes de ski, voire des stations de ski sous la neige, des chalets, des sapins. Peu de productions sur la moyenne montagne « aux sommets arrondis » seront proposées. En revanche, si elles sont réalisées, cela permettra de vérifier leur existence et d'établir des critères qui leur sont propres (altitude peu élevée, infrastructures touristiques moins développées que celles des Alpes ou des Pyrénées).

Notion à communiquer aux élèves

Parmi toutes les représentations observées au cours de cette première étape, on parlera de sommets, de versants, de vallées.
Le sommet est la partie située au point le plus haut de la montagne ; on parle de point culminant.
Le versant est la partie inclinée située entre le pied et le sommet de la montagne.
La vallée est la partie située entre deux versants de la montagne où se trouvent les voies de communication (routes, autoroutes, chemin de fer). ■

▸ Connaissez-vous des noms de montagnes en France ?

Les réponses sont notées au tableau.

Étape 2

Lire une carte du relief

Matériel
La carte du relief de la France (doc. 1 à photocopier).

Organisation matérielle
Travail collectif.

L'enseignant distribue la carte à chaque élève.

▸ De quoi s'agit-il ? Quelles informations nous fournit ce document ? À quoi correspondent les différentes zones colorées que l'on perçoit sur la carte ?

Résultats attendus

La carte montre la localisation des différentes zones de montagne en France. On sait qu'il s'agit de montagnes grâce à l'altitude qui est la hauteur par rapport au niveau de la mer.

Notion à communiquer aux élèves

Ce que l'on appelle montagne est une vaste zone où l'altitude est supérieure à 500 mètres. On appelle ces zones des massifs montagneux.
L'altitude est la hauteur d'un lieu par rapport au niveau de la mer.
Il existe en France cinq grands massifs : les Alpes, au sud-est de la France, frontière naturelle avec l'Italie ; les Pyrénées, au sud-ouest de la France, frontière naturelle avec l'Espagne ; le Massif central, au centre de la France ; les Vosges, à l'est de la France ; et le Jura, situé entre les Vosges et les Alpes. ■

Ces noms sont validés par la lecture des informations de la carte.

L'enseignant soulève alors la problématique suivante :

- Est-ce que les paysages de montagne se ressemblent ? Y a-t-il des éléments communs, des différences ?

Étape 3

Vérifier, valider et réaliser une typologie des paysages montagnards

Matériel

- La carte du relief (doc. 1).
- Les photographies des quatre paysages de montagne (doc. 2 à 5, livret couleur pp. 12-13).
- Une affiche pour chacun des quatre groupes d'élèves.

Organisation de la classe

Travail en binômes, en groupes (un groupe par paysage), puis collectif.

L'enseignant propose à chaque binôme les quatre photographies et leur demande d'utiliser à nouveau la carte du relief pour localiser les quatre paysages.
Durée du travail : entre 5 et 10 minutes.

Lors de la mise en commun, les élèves notent sur la carte, dans les quatre pastilles, le numéro correspondant aux photographies.

La classe est ensuite partagée en quatre grands groupes.

Remarque : chaque groupe est lui-même partagé en équipes de quatre élèves. Il pourra donc y avoir plusieurs groupes de quatre élèves sur un même thème, cela en fonction du nombre d'élèves dans la classe.

L'enseignant rappelle les différents critères retenus par les élèves évoquant la montagne : la montagne se caractérise par des sommets, des versants et des vallées et une altitude élevée. Il demande alors à chaque groupe de décrire (par écrit) le plus précisément possible ces trois aspects observés sur une des photographies.
Durée du travail : 10 minutes.

Remarque : Avant d'autoriser les élèves à réaliser une description des trois critères évoqués, l'enseignant demande à la classe ce que signifie décrire.
La description s'appuie sur la forme, l'aspect, le type de végétation, les constructions humaines que l'on peut observer, comme les habitations, les voies de communication, les stations de sports d'hiver…

Les différents groupes de quatre ayant travaillé sur la même photographie se regroupent afin de mettre en commun leurs résultats. Un « secrétaire » sera alors chargé de noter la synthèse des observations sur la grande feuille qui sera ensuite affichée au tableau.
En fin de travail, des similitudes et des différences s'établissent en fonction du paysage observé.

Un porte-parole est ensuite chargé de lire à l'ensemble de la classe les résultats obtenus par son groupe. Au cours de cette lecture, l'enseignant intervient pour faire réagir l'ensemble de la classe.

- Y a-t-il des élèves qui ne sont pas d'accord avec ce qui vient d'être dit ?

Lorsque l'ensemble des rapporteurs est intervenu, l'enseignant demande s'il est possible de réaliser des regroupements au sein de ces descriptions de paysages, et en fonction de quels critères.

Résultats attendus

Les Pyrénées et les Alpes sont des massifs qui se ressemblent : des sommets élevés, découpés, des versants abrupts ou très pentus, avec une végétation qui change avec l'altitude, des vallées souvent utilisées par l'homme pour communiquer.
Les Vosges et le Massif central sont des massifs moins élevés, aux sommets plus arrondis, aux versants plus doux et aux vallées plus étroites.

Remarque : il n'est pas nécessaire, au cours de cette première séance, de travailler sur la notion d'étagement de la végétation. Ce point sera largement développé au cours de la deuxième séance.

Notion à communiquer aux élèves

On a vu qu'en France, il existe deux types de montagne. Cette différence est liée à l'altitude. Ainsi, il existe des moyennes montagnes situées entre 600 et 1 800 m, et de hautes montagnes dont l'altitude se situe à plus de 1 800 m. ■

Étape 4

Synthétiser les connaissances

Organisation de la classe
Travail collectif.

Un tableau de synthèse est construit et rempli collectivement en fonction des résultats de l'étape 3. La carte du relief est collée dans le cahier de géographie, ainsi que les quatre photographies de paysages.

Ce que nous avons appris

	Alpes	Pyrénées	Massif central	Vosges
sommet	élevé, découpé	élevé, découpé	altitude moyenne, presque plat	altitude moyenne, forme arrondie
versant	Très pentu, une végétation différente le long de ce versant, station de ski	Très pentu, végétation différente le long de ce versant	Plus doux, végétation différente le long de ce versant, boisé	doux, boisé
vallée	large, présence de voies de communication, habitations	étroite, présence de voies de communication, villes	étroite	étroite

6
Fiche documents

Vers une typologie des paysages de montagne

Document 1

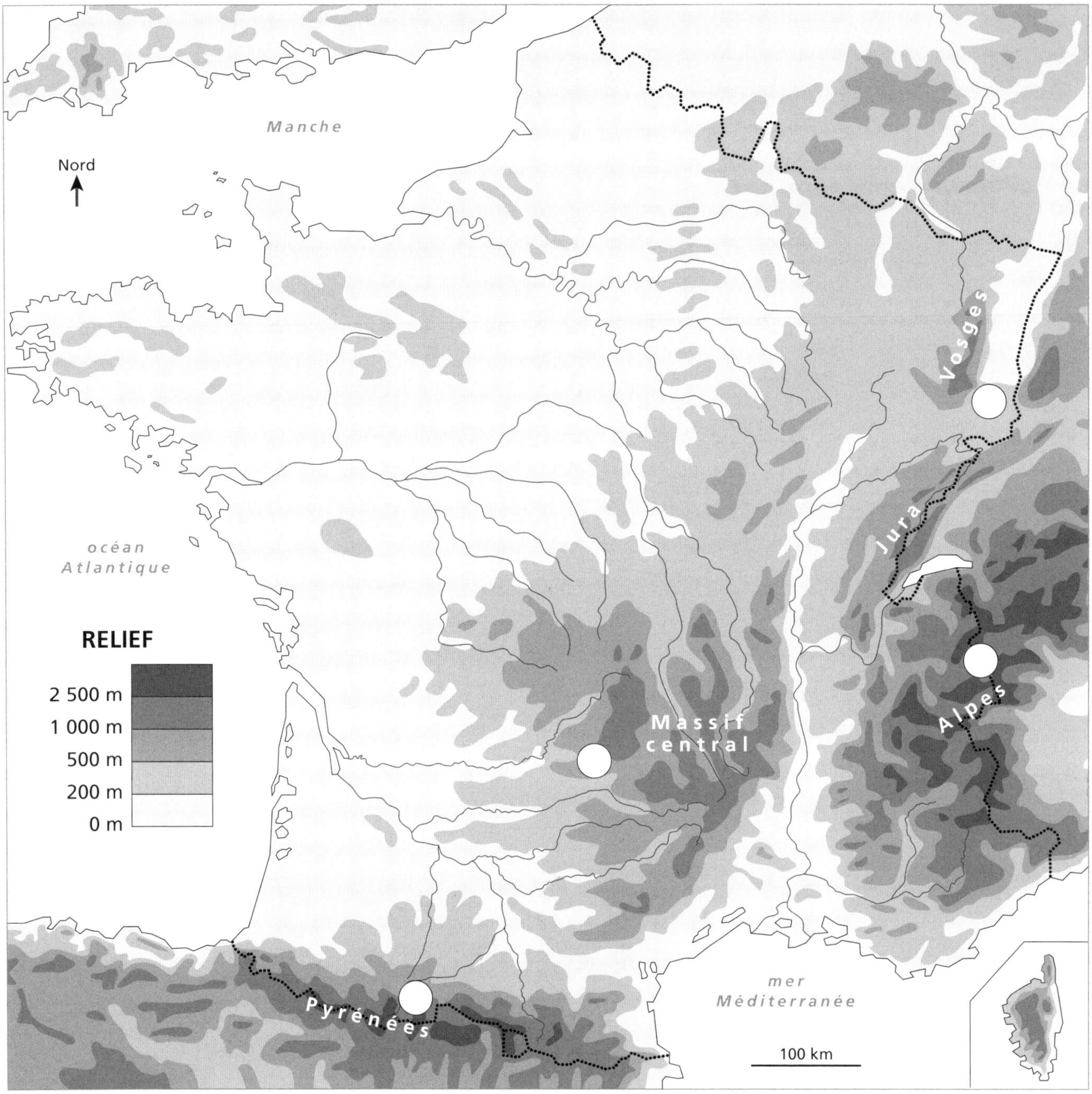

Le relief de la France.

Séance 2 – Du paysage au croquis

Compétences disciplinaires

- Réaliser une description fine d'un paysage de montagne en élaborant son croquis.
- Aborder la notion d'étagement de la végétation.

Compétences méthodologiques

- Réaliser un croquis simple de paysage.
- Établir la légende du croquis.

Problématique

Comment réaliser rapidement et fidèlement le dessin du paysage observé ?

Matériel

doc. 6 Une photographie d'un paysage alpestre.
doc. 7 Un croquis vierge de la photographie du paysage alpestre.
doc. 8 Une photographie d'un paysage du Massif central.
doc. 9 Un schéma d'étagement de la végétation à compléter.

Lexique : station de ski, forêt, champs, vallée, pelouse alpine, rocher, neige permanente, légende, zone paysagère.

Durée de la séance : 60 minutes.

Étape 1

Identifier les éléments du paysage alpestre

Matériel
- La photographie des Alpes (doc. 6, livret couleur p. 14).
- Une grande affiche vierge.

Organisation de la classe
Travail collectif.

L'enseignant propose aux élèves d'observer le document iconographique.
▸ De quoi s'agit-il ? Que voyons-nous ? *Forêt, herbe, habitation, chalet, rochers, champs...*
Oralement, les élèves citent les éléments identifiés. L'enseignant note sur une affiche les mots utilisés par les élèves.

Remarque : à ce stade de la séance, le vocabulaire utilisé par les élèves sera très simplifié. Il n'est pas opportun de parler d'étagement de la végétation, ni d'utiliser le lexique spécifique. Cela sera abordé plus tard dans la séance.

Étape 2

S'essayer au croquis de paysage

Matériel
- La même photographie (doc. 6).
- Une feuille de papier calque par élève.
- Un crayon à papier, un feutre noir et des crayons de couleur par élève.
- L'affiche de l'étape 1.

Organisation de la classe
Travail individuel, collectif, individuel.

L'enseignant demande aux élèves de réaliser un dessin[1] du paysage qu'ils ont devant eux, sur calque, d'abord au crayon à papier puis en repassant au feutre noir.
Durée du travail : 5 minutes.

L'enseignant demande aux élèves d'afficher leur réalisation au tableau sur un fond blanc. Analyse collective des résultats.
▸ Quelle était la consigne ? Est-ce que la consigne a été entièrement réalisée ?
▸ Pourquoi les résultats sont inachevés ? Que vous aurait-il fallu pour que ce travail soit terminé ?

Résultats attendus
La quasi-totalité des élèves n'aura pas terminé le travail demandé. C'est, pour la majorité de la classe, la première fois qu'elle se confronte à ce problème. Beaucoup d'élèves vont s'attacher à représenter les détails en fonction de leur propre intérêt. Certains élèves vont représenter le ciel. (On peut alors leur indiquer qu'un ciel est identique sur n'importe quel paysage : il lui est extérieur.)
Les élèves vont demander plus de temps.

L'enseignant explique que cette durée est limitée ; il s'agit de trouver des solutions pour réaliser efficacement ce travail sur un temps court : *il faut réaliser le dessin sans faire les détails.*

1. Le croquis est une interprétation d'un paysage « qui a pour but de contrôler la qualité de l'analyse du paysage et l'acquisition du vocabulaire spécifique par une activité de codage qui associe langage graphique et langage verbal ». M. Flonneau, in *De la découverte du monde à la géographie*, Nathan. Ainsi, afin de ne pas induire le travail des élèves, l'enseignant parlera, dans cette étape, de « dessin ». Pour la méthodologie sur le croquis, voir pp. 7-8.

Les élèves sont ainsi amenés à réaliser le contour d'unités paysagères évoquées au cours de l'étape 1 :
▶ Quels sont les éléments principaux observés au début de la séance ?
L'enseignant désigne alors l'affiche des observations placée au tableau.

Étape 3

Finaliser le croquis de paysage

Matériel
- La même photographie (doc. 6).
- Une nouvelle feuille de papier calque par élève.
- Un crayon à papier, un feutre noir et des crayons de couleur par élève.

Organisation de la classe
Travail individuel, en groupe, puis collectif.

L'enseignant demande aux élèves de réaliser à nouveau « le dessin » du paysage qu'ils ont sous les yeux en utilisant une nouvelle feuille de papier calque. Il rappelle qu'ils n'ont à nouveau que 5 minutes et qu'ils doivent donc éviter de dessiner les détails.

Au bout des 5 minutes, les élèves se regroupent par quatre afin de choisir la réalisation qui répond le mieux à la consigne.
Durée : 3 minutes au cours desquelles les élèves argumentent leur choix.

L'enseignant demande à ce que chaque groupe affiche au tableau la production choisie [2].
▶ Qu'observez-vous ?

Résultats attendus
Les réalisations tendent cette fois-ci vers des productions où des zones ont été délimitées : zone des champs, zone de la forêt, zone des alpages, zone des rochers, zone des neiges permanentes…
Mais beaucoup de dessins sont peu lisibles sans la photographie support ; il manque des renseignements concernant l'identification des différentes zones représentées.
Il est possible qu'à ce moment de la séance certains dessins soient renseignés par la présence de mots dans les zones représentées. Il sera intéressant de s'appuyer sur ces éléments textuels pour amener la classe à comprendre la nécessité de renseigner le dessin par une légende.

Ce que nous avons appris
Nous avons pu effectuer le dessin d'un paysage rapidement en évitant les détails et en privilégiant de grandes unités paysagères. Ce dessin s'appelle un croquis. Il permet de délimiter de grandes zones observées sur un paysage en utilisant des codes.

Étape 4

Informer le croquis

Matériel
- Les croquis de chaque groupe présentés au cours de l'étape précédente.
- La même photographie (doc. 6).
- Le croquis à compléter de la photographie (doc. 7 à photocopier).

Organisation de la classe
Les groupes de l'étape 3, puis collectivement.

L'enseignant rappelle les conclusions de l'étape 3 et interroge :
▶ Par quel moyen une personne étrangère à la classe peut savoir à quoi correspond telle ou telle zone sur votre croquis ? Attention, il y a un critère à respecter : on ne peut rien ajouter au croquis.
Durée de la recherche : 10 minutes.

Résultat attendu
Ne pouvant agir directement sur les croquis, il ne reste plus qu'à établir un document annexe où seront identifiées les zones colorées : la légende.

L'enseignant propose alors aux élèves de compléter collectivement le croquis du document 7.
Remarque : cet apprentissage du croquis étant difficile, il n'est pas utile, au cours de cette séance, de travailler sur l'organisation des informations données par la légende. Cet aspect sera abordé au cours d'autres séances où les élèves devront réinvestir leurs acquis sur le croquis.

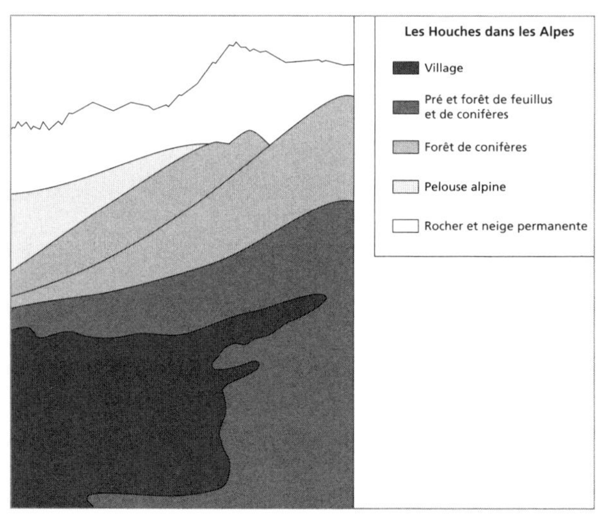

2. Il est conseillé de numéroter les productions afin de faciliter la lecture collective.

Notion à communiquer aux élèves

Les termes évoqués au cours de l'étape 1 sont alors affinés : on parle de champs, de forêts de conifères, de pelouse alpine ou alpage, de rochers, de neige permanente.
Le terme de légende est à reprendre par l'enseignant qui rappellera aux élèves que ce mot peut avoir une autre définition. ■

Étape 5

Acquérir la notion d'étagement de la végétation

Matériel

- La même photographie (doc. 6).
- Le croquis du paysage alpestre légendé par l'élève (doc. 7).
- Une photographie du Massif central (doc. 8, livret couleur, p. 14).
- Le schéma de l'étagement de la végétation à compléter (doc. 9 à photocopier).

Organisation de la classe

Travail collectif.

L'enseignant propose de revenir sur le croquis du paysage alpestre. Les élèves reprennent la photographie des Houches et leur croquis.

▸ En observant la photographie ou le croquis, quelle observation peut-on faire sur la végétation ?

▸ Comment se répartit cette végétation ? Trouve-t-on de la forêt partout ? Que peut-on dire des alpages ?

Résultats attendus [3]

Les zones ne se mélangent pas, on les trouve les unes après les autres en fonction de l'altitude ; on parle d'étagement de la végétation.

L'enseignant distribue à chacun le schéma que les élèves complètent avec le nom de chaque étage.
Il demande :

▸ Est-ce que cet étagement se retrouve dans d'autres massifs montagneux ? Comment le vérifier ?

L'enseignant propose alors d'observer la photographie prise dans le Massif central.
L'observation de ce paysage permet de valider l'existence d'un étagement de la végétation en moyenne montagne, mais avec moins « d'étages ».

Notion à communiquer aux élèves

En montagne, la végétation change en fonction de l'altitude.
On parle de l'étagement de la végétation. ■

Évaluation

Compétences évaluées

- Localiser les principaux massifs en France.
- Distinguer les critères qui permettent de différencier les deux types de montagnes.

Corrigé

1. Voir carte p. 78.

2. Les montagnes élevées et la moyenne montagne.

3. La haute montagne se caractérise par des sommets élevés, souvent recouverts de neige tout au long de l'année. Les vallées sont assez larges et les versants sont pentus.
La moyenne montagne est caractérisée par des sommets très souvent arrondis, peu découpés. L'altitude y moins élevée que pour la haute montagne. Les vallées sont souvent assez étroites. Les neiges permanentes sont absentes.

4. Photo a : Alpes.
Photo b : Massif central.

3. Le croquis légendé se trouve dans la partie « Informations », p. 73.

Du paysage au croquis

Document 7

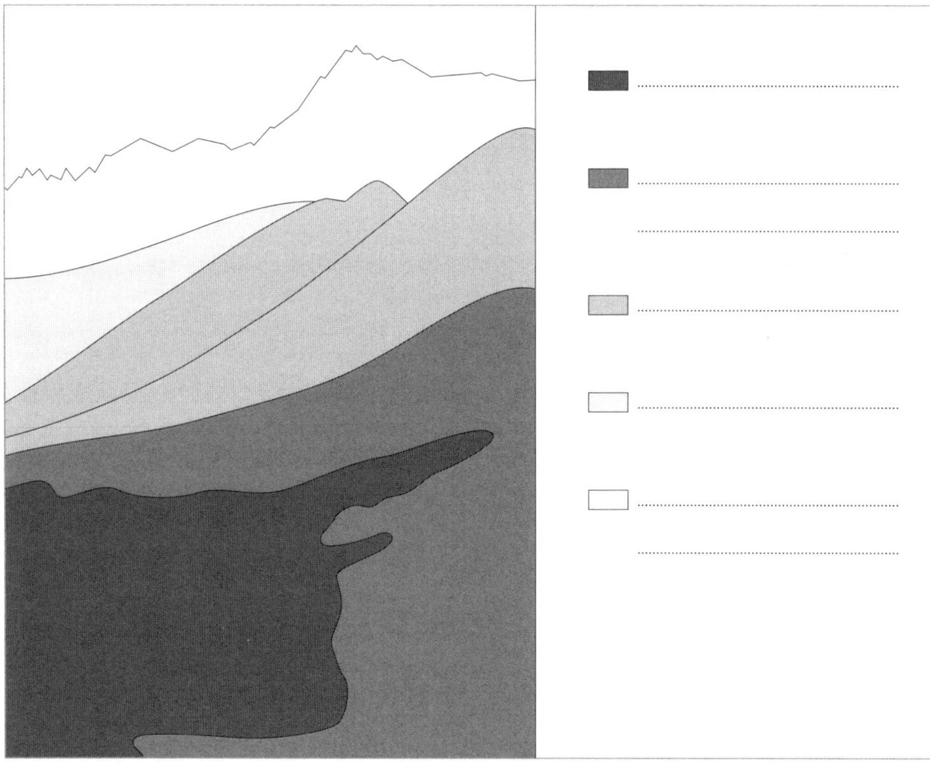

Les Houches, dans les Alpes.

Document 9

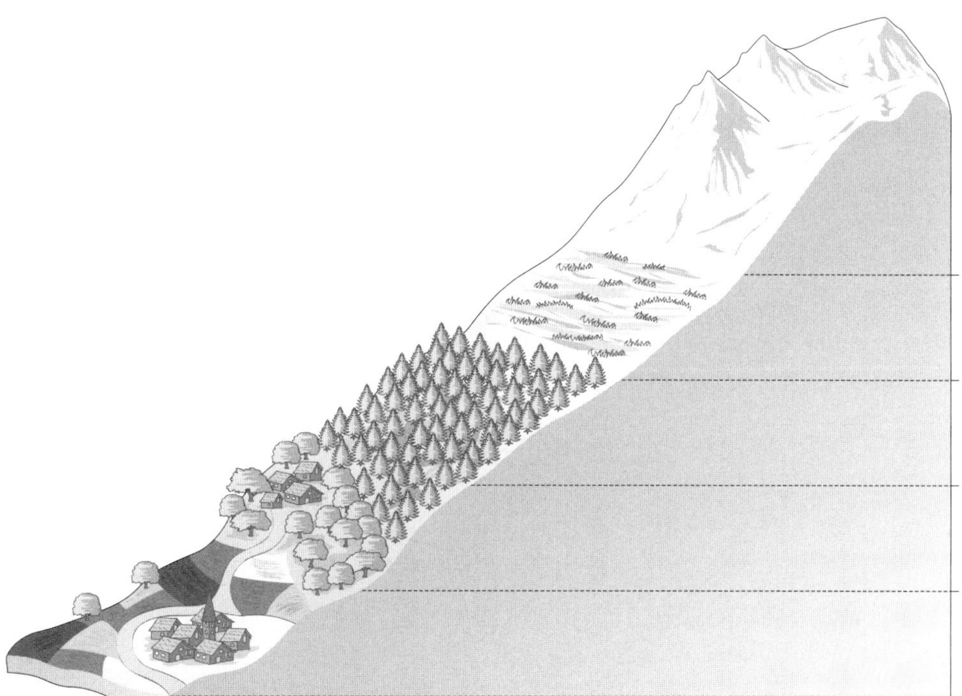

L'étagement de la végétation.

6
Fiche évaluation

Les paysages de montagne

1. Complète la carte du relief de la France en plaçant au bon endroit les noms des cinq massifs montagneux : Massif central – Alpes – Pyrénées – Jura – Vosges.

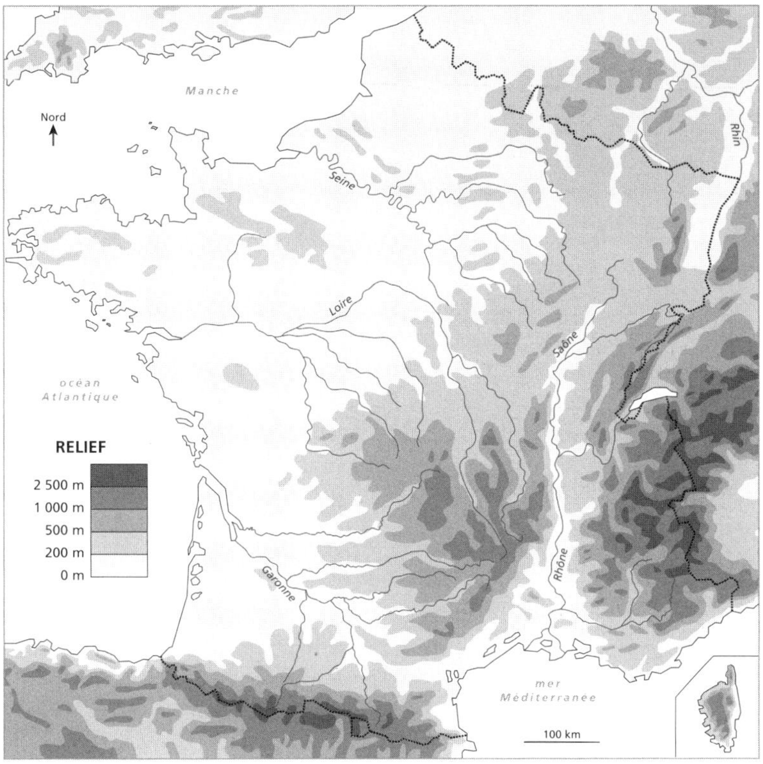

2. Quels types de montagne trouve-t-on en France ?

....

3. Décris les caractéristiques de chacun de ces types.

....

....

4. Observe ces deux photographies.
Indique sous chacune s'il s'agit d'un paysage des Alpes ou du Massif central.

© A. Fournier / Scope

a

....

© J. Damase / Hoa Qui / Eyedea

b

....

7

Plateaux, plaines et vallées fluviales

Informations pour l'enseignant

En France, les régions basses (inférieures à 400 m d'altitude) occupent une vaste superficie du territoire.
Elles ont des formes variées : plateaux, plaines, vallées, collines. Elles s'étendent sur le Bassin parisien et le Bassin aquitain ; elles occupent les fossés des massifs anciens comme la Limagne, l'Alsace, la plaine du Forez, insérés dans des massifs montagneux, les couloirs de la Saône, du Rhône, les bas plateaux comme le Massif armoricain, les plaines littorales comme le Languedoc, celles du sud-est de la France, celles de Flandre dans le nord de la France.
Plaines et plateaux se distinguent par l'écoulement des eaux à leur surface. Sur les plateaux, les vallées sont encaissées alors qu'elles ne le sont pas dans les plaines.

Dans les plaines, l'espace plat facilite la circulation, et les sols sont le plus souvent cultivés.
L'agriculture a pu s'y développer favorablement.
Il faut cependant apporter des nuances. Certaines plaines comme la Sologne ou les Landes ont des sols médiocres, acides, où la lande a été remplacée par la forêt. Dans d'autres régions, comme la Champagne pouilleuse, ces terres ont été amendées.
L'utilisation de produits chimiques, le drainage et l'irrigation ont permis d'obtenir des rendements agricoles élevés. Pour la mise en valeur des terres basses, le rôle du déterminisme physique est moindre, même s'il faut le prendre en compte. « Les facteurs déterminants du développement agricole [...] sont principalement économiques et politiques, ils dépendent largement de l'Organisation mondiale du commerce (OMC), des décisions de Bruxelles et de la politique des transports. [1] » L'intensification de la production a nécessité des modifications dans le paysage traditionnel avec le remembrement des parcelles ayant entraîné l'arrachage des haies, la disparition des chemins (Bretagne, secteurs du Bassin parisien...). Cette intensification cause la pollution des nappes phréatiques du sous-sol par les nitrates.
Une des conséquences de ces transformations est une modification de la maîtrise de l'eau avec des inondations fréquentes dans les zones les plus basses, un fort ruissellement et la formation de coulées de boue. Depuis quelques années, la prise de conscience des dégâts occasionnés conduit au replantage des haies.
Certaines zones basses ont des sols pauvres et secs. Ainsi, dans les bas pays de Provence, du Languedoc et du Roussillon, avec un climat méditerranéen, la question de l'eau est essentielle car les précipitations saisonnières sont très variables d'une année à l'autre. Il est nécessaire d'irriguer les terres. D'autres espaces sont très riches : la plaine d'Alsace et le couloir de la Saône et du Rhône sont recouverts localement de loess, limon fertile, inexistant en Limagne ou dans la plaine du Forez, avec des eaux superficielles et un drainage important. L'agriculture y est très développée.

1. Y. Veyret, *La France : milieux physiques et environnement*, Paris, Armand Colin, 2000, p. 51.

Les régions basses ont été aménagées et occupées par l'homme.
Cette occupation est ancienne lorsque les sols sont de bonne qualité et l'eau disponible.
C'est dans les plaines, sur les plateaux, sur les littoraux et dans les vallées que se concentre la population, lorsque les conditions climatiques y sont favorables. Autrefois, certaines plaines marécageuses, comme celle du Languedoc-Roussillon, étaient des zones de répulsion.
Les grandes vallées sont souvent occupées par des fleuves le long desquels se développent villes et industries et de nombreuses activités humaines. Fleuves et rivières ont toujours été, dans l'histoire, des lieux privilégiés de passage (couloir Saône-Rhône, par exemple, dès l'époque romaine, seuil du Poitou reliant les bassins parisien et aquitain…) qui concentrent les populations, les grandes villes, les transports, les réseaux urbains, les équipements importants comme les aéroports et les centres industriels.

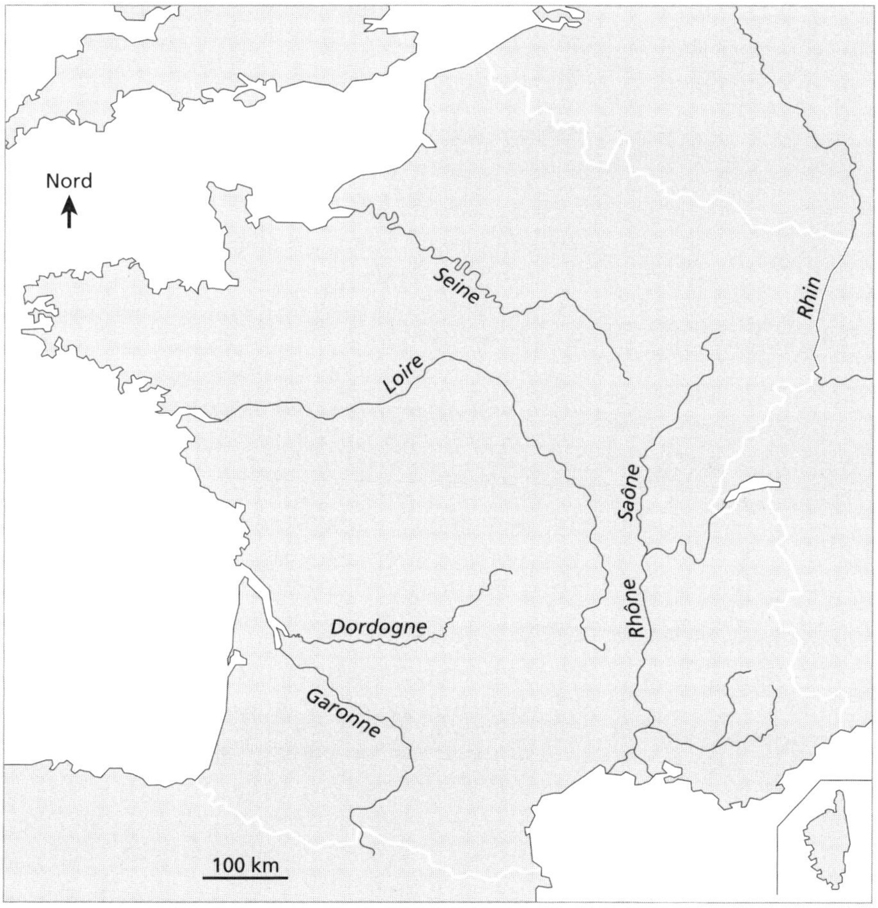

Les principaux fleuves de France.

Lexique

Une plaine : un relief plat, de faible altitude, où les rivières coulent au niveau du sol.
Un plateau : un relief un peu élevé, plat, avec des vallées encaissées.
Une vallée : un creux allongé où coule une rivière.
Une rivière : un cours d'eau qui se jette dans un autre cours d'eau plus important.
Un fleuve : un cours d'eau qui se jette dans la mer.
Un delta : la partie terminale d'un fleuve qui rejoint la mer en se divisant en plusieurs bras.
Un canal : une voie creusée par les hommes pour relier fleuves et rivières entre eux et faciliter la communication entre les régions.
Un axe de communication : voie unique ou ensemble de voies de transport qui permettent de relier un lieu à un autre.
Un amendement : amélioration d'un sol par apport de substances (chimiques ou biologiques).

Séance 1 – Des espaces de faible altitude

Compétences disciplinaires
- Différencier plaines et plateaux.
- Caractériser différents paysages de plaine en France.

Compétences méthodologiques
- Réaliser un croquis de paysage.
- Comparer des photographies.

Problématique
Les paysages de plaines sont-ils identiques à ceux des plateaux ?

Lexique : la plaine, le plateau, la vallée, la côte, la corniche, un escarpement, un talus, une pente, une rivière, un fleuve.

Matériel
doc. 1 Une photographie : la plaine d'Aquitaine.
doc. 2 Une photographie : le plateau bourguignon.
doc. 3 Six photographies de paysages de plaine :
a) Vignobles du Roussillon
b) L'usine Elf/Atochem de Gonfreville l'Orcher
c) La plaine de Beauce
d) La plaine de la Limagne
e) La plaine du Nord
f) Les Côtes d'Armor
doc. 4 Une carte du relief de la France.
Un atlas.
Un dictionnaire des noms propres.

Durée de la séance : 70 minutes.

Étape 1

Comparer les paysages de plaine et de plateau pour les différencier

Matériel
- Photographies de la plaine d'Aquitaine et du plateau bourguignon (doc. 1 et 2, livret couleur p. 15).
- Un atlas.
- Cahier de brouillon.

Organisation de la classe
Travail en groupes de deux élèves.

L'enseignant demande aux élèves d'observer les deux photographies et de nommer les lieux représentés (*la région Aquitaine et la Bourgogne*), puis de situer ces paysages sur une carte de France en se reportant à l'atlas.
Il précise que la rivière observée sur le premier document est le Lot, ce qui donne un indice pour localiser le paysage.

Les élèves se reportent ensuite aux photographies : l'objectif de ce travail est d'identifier les éléments de chacun des paysages, de les décrire plan par plan puis de les comparer.
Chaque groupe écrit ses remarques sur son cahier de brouillon, en faisant deux colonnes (une pour chaque paysage).

L'enseignant procède ensuite à la mise en commun, chaque groupe indiquant ses observations.
Il apporte au fur et à mesure les mots du lexique géographique.

Résultat attendu
Voir tableau ci-dessous.

L'enseignant propose alors de réaliser un croquis simplifié de ces deux paysages par la technique du calque et de les annoter avec les mots étudiés dans la phase d'observation précédente. La description des deux paysages et les croquis permettent aux élèves de mieux appréhender les notions de plaine et de plateau.

La plaine d'Aquitaine	Le plateau bourguignon
• Étendue plane. • Une rivière coule à la surface du sol (les maisons du village sont construites en bordure du cours d'eau). • Un village s'étend en bordure de la rivière. • Des champs cultivés. • Une route rectiligne.	• Étendue plane. • À l'horizon, un rebord rocheux. • Au second plan, une partie en pente avec des espaces forestiers. • Un village situé en contrebas. • Une route et des chemins dans la partie basse. • Au premier plan, un espace boisé avec un château.
Lexique la plaine – une vallée	**Lexique** la côte – une corniche – un escarpement – le talus – la pente

Croquis attendus

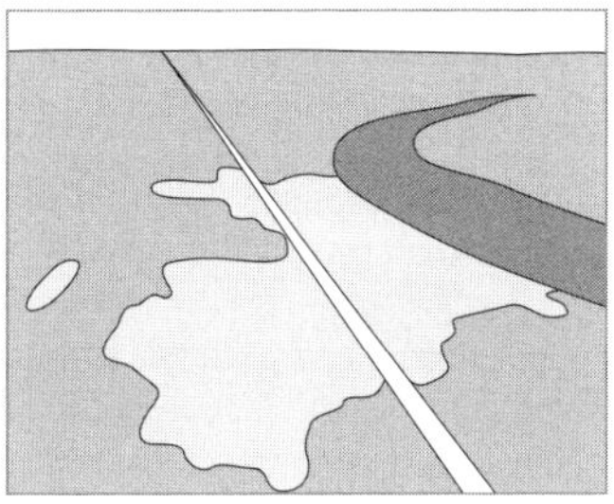

La plaine d'Aquitaine.

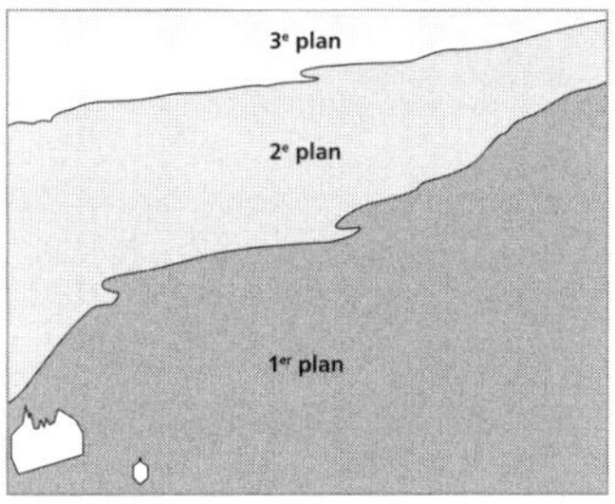

Le plateau bourguigon.

L'enseignant demande alors de donner les caractéristiques de chacune de ces formes de relief :
- Les plaines et les plateaux ont un relief plat.
- Dans la plaine, le cours d'eau coule à la surface du sol.
- Le plateau se termine en corniche sur la plaine située en contrebas.

Il précise que, sur le plateau, la rivière creuse des vallées plus ou moins encaissées (ce qui n'apparaît pas sur le paysage choisi).

Étape 2

Localiser des espaces de plaine sur la carte de France

Matériel
- Les six photographies de paysages de plaine : vignobles du Roussillon, vallée de la Seine, Beauce, Limagne, plaine du Nord, Côtes d'Armor (doc. 3, livret couleur pp. 16-17).
- La carte du relief de la France (doc. 4 à photocopier).
- L'atlas.
- Le dictionnaire des noms propres.

L'enseignant propose aux élèves une brève analyse collective des documents proposés : il leur demande d'en chercher les caractéristiques communes.

Réponses attendues

Ces paysages de plaine ont des situations géographiques différentes.

Ce sont surtout des paysages ruraux avec des cultures diversifiées (la culture des céréales, la vigne, l'élevage).

La vallée fluviale de la Basse-Seine est industrialisée.

L'objectif de l'enseignant est de faire prendre conscience aux élèves que les bas plateaux et les plaines occupent une superficie importante en France.

Il leur demande alors de se reporter à la carte du relief de la France.
- ▸ Comment reconnaître sur cette carte les plaines et les bas plateaux ? *Il faut se reporter à la légende. Ici, ce sont les nuances du blanc au gris qui indiquent l'altitude des reliefs.*
- ▸ Parmi ces couleurs, quelle est celle qui représente les reliefs les moins élevés (plaines et bas plateaux) ? *Le blanc et le gris clair.* Quelle est celui qui est utilisé pour les montagnes ? *Le gris foncé.*
- ▸ Où s'étendent les plaines ?

Remarque : pour les situer de manière plus précise, les élèves peuvent tracer un trait du sud-ouest au nord-est de la France : les plaines se trouvent surtout à l'ouest de cette ligne, à quelques exceptions près, comme l'Alsace par exemple.

L'enseignant demande aux élèves de se reporter à la carte du relief de la France (doc. 4) et de colorier en vert les espaces de plaine (en dessous de 200 m). Ils complètent la légende de la carte, en coloriant en vert le cartouche qui correspond à l'altitude des plaines.

À l'aide du dictionnaire et de l'atlas, ils localisent les six paysages observés et écrivent leur nom sur le fond de carte.

Carte attendue

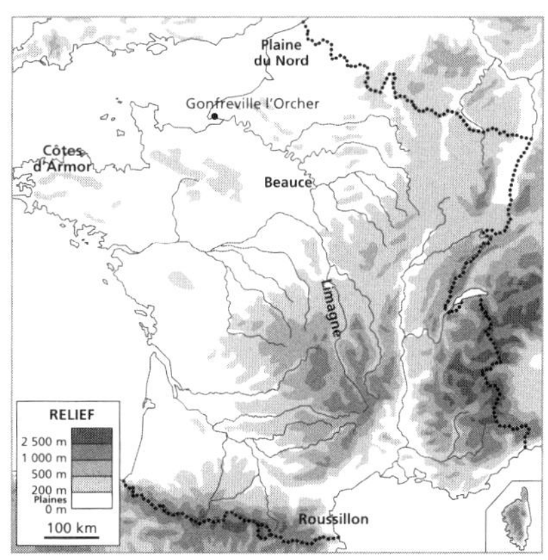

À partir de la carte établie, l'enseignant demande :
- ▸ Les plaines ont-elles toutes la même situation géographique ?

L'enseignant fait émerger la notion de plaine littorale (étroite, qui borde les côtes) et de plaine qui borde les massifs montagneux (Alsace, Limagne).

Étape 3

Synthétiser les connaissances

- Les élèves notent les caractéristiques de la plaine et du plateau dégagées au cours de la leçon.
- Ils mémorisent la carte de la localisation des plaines en France et celle des photographies proposées au cours de l'étape 2.
- Ils notent le vocabulaire étudié en écrivant les définitions : la côte, la corniche, un escarpement, un talus, une pente, une vallée.

7 Fiche documents

Des espaces de faible altitude

Document 4

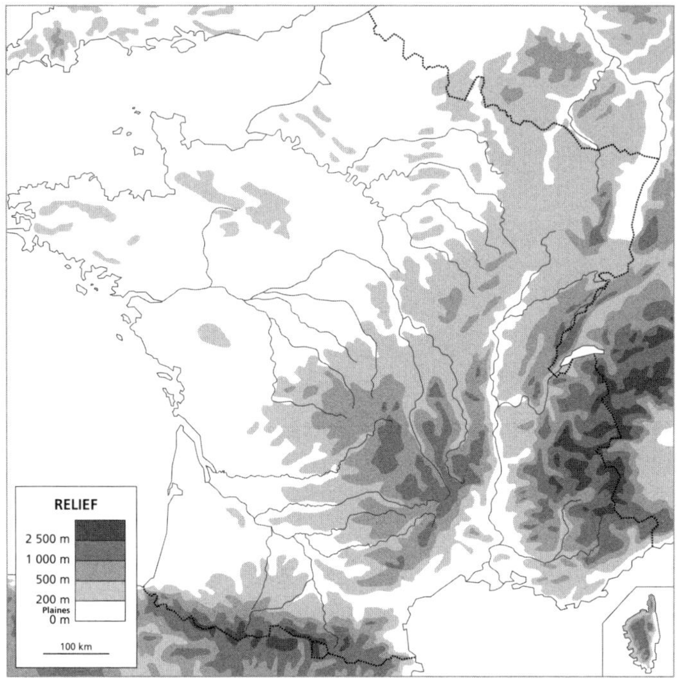

Les plaines en France.

7 Fiche documents

Des espaces de faible altitude

Document 4

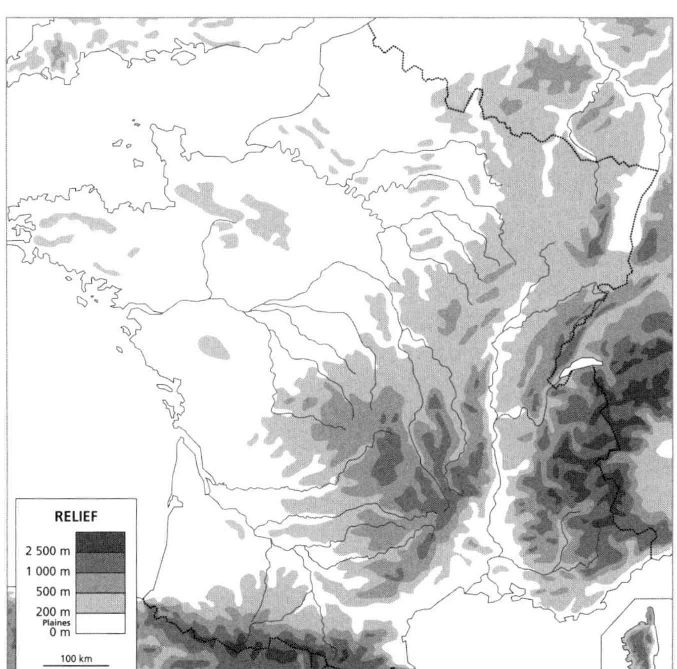

Les plaines en France.

Séance 2 – Des espaces aménagés par l'homme

Compétence disciplinaire

- Connaître divers types d'aménagement des régions basses par l'homme.

Compétences méthodologiques

- Observer une photographie.
- Lire un plan.
- Mettre en relation une photographie et un plan.
- Mettre en relation un texte et une photographie.

Problématique

Comment les hommes ont-ils aménagé les plaines ?

Durée de la séance : 90 minutes.

Matériel

Poster 2 La vallée du Rhône : un axe de communication.
Poster 4 Une photographie : le val de Loire à Amboise.
doc. 5 Une photographie : le val de Loire à Amboise.
doc. 6 Un plan d'Amboise.
doc. 7 Une carte de France vierge.
doc. 8 Un texte : « En Camargue », d'après A. Daudet.
doc. 9 Une photographie : un paysage de Camargue.
Un atlas (carte du relief de la France).
Une carte de France murale.
Un dictionnaire des noms propres.

Lexique : un fleuve, la vallée fluviale, la source , le cours du fleuve, son lit, les berges, amont, aval, un delta, un canal, une péniche, un axe de communication.

Étape 1

Observer un paysage de plaine alluviale aménagée depuis longtemps par l'homme : la vallée de la Loire

Matériel

- Le val de Loire à Amboise (poster 4).
- Le val de Loire à Amboise (doc. 5 à photocopier).
- Le plan d'Amboise (doc. 6 à photocopier).
- La carte de France (doc. 7 à photocopier).

Organisation de la classe

Travail collectif puis individuel.

L'objectif de l'enseignant est de montrer que l'occupation humaine des grandes vallées alluviales, en particulier celle de la Loire, est très ancienne. Il propose trois documents (une photographie aérienne, une carte de France et un plan) dont il fait préciser la nature par les élèves.

Situer le val de Loire et décrire la photographie d'Amboise

L'enseignant interroge collectivement les élèves :

- Quel paysage est photographié ? *Le val de Loire, à Amboise.*

L'enseignant fait trouver par déduction le sens du nom « val » : rapprochement avec « vallée ». Le val est la région qui entoure la vallée du cours d'eau.

Sur la carte de France, les élèves repèrent d'abord la Loire. L'enseignant précise que c'est *un fleuve*. Il en rappelle la définition. Puis il fait suivre sur la carte murale *le cours de la Loire* depuis *sa source* jusqu'à *son embouchure*. L'enseignant donne le vocabulaire géographique qui concerne les cours d'eau. Il localise le val de Loire et la ville d'Amboise. Sur leur carte de France, les élèves repassent la Loire en bleu, écrivent Amboise, Angers et Orléans, et indiquent la région du val de Loire par des hachures. Ils complètent la légende.

Carte attendue

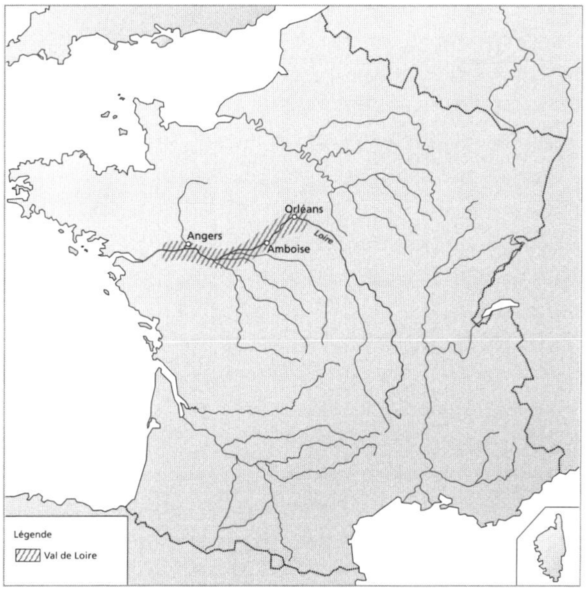

La classe décrit ensuite collectivement la photographie, en procédant par plan.

Notion à communiquer aux élèves

La vue porte vers l'aval du fleuve, c'est-à-dire du côté de l'embouchure par rapport à l'observateur (notion à définir ici en lui opposant l'amont, partie située du côté de sa source). Pour faciliter la description, il est utile de définir les termes de rive droite et de rive gauche du fleuve : lorsqu'on regarde vers l'aval, la rive située à droite de l'observateur est la rive droite, celle qui est située à sa gauche est la rive gauche. ■

▸ Quels éléments observe-t-on sur cette photographie ?

Réponses attendues

L'enseignant utilise le poster 4 pour guider les élèves.

À droite de la photographie, la Loire, avec ses bancs de sable, est partagée en deux bras qui entourent une île, partiellement boisée.

Sur la rive gauche du fleuve, au premier plan, s'étendent le château d'Amboise et le quartier historique de la ville, avec des maisons anciennes dont certaines sont bâties au bord de la Loire. Au second plan, les rives sont boisées. Une route longe le fleuve.

On n'aperçoit de la rive droite du fleuve qu'un espace boisé.

Un pont avec de nombreux piliers relie l'île à la rive gauche.

Observer le plan

L'enseignant demande alors de se référer au plan d'Amboise.

▸ Pourquoi ces documents sont-ils complémentaires ?

Les élèves formulent leurs hypothèses, validées par l'enseignant et l'ensemble de la classe : *la photo et le plan comportent des éléments communs ; l'orientation des documents est différente ; sur le plan, le nom des directions est indiqué mais il manque la rive droite de la Loire ; le nom du cours d'eau est écrit sur le plan et on observe une flèche qui indique le sens du courant...*

Il interroge les élèves sur les directions indiquées sur le plan :

▸ Où conduit la route qui passe sur le pont ? *À Tours.*

▸ Quelles villes relie la route située sur la rive gauche qui longe la Loire ? *Blois et Tours.*

▸ Quel est le nom de l'île ? *Île St-Jean ou Île-d'Or.*

▸ Que représentent les parties en gris ? *Les espaces boisés.*

▸ Quels sont les éléments qui figurent sur un des deux documents seulement ? *Ex. : la rive droite de la Loire est absente du plan, on ne voit qu'une partie de l'île sur la photographie.*

Mettre en relation les documents

L'enseignant donne comme tâche de relier par un trait au crayon de papier les éléments communs à la photographie et au plan (sur la fiche regroupant les documents 5 et 6, p. 93).

Il faut relier : château – pont – île – route le long du fleuve – espaces boisés – parc du château.

Faire la synthèse

Les élèves notent l'ancienneté de la fréquentation de la vallée de la Loire : les paysages sont imprégnés d'histoire car il subsiste de nombreux châteaux.

Activité complémentaire

Au cours d'un atelier de lecture, l'enseignant peut demander aux élèves de réaliser une recherche documentaire plus approfondie sur le château d'Amboise : en effet, dès l'époque gallo-romaine, des fortifications avaient été édifiées sur l'éperon rocheux. Au XIe siècle, il existe deux forteresses sur le promontoire et une autre dans la ville. Au XVe siècle, les rois de France vont agrandir le château. Charles VIII le décore avec des meubles, des tableaux, des tentures d'Italie. C'est le début de l'époque de la Renaissance. François Ier continuera son œuvre et y recevra l'empereur Charles Quint en 1539.

Une recherche peut se faire également sur l'ensemble des châteaux de la Loire, en liaison avec l'histoire.

Étape 2

Observer une vallée fluviale axe de communication : la vallée du Rhône

Matériel

- La vallée du Rhône (poster 2).
- Un atlas.
- Cahier de brouillon.

Organisation de la classe

Travail collectif puis individuel.

Les élèves localisent le Rhône sur une carte de l'atlas et suivent son cours de sa source, en Suisse, jusqu'à la mer Méditerranée. L'enseignant rappelle que c'est un fleuve dont l'embouchure forme un delta. Il en rappelle la définition.

Les élèves observent le poster et définissent la nature de ce document : *C'est une photographie aérienne.*

L'enseignant propose de lister individuellement sur le cahier de brouillon les éléments visibles sur la photographie.

Il récapitule ensuite au tableau les réponses des élèves.

Réponses attendues

Éléments proposés par les élèves	Apports du maître
• Deux rivières séparées par un espace planté d'arbres	• Le Rhône et le canal du Rhône au Rhin
• Un bateau	• Une péniche
• Un espace avec une autoroute sur laquelle roulent des voitures	• L'autoroute A7
• Une voie ferrée	
• Des maisons individuelles, des hangars	
• Des champs cultivés	
• Une route qui traverse un village	
• À l'horizon, une ville, des immeubles	
• Des maisons sur la colline au bord du Rhône, peut-être un village avec son clocher	• Un lotissement

Il propose aux élèves de rechercher sur le dictionnaire la définition de « canal » et de « péniche ».

- ▸ À quoi servent le canal, la route, la voie ferrée ? *Ce sont des moyens de transport pour les hommes et les marchandises.*
- ▸ Quelle est leur direction sur la photographie ? *Ces voies de communication sont construites parallèlement au fleuve, elles suivent la même direction.*

Synthèse

Avec les élèves, l'enseignant fait une synthèse des caractéristiques observées : la vallée du Rhône est un grand axe de communication.

Il propose aux élèves de se reporter à la carte pour la situer au niveau national et international.

▸ Quelles régions relie-t-elle en France ? En Europe ?

Il précise que cet axe a joué ce rôle de communication depuis l'Antiquité, avec l'implantation dès cette époque de grandes villes comme Lyon, Vienne, Valence ou Avignon.

Étape 3

Observer une plaine fluviale consacrée à l'élevage : le delta du Rhône

Matériel

- Le texte « En Camargue » (doc. 8 à photocopier).
- Le paysage de Camargue (doc. 9 à photocopier).
- Une carte de France murale.

Organisation de la classe

Travail collectif.

L'enseignant propose de découvrir un autre type de plaine : celle de la Camargue. Il la situe sur la carte murale.

Il lit le texte à haute voix. Il précise le sens du mot salicorne et le met en relation avec la proximité de la mer. Les élèves font à leur tour une lecture silencieuse et répondent oralement aux questions posées :

- ▸ Quels mots rappellent la proximité de la mer, de l'eau salée ? *Des salicornes - les herbes salines.*
- ▸ Quels éléments indiquent une terre humide ? *Des roseaux, des marais.*
- ▸ Quelles sont les expressions qui montrent que l'auteur décrit un paysage de plaine ? *Pas d'arbres hauts ; aspect uni, immense de la plaine ; à perte de vue.*
- ▸ Comment les hommes utilisent-ils cette terre ? *Ils élèvent des troupeaux.*
- ▸ En quelle année ce texte a-t-il été écrit par Alphonse Daudet ? *En 1869.*

L'enseignant propose ensuite d'observer la photographie de la Camargue, prise environ un siècle après l'écriture du texte par Alphonse Daudet. Les élèves comparent les éléments décrits dans le texte et ceux fournis par l'image.

On conclut sur l'ancienneté de l'activité d'élevage en Camargue.

L'enseignant donne ensuite des indications sur cette région en situant sur la carte murale les lieux évoqués.

Notion à communiquer aux élèves

La Camargue est une plaine située dans le delta du Rhône et qui s'étend sur une centaine de milliers d'hectares. C'est une zone humide située entre les deux bras du Rhône, jusqu'à la mer Méditerranée, entre les villes d'Arles, du Grau-du-Roi et de Fos-sur-Mer. On y observe des paysages sauvages et des zones très artificielles où l'on a maîtrisé l'eau.

C'est une région marécageuse, parsemée de nombreux étangs comme celui de Vaccarès.

Au nord du delta, on cultive le riz depuis le XVIe siècle. L'irrigation et le draînage des eaux ont permis depuis un siècle et demi de cultiver la vigne et les céréales.

On y pratique l'élevage des chevaux et des taureaux noirs mais aussi, depuis longtemps, celui des moutons. Cet élevage se fait sur de vastes espaces : on dit qu'il est extensif.

Le sel y est exploité pour l'industrie chimique (à Salins-de-Giraud) ou pour l'industrie alimentaire (à Aigues-Mortes).

De nombreux touristes visitent la région.

La Camargue est un parc naturel dont la mission est de protéger la nature et de gérer l'eau. ■

On peut aussi proposer une recherche documentaire sur ce sujet (le site www. parc-camargue.fr donne des renseignements faciles à utiliser par des élèves de cycle 3).

Étape 4

Trace écrite

Elle est constituée :
- des synthèses sur l'aménagement des plaines et vallées fluviales.
- du vocabulaire utilisé et de quelques définitions.

Évaluation

Compétences évaluées

- Réinvestir le vocabulaire géographique.
- Localiser les plaines sur la carte de France.
- Définir une plaine.
- Caractériser la vallée des fleuves.
- Connaître les productions et l'aménagement des plaines.

Corrigé

1. Le Rhône est un fleuve car il se jette dans la mer.

2. L'observateur regarde vers l'aval.
Il faut écrire « rive droite » à gauche du dessin et « rive gauche » à droite du dessin.

3. Il faut colorier la partie ouest de la France.

4. Entourer : étendue plate – les rivières coulent à la surface de la plaine.

5. Dans la vallée du fleuve, la population s'est installée souvent depuis longtemps. Des villes nombreuses se sont construites. La vallée est un axe de communication important entre les régions. Le fond de la vallée est souvent cultivé. Des usines y sont implantées.

6.

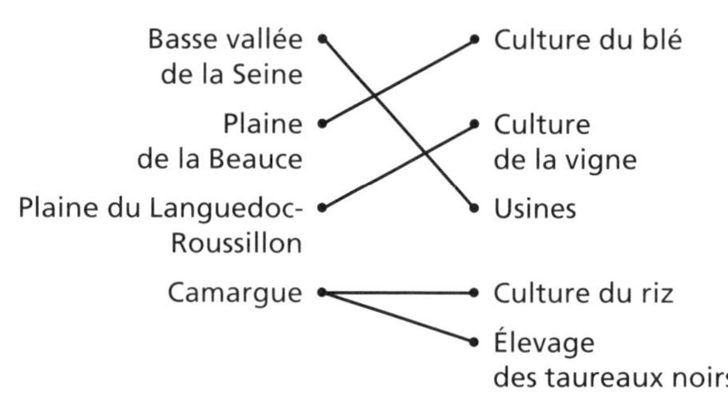

Des espaces aménagés par l'homme

Document 5

© G. A. Rossi / Altitude

Le val de Loire à Amboise.

Document 6

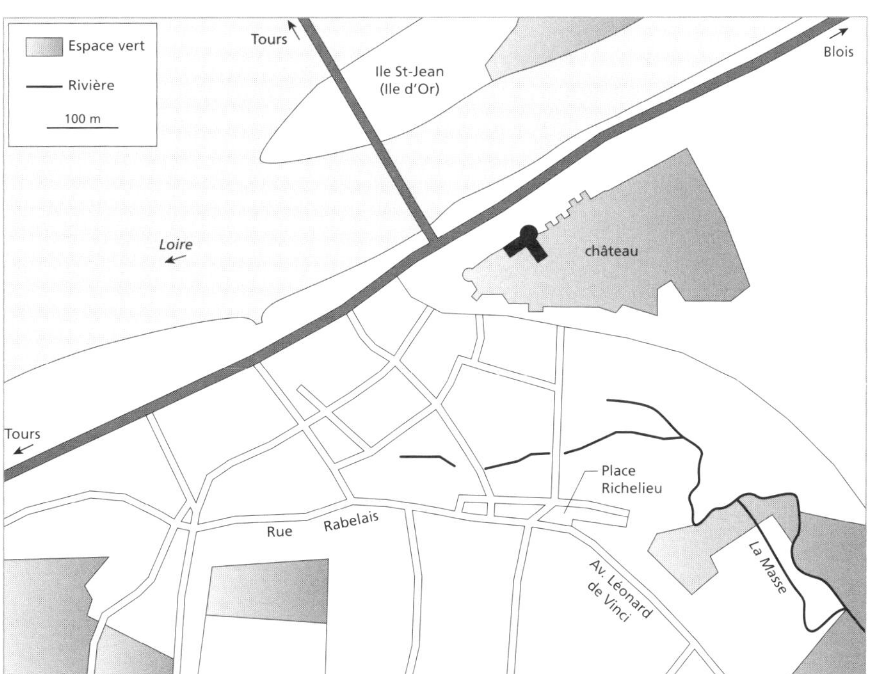

Plan de la ville d'Amboise.

7
Fiche documents

Des espaces aménagés par l'homme

Document 7

1. Repasse la Loire en bleu.

2. Situe les villes suivantes : Angers, Orléans, Amboise.

3. Indique le val de Loire par des hachures.

Des espaces aménagés par l'homme

Document 8

En Camargue

À perte de vue, des marais [1] brillent dans les salicornes [2]. Des bouquets de roseaux [3] font des îlots comme sur une mer calme. Pas d'arbres hauts. L'aspect uni, immense de la plaine n'est pas troublé. De loin en loin, des parcs de bestiaux étendent leurs toits bas presque au ras de terre. Des troupeaux dispersés sont couchés dans les herbes salines ou se serrent autour de la cape rousse du berger…

D'après A. Daudet dans *Lettres de mon moulin*, 1869.

1. Un marais : une étendue d'eau immobile, peu profonde.
2. La salicorne : l'herbe qui pousse dans les terrains salés.
3. Un roseau : une plante haute qui pousse dans l'eau ou au bord de l'eau.

Document 9

Le Parc naturel régional de la Camargue : les troupeaux de chevaux.

Plateaux, plaines et vallées fluviales

1. **Le Rhône est-il un fleuve ou une rivière ? Justifie ta réponse.**

....

2. **Sur ce dessin, l'observateur regarde-t-il vers l'aval ou vers l'amont du cours d'eau ? Justifie ta réponse.**

....

....

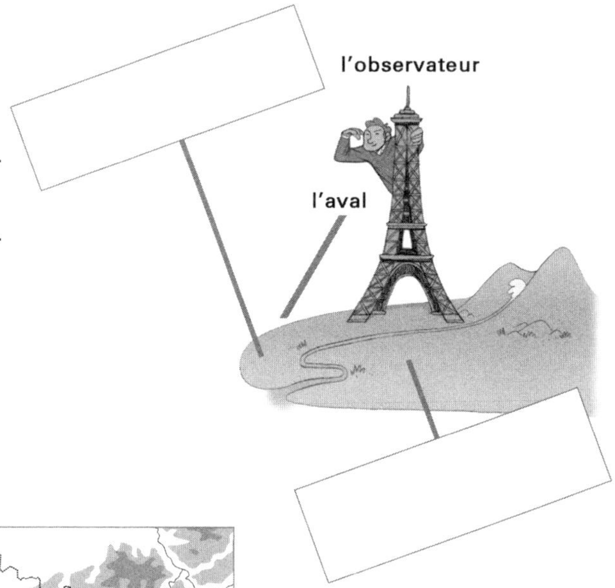

- **Écris dans l'étiquette qui convient « rive droite » et « rive gauche ».**

3. **Sur cette carte de France, colorie en vert la partie où dominent les paysages de plaine.**

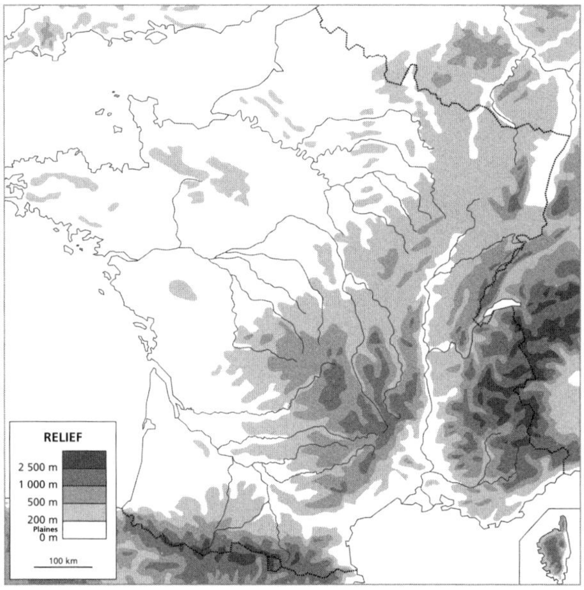

4. **Entoure les expressions qui caractérisent une plaine :** altitude élevée – étendue plate

les cours d'eau ont creusé des vallées – les rivières coulent à sa surface.

5. **Décris la vallée d'un fleuve en utilisant les mots suivants :**
ville – axe de communication – population – fleuve – cultivée – usines.

....

....

6. **Associe chaque plaine avec son utilisation.**

Basse vallée de la Seine •	• Culture du blé
Plaine de la Beauce •	• Culture de la vigne
Plaine du Languedoc-Roussillon •	• Usines
Camargue •	• Culture du riz
	• Élevage des taureaux noirs

Les paysages ruraux

Informations pour l'enseignant

Le mot « campagne » est assez difficile à cerner car il revêt plusieurs sens. Les dictionnaires la définissent comme une région où l'économie est fondée sur l'agriculture.
Le mot campagne vient du latin *campagnia*, qui signifie « plaine ». Jadis, il désignait des étendues de pays découverts, sans clôtures et sans arbres, celles pour lesquelles on privilégie le terme d'openfield.
Aujourd'hui, le sens du mot s'est élargi à tous les territoires où l'agriculture tient une place importante. En géographie rurale, c'est donc ce terme qui est retenu car il permet d'envisager aussi bien les régions rurales de plaine que celles de montagne.

Quelles limites à l'espace rural ?

La limite entre la ville et la campagne n'est pas toujours tranchée, surtout dans les pays où l'extension des villes fait que des espaces densément bâtis s'insinuent au cœur des espaces cultivés. Ainsi, on a pris l'habitude d'opposer l'espace rural à l'espace urbain en fondant la distinction sur deux critères fondamentaux :
- l'intensité des constructions (avec un maximum d'intensité en ville),
- la forte présence de la nature dans les campagnes.

Ainsi, plus le bâti est important, moins on a de campagne ; plus la nature apparaît, plus la ruralité se marque.
C'est donc généralement en termes d'opposition ou de complémentarité aux villes et aux zones urbaines qu'on identifie et qualifie l'espace rural.

Quels acteurs ?

L'exode rural, commencé depuis plus d'un siècle, sonnerait-il la fin des cultures et de l'élevage ? Non, mais les extraordinaires gains de productivité enregistrés aujourd'hui dans l'agriculture permettent à seulement 600 000 agriculteurs, devenus de véritables exploitants professionnels, de maintenir la France au rang de grande puissance agro-alimentaire sur la scène européenne.
Les agriculteurs, acteurs majeurs de l'aménagement de la campagne, ne sont plus les seuls à gouverner l'espace rural. Bourgs et villes, mais aussi lotissements de périurbanisation, accueillent un très grand nombre de citadins. Les campagnes offrent un patrimoine convoité pour ses vieilles pierres et s'ouvrent désormais à un nouveau voisinage qui fait à tous prendre conscience des valeurs du bâti et de l'environnement.

Quelques statistiques

L'espace à dominante rurale accueille 11 millions d'habitants[1], soit environ 18 % de la population en 2006, contre plus de 23 % en 1990.

Lexique

Un openfield (anglais) : un champ ouvert, paysage de champs sans clôture. La grande majorité de la population, en Europe, y vit groupée en villages.
Rural : adjectif qui s'applique à tout ce qui a trait à la campagne.
Un bocage : un paysage rural composé de parcelles limitées par des haies, des talus, des murets. Les parcelles, de petite taille sont de formes irrégulières. Les maisons et les fermes se dispersent dans l'espace. Les hommes vivent souvent de manière isolée au milieu de leurs champs. On trouve généralement ces paysages de bocage dans l'Europe de l'ouest.

1. Source : Insee. Recensement de la population.

La superficie agricole utilisée (SAU) s'étend sur près de 28 millions d'hectares, soit plus de la moitié du territoire métropolitain. L'agriculture qui y est menée, très performante, alimente des industries agro-alimentaires dominées par quelques firmes multinationales. La production de cet ensemble atteint 5 % du PIB et dégage entre 7 et 10 milliards d'excédents commerciaux. La France fournit à elle seule le quart de la production agricole de l'Union européenne. Elle est le deuxième pays exportateur mondial de produits agricoles, après les États-Unis.
La superficie moyenne des exploitations agricoles n'a cessé de grandir pour atteindre aujourd'hui 42 hectares. 12 % des exploitations détiennent la moitié de la SAU.

Les dynamiques de population dans le monde rural

« Les dynamiques de population du monde rural sont très différentes selon que l'on se trouve près ou loin des villes. À proximité des grands centres urbains, on trouve des cantons qui gagnent beaucoup de population, à la fois parce que la population est jeune (solde naturel positif) et parce que de nombreuses personnes viennent s'y installer (solde migratoire positif). À l'extrême, dans le rural profond (isolé), on trouve des cantons à la population vieillissante (solde naturel négatif) et dont les jeunes s'en vont (solde migratoire négatif). Entre les deux, toute une gamme de situations intermédiaires, mais, dans tous les cas, c'est la plus ou moins grande proximité des centres urbains qui importe [...]. Il y a d'un côté le rural périurbain, jeune, sous l'emprise des migrations, à visée d'abord résidentielle, et de grande mobilité. De l'autre, le rural isolé moins mobile, sans migration, dominé par les agriculteurs et les retraités.[2] »

La campagne aujourd'hui

« Si l'on qualifie encore officiellement de "ruraux" ceux qui habitent dans les communes dites rurales, il n'est plus évident qu'il suffise d'habiter la ville ou la campagne pour se retrouver citadin ou campagnard. Les cartes de l'appartenance sont de plus en plus brouillées par des phénomènes qui sont devenus significatifs. Par exemple :

- la mobilité de la population est importante en zone rurale, où se mélangent des populations d'origine et des populations immigrantes, dont une part importante vient de la ville et même, dans certaines régions, de l'étranger [...] ;
- la culture et les attentes de consommation du monde urbain sont largement diffusées dans le monde rural, notamment auprès des plus jeunes ; la vie à la campagne n'est plus concevable maintenant sans une fréquentation habituelle de la ville ;
- réciproquement, les citadins fréquentent de plus en plus assidûment la campagne...[3] »

2. J.-M. Benoît, P. Benoît, D. Pucci, *La France à vingt minutes*, Paris, Belin, 2002.
3. Y. Janvier, *Naissance de nouvelles campagnes*, éd. de l'Aube, 1996.

Séance 1 – Des campagnes variées

Compétences disciplinaires

- Dégager des types de paysages marqués par des évolutions différentes.
- Mettre en place une vision plus large de l'espace rural en abordant les différents aspects qui contribuent à sa définition.

Compétence méthodologique

- Réaliser un croquis simple du paysage et établir une légende hiérarchisée.

Problématique

La campagne : un seul visage ou plusieurs réalités ?

Matériel

doc. 1 Une photographie d'un village traditionnel des Pyrénées orientales, Arboussols.
doc. 2 Une photographie d'un nouveau village de campagne, Lixy.
doc. 3 Les croquis des deux villages.
Des feuilles de papier calque.
De grandes affiches.

Lexique : campagne, agriculture, friche agricole, champs cultivés, lotissement, désertification humaine, désertification humaine, le paysage rural.

Durée de la séance : 60 minutes.

Étape 1

Donner sa propre représentation de la campagne

Matériel
- Une feuille de brouillon par élève.
- Une grande affiche vierge au tableau.

Organisation de la classe
Travail individuel puis collectif.

L'enseignant demande aux élèves de noter, en quelques mots, ce qu'est pour eux la campagne.
Durée de la recherche : moins de 5 minutes.
L'enseignant note sur sa grande affiche les mots ou expressions trouvés par les élèves.

Remarque : ces premières représentations vont évoluer au fil des étapes suivantes. En conservant cette première affiche telle quelle et en notant les informations ensuite découvertes, les élèves pourront alors mesurer l'évolution de leurs connaissances.

Étape 2

Lire des paysages pour réaliser leur croquis et découvrir deux types de campagne

Matériel
- Les photographies d'Arboussols et de Lixy (doc. 1 et 2, livret couleur p. 18).
- Un calque par élève.
- Une grande affiche.

Organisation de la classe

Travail collectif, individuel, puis regroupement par quatre.

L'enseignant propose de valider ou d'invalider les représentations initiales qui viennent d'être listées par la découverte des documents photographiques et l'élaboration des croquis respectifs de deux paysages de campagne.

Problématique soulevée par l'enseignant :
▸ Y a-t-il une seule forme de paysage campagnard ?

Chaque élève observe les photographies des deux paysages (doc. 1 et 2).
Dans un premier temps, une lecture orale collective permet d'identifier et de nommer les différents éléments composant les deux paysages.
La classe est ensuite partagée en deux groupes, chacun se consacre à l'une des deux photographies.
Dans chaque groupe, chacun, individuellement, réalise le croquis du paysage.
Après 10 minutes de travail, les élèves se regroupent par quatre afin de choisir le croquis le plus pertinent, qui sera recopié sur une grande affiche afin d'être visible par tous.

Remarque : l'enseignant fait rappeler par les élèves qu'un croquis est la représentation en grandes zones des éléments constituant le paysage observé. Cette représentation doit être renseignée par une légende (*cf.* méthodologie pp. 7-8).

Étape 3

Présenter les croquis à la classe

Matériel
Les affiches présentées par les différents groupes.

Organisation de la classe
Travail collectif.

Chaque porte-parole des groupes présente le résultat de la réflexion. Chacun nomme les éléments du paysage précédemment relevés.

Résultats attendus
L'observation et l'analyse des éléments paysagers listés permettent d'établir une synthèse axée sur la comparaison des deux paysages ruraux. Cette comparaison rend compte de deux types de paysage. L'enseignant aura pris soin, au cours des présentations, de noter au tableau les points clés évoqués par les élèves. Le résultat pourra prendre la forme du tableau suivant :

ARBOUSSOLS	LIXY
• Des cultures abandonnées (jardins en terrasse et vignes non taillées) et présence de friches.	• Un village composé d'une partie ancienne donnant l'impression d'être toujours habitée.
• De très rares parcelles encore cultivées (vignes bien alignées prouvant que l'homme s'en occupe encore).	• Une partie récente : un lotissement composé de villas neuves.
• La forêt s'étend entre les cultures.	• Des champs cultivés.
• Un village composé de maisons anciennes, groupées autour de l'église.	• Routes.

L'enseignant demande alors d'observer cette synthèse et de trouver quelques mots qui résument les résultats obtenus pour chacun des deux paysages.

Notion à communiquer aux élèves

Outre le tableau que les élèves vont remplir sur le cahier, cette étape permet d'insister sur l'existence de plusieurs formes de paysages ruraux : une campagne qui paraît se désertifier et une campagne plutôt dynamique qui attire. ■

Étape 4

Classer les informations notées dans la légende

Matériel
- Les affiches des différents groupes.
- Une feuille de brouillon par groupe.
- Une grande affiche par groupe.

Organisation de la classe
Recherche menée par groupes de quatre (les mêmes groupes que précédemment).

L'enseignant donne les consignes de travail :
- Les légendes que vous avez présentées donnent des informations sur les éléments du paysage sur lequel vous avez travaillé. Ne pourrait-on pas classer ces informations ?
- Votre travail va maintenant consister à réaliser un classement de ces informations en fonction de critères que vous déterminerez.
Vous avez dix minutes pour réaliser ce classement afin de le présenter au reste de la classe.

Remarque : Dans la plupart des cas, les légendes réalisées par les élèves sont classées par plans (« à l'horizon, je vois la montagne, puis un village, puis des champs. ») et non hiérarchisées (*cf.* méthodologie pp. 7-8).

Étape 5

Présenter son classement et argumenter son choix

Matériel
Les légendes affichées au tableau.

Organisation de la classe
Travail collectif.

Chaque groupe présente ses réponses en argumentant ses choix.

Résultat attendu
Deux grands groupes d'informations se dégagent de la réflexion :
- des informations concernent les éléments liés à la nature (forêt, montagne…) ;
- d'autres sont relatives à l'aménagement humain.

Remarque : les champs sont à ranger dans la catégorie relative à l'aménagement humain, dans la mesure où l'homme intervient pour les mettre en valeur.

Étape 6

Compléter les croquis et établir une légende hiérarchisée

Matériel
Les deux croquis à compléter (doc. 3 à photocopier).

Organisation de la classe
Travail individuel.

L'enseignant distribue à chaque élève les deux croquis.
Chacun complète la légende des deux croquis à partir des résultats de l'étape précédente.

Résultat attendu

Croquis d'Arboussols

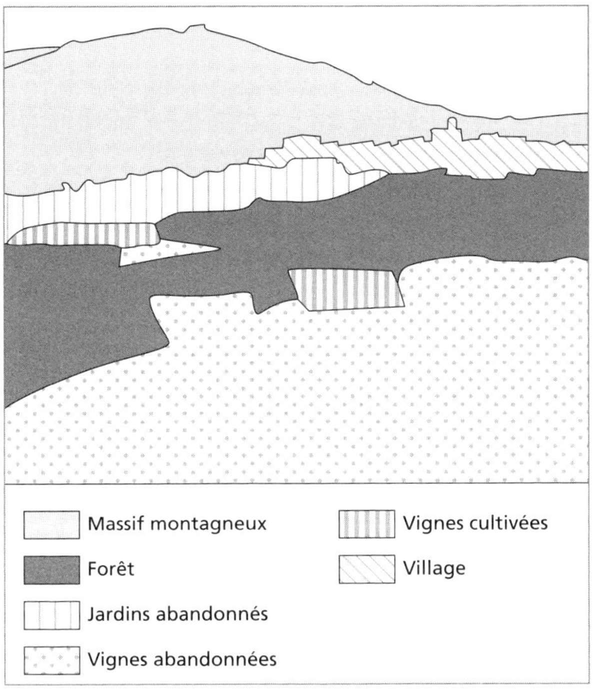

Croquis de Lixy

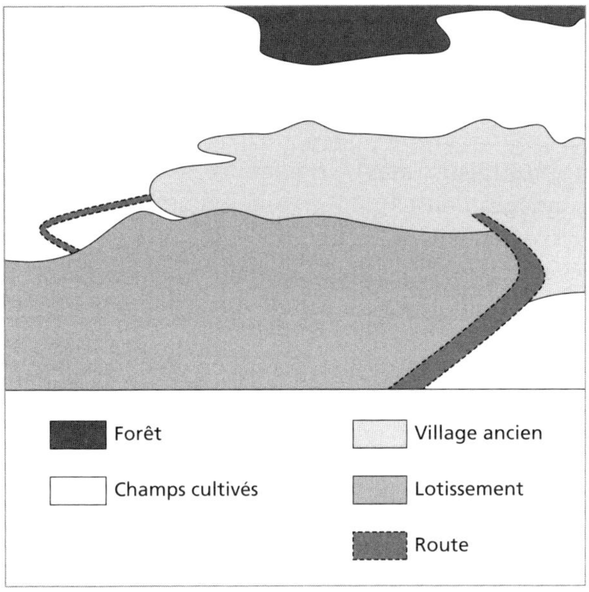

Des campagnes variées

Document 3

Complète ces deux croquis.

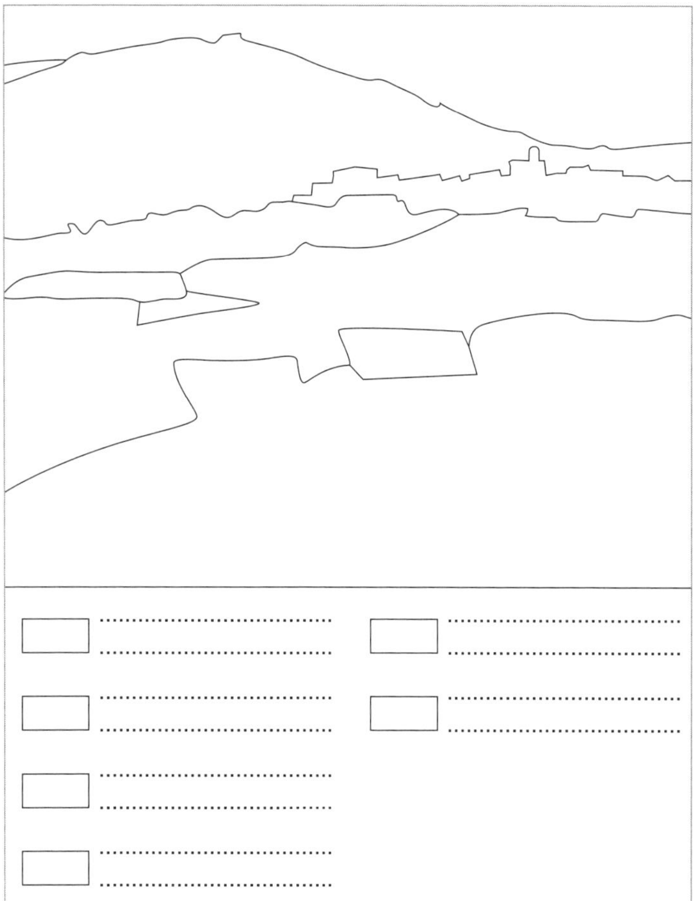

Croquis d'Arboussols (réalisé d'après la photographie du document 1).

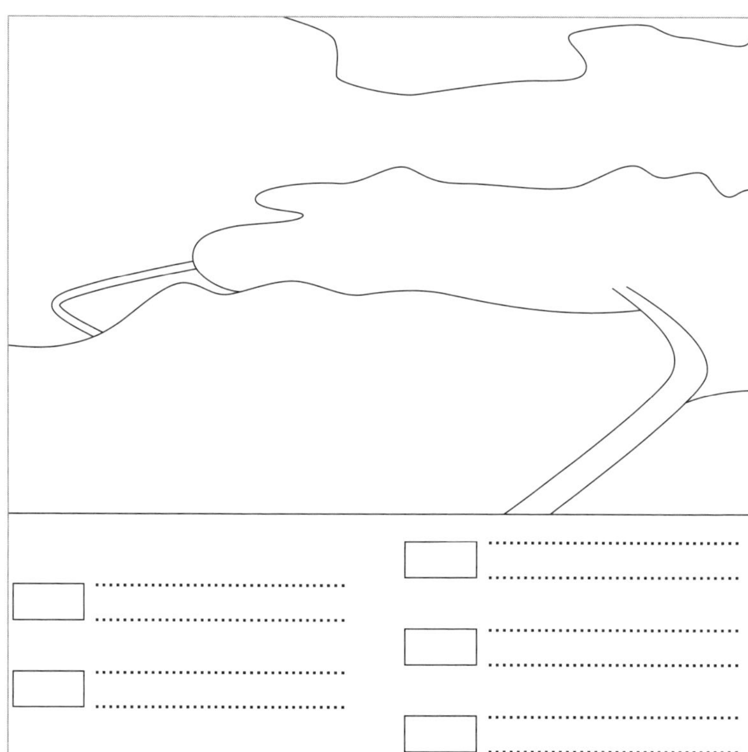

Croquis de Lixy (réalisé d'après la photographie du document 2).

Séance 2 – Des types de campagne liés à la localisation

Compétence disciplinaire
- Appréhender, à travers quelques documents liés à l'actualité, la notion de ruralité.

Compétences méthodologiques
- Établir des liens entre un schéma de localisation et une situation démographique pour comprendre une réalité.
- Établir une synthèse des informations par l'intermédiaire d'un schéma explicatif.

Problématique
Qu'est-ce qui explique qu'en France une campagne dynamique coexiste avec une campagne délaissée ?

Matériel
doc. 4 Un tableau statistique de la population des deux communes.
doc. 5 Un croquis de localisation d'Arboussols.
doc. 6 Un croquis de localisation de Lixy.
doc. 7 Une carte de la France où sont localisées les deux communes.
Des grandes affiches

Lexique : la zone rurbaine, un recensement, une voie de communication, un espace dynamique, un espace délaissé.

Durée de la séance : 60 minutes.

Étape 1

Analyser un document statistique

Matériel
- Les deux photographies de la séance 1 (doc. 1 et 2, livret couleur p. 18).
- Le tableau statistique (doc. 4 à photocopier).

Organisation de la classe
Travail collectif.

L'enseignant rappelle aux élèves l'impression laissée par l'analyse des deux photographies des communes : impression de secteur plutôt délaissé pour une commune tandis que l'autre semblait plus habitée.

▸ Je vous propose de confirmer cette impression en observant le document que je vous distribue.

Les élèves prennent connaissance du document, et une analyse collective permet de comprendre qu'il s'agit de renseignements sur la population des deux communes.

▸ Que nous indique ce document ? Comment est-il fabriqué ? Comment doit-on le lire ? Quelles sont les informations qu'il nous donne ? Pourquoi tous les nombres n'apparaissent pas ?

Notion à communiquer aux élèves

Un tableau statistique est un document réalisé à partir d'une enquête. Il s'agit ici de compter le nombre de personnes dans un lieu. Ce recensement permet d'avoir des renseignements sur la population. ■

Résultat attendu
Le tableau permet d'observer les résultats des recensements de la population entre 1968 et 2000. Le tableau indique qu'Arboussols a toujours eu une population inférieure à celle de Lixy. Il indique également que Lixy voit sa population croître régulièrement alors que celle d'Arboussols diminue se stabilise puis augmente depuis le dernier recensement.

Étape 2

Émettre des hypothèses pour expliquer une situation

Matériel
Une feuille de brouillon par élève.

Organisation de la classe
Travail individuel puis collectif.

Remarque : cette étape, difficile, est néanmoins essentielle car elle va permettre la justification de l'étape suivante. Peu importe si les explications hypothétiques des élèves sont justifiées ou non au niveau de la géographie. L'important est de dégager l'idée qu'il faut observer d'autres documents pour valider ou non les réponses données.

Les élèves disposent de cinq minutes pour noter individuellement au brouillon des argumentations visant à expliquer les faits précédemment observés.

▸ Vous allez écrire pourquoi, à votre avis, les paysages de la campagne ne se ressemblent pas. Pourquoi certaines campagnes attirent les gens et d'autres sont abandonnées.
Attention, il faut pouvoir argumenter les réponses trouvées.

Mise en commun collective : les élèves, oralement, donnent leurs explications. L'enseignant note au tableau les réponses données.

Résultat attendu

Les résultats varieront en fonction de la classe et du vécu des élèves. Cependant, les réponses fournies permettront d'avoir un aperçu des connaissances des élèves et des stéréotypes qu'ils se sont appropriés. L'enseignant rebondira sur les réponses s'articulant autour du travail des habitants si cette explication est donnée. Dans le cas contraire, trouver ensemble d'autres réponses en orientant les élèves vers le travail des habitants (Où travaillent-ils ? Voit-on de grands bâtiments ressemblant à des entreprises ?...).

Étape 3

Prendre en compte des documents cartographiques pour vérifier les hypothèses

Matériel

- Les deux croquis de situation (doc. 5 et 6 à photocopier).
- La carte de la France avec la localisation des deux communes (doc. 7 à photocopier).
- Une grande affiche par groupe de quatre pour noter les synthèses.

Organisation de la classe

Travail collectif, puis par groupes de quatre élèves.

L'enseignant demande aux élèves comment on pourrait vérifier les « explications » données lors de l'étape précédente.

Le débat ouvert par l'enseignant s'appuie sur les argumentations des élèves. Par exemple :

- ▸ Vous avez dit que les habitants s'installaient à Lixy car ils pouvaient se rendre au travail plus facilement qu'à Arboussols. Si cette hypothèse est vraie, qu'est-ce qu'il faudrait trouver dans le paysage autour de Lixy (que l'on ne voit pas sur la photographie car celle-ci ne donne qu'une petite partie du paysage) pour que les habitants puissent exercer un travail ?

Réponses attendues

Il faut des entreprises, des bureaux, des usines, une plus grande ville dans laquelle on peut trouver du travail, et des routes pour y accéder...

L'enseignant propose alors de vérifier les arguments des élèves en leur distribuant les croquis et la carte de localisation des deux communes.

Remarque : dans le cas où aucune proposition ne permet à l'enseignant de proposer le croquis de localisation, celui-ci sera alors imposé aux élèves.

Un questionnement oral permet aux élèves de s'approprier les documents :

- ▸ De quoi s'agit-il ?
- ▸ Comment peut-on appeler ces documents ?

Résultat attendu

Il s'agit de deux schémas donnant des informations sur les éléments du paysage qui existent à proximité des deux communes, mais que l'on ne voit pas sur les deux photographies.

- ▸ Votre travail consiste à trouver sur les documents cartographiques que je vous ai distribués des informations pouvant expliquer qu'Arboussols perd sa population et que Lixy gagne des habitants. Votre travail sera terminé quand vous aurez listé sur l'affiche du groupe les informations que vous trouverez.

Durée de la recherche : 10 minutes.

Étape 4

Présenter des explications qui s'appuient sur un document géographique

Matériel

Les affiches synthèses des élèves au tableau.

Organisation de la classe

Chaque groupe est représenté par un porte-parole, l'enseignant notant les arguments présentés.

Après chaque présentation des travaux de groupes, l'enseignant reprend le tableau de synthèse de la première séance ; aidé de la classe, il y ajoute les nouvelles informations comme ci-dessous.

Résultat attendu

ARBOUSSOLS	LIXY
• Une population qui a diminué. • Des maisons en mauvais état, délaissées.	• Une population qui augmente. • De nouveaux quartiers appelés lotissement autour d'un centre plus ancien.
• Des cultures en friche. • Une commune loin des grandes villes.	• Des champs cultivés. • Une commune bien reliée aux grandes villes situées à proximité.
• Pas de communication directe avec la grande ville.	• Proche de Paris.

Notion à communiquer aux élèves

Aujourd'hui, il existe en France au moins deux types de campagne. Certains secteurs ruraux voient leur population augmenter régulièrement car ils sont situés à proximité de grandes villes desservies par de grandes voies de communication. On parle du secteur rurbain (mélange entre urbain et rural). En revanche, des secteurs de la campagne sont parfois délaissés car éloignés de grandes villes, mal reliés par de grandes routes. Depuis quelques années, on note cependant que de nouveaux habitants viennent rénover les vieilles bâtisses, apportant ainsi un second souffle à certains villages. ■

Des types de campagne liés à la localisation

Document 4

Années	Nombre d'habitants à Arboussols	Nombre d'habitants à Lixy
1968	101	—
1975	—	226
1982	81	—
1990	80	290
1999	94	345
2005	109	436

Évolution de la population à Arboussols et à Lixy.

Document 5

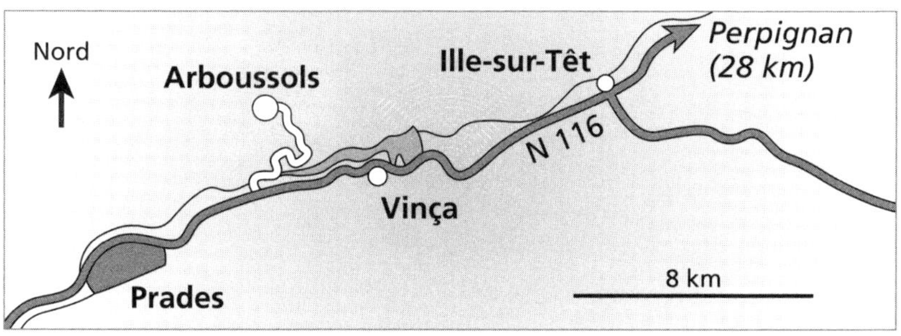

Croquis de localisation d'Arboussols.

Document 6

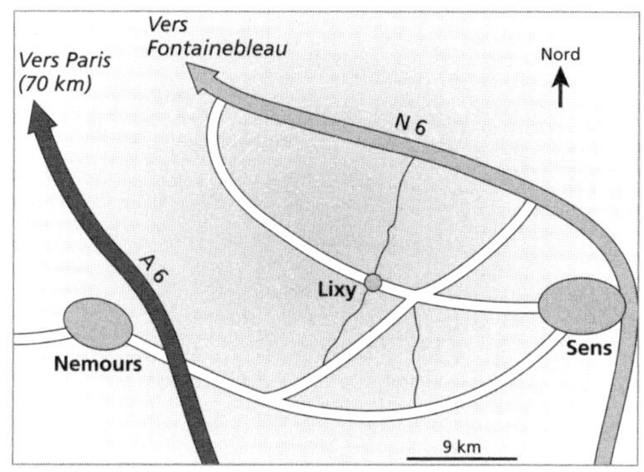

Croquis de localisation de Lixy.

Document 7

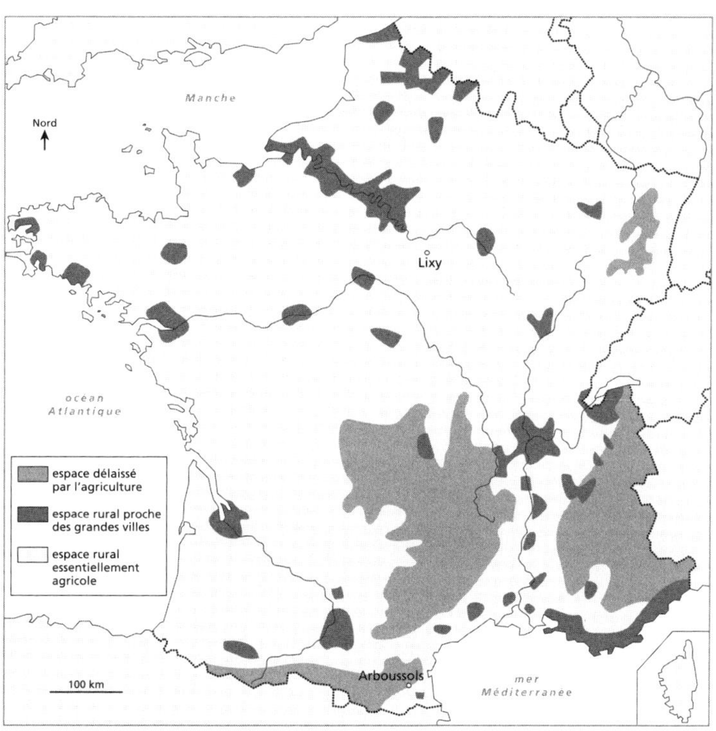

Les grands types d'espaces ruraux.

Séance 3 – Des exploitations agricoles diverses

Compétence disciplinaire
- Appréhender, à travers des exemples concrets et des témoignages, la typologie des exploitations agricoles.

Compétence méthodologique
- Établir une typologie des paysages agricoles et des activités liées à la campagne.

Problématique
À quoi ressemble le paysage agricole en France ?

Lexique : exploitation agricole, bocage, openfield, agriculteur, agriculture, parcelle, habitat regroupé, habitat dispersé.

Matériel
doc. 7 Une carte de la France où sont localisées les deux communes.
doc. 8 Une photographie aérienne d'un bocage.
doc. 9 Une photographie aérienne d'un openfield.
doc. 10 Un témoignage d'agriculteur suivi d'un questionnaire.
doc. 11 Un autre témoignage d'agriculteur suivi d'un questionnaire.

Durée de la séance : 60 minutes.

Étape 1

Présenter sa perception du métier d'agriculteur

Matériel
Une feuille de brouillon par élève.

Organisation de la classe
Travail individuel puis collectif.

L'enseignant fait rappeler aux élèves les éléments qui avaient été perçus lors de l'observation du paysage de Lixy et insiste sur la présence des champs cultivés.
▸ Notez tous les mots que vous connaissez et qui évoquent le métier d'agriculteur.

Après quelques minutes, une mise en commun permet d'aboutir à une liste de mots.

Remarque : les mots et idées répertoriés sur une affiche sont visibles par tous et vont permettre aux élèves d'évaluer ainsi, à la fin de la séance, combien leur représentation du monde agricole était lacunaire, voire stéréotypée. En effet, pour les élèves, l'agriculture est souvent désignée comme une activité peu rémunératrice, ce qui n'est pas forcément vrai. (*cf.* Informations pour l'enseignant, pp. 97-98).

Étape 2

Observer des paysages agricoles et les comparer

Matériel
- Une photographie aérienne d'un paysage bocager (doc. 8, livret couleur p. 19).
- Une photographie aérienne d'un paysage de champs ouverts (doc. 9, livret couleur p. 19).
- Une feuille de brouillon.

Organisation de la classe
Travail par deux, puis collectif.

L'enseignant propose aux élèves de comparer les deux photographies.
▸ Votre travail consiste, par deux, à observer les deux paysages et à noter, sur une feuille partagée en deux colonnes, les éléments des paysages qui se ressemblent et ceux qui ne se ressemblent pas.
Durée de la tâche : 5 minutes.

La mise en commun permet de dégager les similitudes et les différences.

Résultat attendu

Points communs	Différences
• Des champs cultivés	• La taille des champs • Présence d'arbres plantés en haies
• Présence de maisons	• Maisons dispersées sur un paysage, regroupées sur l'autre

Notion à communiquer aux élèves

Les paysages agricoles peuvent prendre différents aspects. Certaines zones agricoles sont constituées de parcelles séparées les unes des autres par des haies, des routes : cette forme paysagère se nomme le bocage.
Pour d'autres espaces agricoles, rien ne limite les champs qui s'étendent à perte de vue : ce sont des champs ouverts, appelés openfields. ■

Problématique posée par l'enseignant :
▸ Nous avons vu que les paysages agricoles pouvaient prendre des aspects différents. Est-ce que cela signifie qu'il y a des différences dans le métier d'agriculteur ?

Étape 3

Distinguer deux types d'exploitants à partir de la lecture de témoignages

Matériel
- Les deux témoignages d'agriculteurs suivi d'un questionnaire (doc. 10 et 11 à photocopier).
- Une affiche synthèse pour quatre.

Organisation de la classe
Travail individuel puis par groupes de quatre.

L'enseignant propose aux élèves les deux témoignages. La classe est divisée en deux grands groupes, chacun travaillant sur un texte.

▶ Vous devez prendre connaissance, individuellement, d'un des deux documents et répondre aux questions qui l'accompagnent. Vous ne disposez que de 15 minutes pour réaliser votre recherche et répondre aux questions.

Remarque : après cette première recherche individuelle, les élèves se regroupent par quatre pour mettre en commun leurs résultats et présenter les informations sur une grande affiche. L'enseignant rappelle à la classe qu'au terme de la recherche, chaque groupe sera en mesure de répondre à la problématique de l'enseignant : le même métier pour tous les agriculteurs ?
Durée de la synthèse à quatre : 10 minutes.

Étape 4

Définir les deux grands types d'exploitation agricole en France

Matériel
Les affiches synthèses des différents groupes.

Organisation de la classe
Travail collectif, puis individuel.

Chaque groupe d'élèves a affiché la synthèse préparée au cours de l'étape précédente. L'enseignant rappelle la problématique qui a conduit à cette recherche. Les porte-parole présentent les réponses au questionnaire. Au fur et à mesure des présentations, l'enseignant note sur le tableau les informations données, en prenant soin de distinguer les deux témoignages.

Résultats attendus
Les informations obtenues permettent de définir deux grands types d'exploitations agricoles : celles très mécanisées, vastes, où l'exploitant se présente comme un véritable chef d'entreprise ; et les petites exploitations qui survivent grâce à des activités qui ne sont pas forcément liées au travail de la terre.

Corrigé (doc. 10)
1. Ce document est un témoignage.
2. Il s'appelle Jacques. Il a 60 ans.
3. Il est agriculteur.
4. C'est une unité de mesure des surfaces qui correspond à 10 000 m^2 (un terrain de football).
5. Il possède 18 hectares.
6. Il cultive des céréales (blé, maïs et orge), du tabac, des tournesols, des haricots verts, des pommes de terre. Il a aussi un verger d'arbres fruitiers, un potager et des animaux en élevage (porcs, poulets, canards, oies).
7. La terre est en jachère quand elle est laissée au repos, qu'elle n'est pas cultivée.

Corrigé (doc. 11)
1. Ce document est un témoignage.
2. Il s'appelle Pierre. Il a 48 ans.
3. Il est agriculteur.
4. C'est une unité de mesure des surfaces qui correspond à 10 000 m^2 (un terrain de football).
5. Il possède 400 hectares.
6. Il cultive des céréales.
7. Il se dit chef d'entreprise parce qu'il passe plus de temps devant son ordinateur que sur un tracteur ; il emploie des ouvriers ; il s'occupe de la coopérative agricole.

Notion à communiquer aux élèves

Les élèves construisent un document synoptique du type suivant :
En France, la campagne, c'est aussi :
Une agriculture avec des exploitations différentes

• De petites exploitations obligées de développer des activités comme les gîtes ruraux pour gagner de l'argent avec les touristes.	• De très grandes exploitations agricoles, très mécanisées.
• Le nombre de ces petites exploitations diminue.	• Un agriculteur qui ressemble à un chef d'entreprise. ■

Évaluation

Compétences évaluées
- Restituer des définitions liées aux paysages ruraux.
- Analyser quelques documents simples pour répondre à un questionnement relatif aux paysages ruraux.

Corrigé
1. Une exploitation agricole : la ferme de l'agriculteur, constituée par les bâtiments, les machines, les animaux et les terres.
2. La jachère : une terre labourée mais pas ensemencée pour la laisser reposer temporairement.
3. Entourer : des villages abandonnés – des exploitations agricoles – des villages qui grandissent – un espace rural – des champs cultivés – un agriculteur.
4. – Vineuil est un village rural car le tableau statistique mentionne la présence d'exploitations agricoles.
   – Vineuil est en développement car sa population augmente, le village attire des habitants.
5. Photo a = bocage – photo b = openfield.

Des exploitations agricoles diverses

Document 10

Jacques, agriculteur dans le Périgord, raconte...

« Je suis né dans ce village il y a 60 ans.
À l'époque, il y avait vingt-cinq fermes dans le village. Il y avait aussi des charretiers, des tonneliers, un maréchal-ferrant et un meunier. Aujourd'hui, nous ne sommes plus que cinq agriculteurs. Nous avons tous plus de 55 ans.
En 1983, j'ai racheté 13 hectares et ma ferme fait 18 hectares aujourd'hui. J'ai 10 hectares en céréales : du blé et du maïs et un peu d'orge. La terre n'est pas très fertile ici et les engrais sont devenus trop chers. Alors je suis revenu à la pratique de la jachère et je laisse la terre se reposer tous les trois ou quatre ans. J'ai aussi 1/2 hectare de tabac, un peu de tournesols, un peu de haricots verts et aussi des pommes de terre. Le reste est en arbres fruitiers. À la ferme, nous avons aussi un grand potager. C'est ma femme qui s'en occupe. Nous avons aussi quelques porcs, des poulets et, bien sûr, des canards et des oies.
La ferme rapporte peu. Il faut rembourser les prêts au Crédit Agricole. Quand on fait les comptes, il nous reste moins de 300 euros par mois...
Nous avons eu deux enfants. Les deux ont le bac. L'aîné est dans l'administration, à Paris. Le cadet a fait une école agricole. Il aimerait bien s'installer, mais c'est dur pour un jeune agriculteur de commencer. En attendant, il nous aide un peu. Il fait la comptabilité et il a transformé une partie de la ferme en gîte rural. Au début, j'étais contre, mais c'est une bonne idée : ça nous procure un peu d'argent et on voit du monde. C'est même un vrai plaisir de montrer la ferme et les animaux aux enfants des Parisiens qui louent tous les étés. Les poulets qu'ils mangent ici ont du goût ! ce n'est pas comme ceux qu'ils achètent au supermarché ! »

1. Comment s'appelle ce type de document ?

....

2. Comment s'appelle le personnage interrogé ? Quel âge a-t-il ?

....

3. Quel métier exerce-t-il ?

....

4. Qu'est-ce qu'un hectare ?

....

5. Combien d'hectares possède-t-il ?

....

6. Quelles sont ses activités agricoles ?

....

7. Qu'est-ce que la jachère ?

....

Des exploitations agricoles diverses

Document 11

Pierre, agriculteur en Champagne, raconte...

« J'ai 48 ans, mon entreprise fait 400 hectares. Je fais des céréales et les rendements sont très bons.
Bien sûr, il faut investir car les engrais coûtent cher et j'en utilise près de 300 kg par hectare. Les machines aussi coûtent cher. En tout, j'en ai pour 450 000 euros. Ma moissonneuse est une des plus modernes que l'on trouve sur le marché. Avec elle, je moissonne 50 hectares par jour. Il faut dire que je suis représentant dans la région d'une grande firme allemande de machines agricoles. Je suis aussi au conseil d'administration de la coopérative. Le résultat de cette mécanisation ? Avec trois salariés agricoles à temps complet et quelques saisonniers, on fait tourner l'exploitation. Je fais aussi de la betterave et de la luzerne. Elle est envoyée à l'usine – il paraît que c'est la plus moderne d'Europe –, elle est traitée et ça sert ensuite comme aliment pour le bétail.
Ma femme a un BTS de comptabilité : c'est elle qui s'occupe de la comptabilité de l'exploitation. Depuis trois ans, j'ai tout informatisé. Comme ça, je sais exactement où j'en suis. Mais cela veut dire que je suis plus souvent dans mon bureau que sur un tracteur.
L'exploitation me rapporte 3 000 euros par mois. Mon travail n'a plus rien à voir avec ce que faisait mon grand-père : lui était paysan, moi, je suis un vrai chef d'entreprise. »

1. Comment s'appelle ce type de document ?

....

2. Comment s'appelle le personnage interrogé ? Quel âge a-t-il ?

....

3. Quel métier fait-il ?

....

4. Qu'est-ce qu'un hectare ?

....

5. Combien d'hectares possède-t-il ?

....

6. Quelles sont ses activités agricoles ?

....

7. Pourquoi dit-il qu'il est un chef d'entreprise ?

....

Les paysages ruraux

1. Qu'est-ce qu'une exploitation agricole ?

....

2. Donne la définition de la jachère.

....

3. Entoure les expressions qui concernent la campagne :

de très grandes villes – des villages abandonnés – des exploitations agricoles –

des villages qui grandissent – un espace rural – des champs cultivés – un agriculteur

4. Observe le document suivant.
Le village de Vineuil appartient-il à la catégorie des villages ruraux ? Pourquoi ?

Tableau de l'évolution de la population de Vineuil depuis 1851						
	1851	**1881**	**1921**	**1955**	**1979**	**1990**
Population	2200	1950	1800	2100	4400	6200
Nombre d'exploitations agricoles				268	88	57

....

....

....

....

....

À ton avis, Vineuil est-il : un village délaissé par sa population **ou** un village en développement ?

Entoure la réponse qui convient et argumente ton choix.

....

....

5. Écris sous chaque photographie le mot qui convient : bocage – openfield.

a

....

b

....

Les littoraux

Informations pour l'enseignant

Quelle définition du littoral ?
Précédé par les mots « bord » ou « rivage », le terme « littoral » n'apparaît en France qu'au XVIIIe siècle. Pendant longtemps, le littoral a été défini comme une limite, la séparation entre terre et mer. « Là, les deux ennemis sont en face : la terre et la mer, l'homme et la nature. [1] » Cette conception linéaire est aujourd'hui remplacée par une définition spatiale : sur le plan physique, le littoral est la zone de balancement des marées. Au plan économique, c'est le lieu des installations portuaires et industrielles, de l'exploitation des ressources liées à la mer, du tourisme balnéaire mais aussi, plus récemment, des risques de pollution. [2] Une délimitation exacte de cet espace reste difficile.

Des mesures imprécises
Il est difficile de mesurer exactement la ligne de côtes à cause de ses nombreuses découpures, de ses îlots et de ses estuaires. Les rivages sont des zones fluctuantes, instables qui évoluent dans l'espace et dans le temps. En partant des cartes au 1/100 000, on calcule que les zones côtières s'étendent actuellement sur 3 830 km en façade occidentale, 1 703 km sur la façade méditerranéenne (soit 5 533 km de côtes métropolitaines). Il faut y ajouter environ 1 450 km pour l'outre-mer.

Typologie des littoraux français
Les paysages côtiers sont extrêmement variés : 35 % des côtes sont sableuses, 40 % rocheuses, 25 % marécageuses. Cette répartition est équilibrée sur la côte atlantique alors que sur la Méditerranée, elle est respectivement de 25, 65 et 10 %.
On peut regrouper les littoraux en trois grandes catégories :
Les côtes rocheuses : falaises du Boulonnais et du pays de Caux, Manche bretonne et Pays basque, parties du rivage méditerranéen au contact de la montagne et de la mer : Côte d'Azur, Côte vermeille, Corse.
Les côtes basses et souvent rectilignes : Flandre maritime, ancien golfe de Picardie, plaine orientale de la Corse entre Solenzara et Bastia, côte des Landes et côte du Languedoc. Les flèches sableuses ont enfermé des étangs et des lagunes. Sur la côte landaise, les étangs, dont le niveau est supérieur à celui de la mer, communiquent entre eux par un courant. Certains sont reliés à la mer par un « boucau », sorte de canal que les alluvions tendent à combler. En Languedoc, les étangs de Thau, Leucate, Bages-Sigean... communiquent avec la mer par des « graus », temporaires ou permanents. Les côtes basses de la mer du Nord subissent depuis longtemps un fort remblaiement. Le delta de Camargue est le résultat du comblement d'un ancien golfe. Il offre un rivage instable avec des lidos, des flèches sableuses à dunes, des cordons d'embouchure. Le travail de nettoyage de la mer équilibre le dépôt alluvionnaire si bien qu'il existe peu d'avancées dans la mer.
Les côtes hétérogènes : Basse-Normandie, Cotentin ; pointe du Raz à la Pointe de Grave, caractérisées par la présence de nombreux marais littoraux.

1. J. Michelet, « Tableau de la France » in Jean-Jacques Bavoux, *Les Littoraux français*, Armand Colin, 1997, p. 2.
2. Voir R. Brunet, R. Ferras, H. Théry, « Littoral », in Reclus, *Les Mots de la géographie, dictionnaire critique*, La documentation française, 1998, p. 303.

Un paysage en constante évolution

Les évolutions du trait de côte

L'érosion côtière est préoccupante pour les communes littorales. C'est d'abord un phénomène naturel : on observe dans le temps des variations sensibles dans le tracé des côtes. Ainsi le cap Ferret s'est-il allongé en deux siècles de plus de 5 km tandis que la côte landaise connaît un recul pouvant aller jusqu'à 1,5 m / an selon les lieux observés ; les falaises du pays de Caux reculent de 30 m en moyenne par siècle par endroits. En Camargue, la Tour de St-Louis, située au XVIIIe siècle à l'embouchure du Rhône, est aujourd'hui à 7 km de la mer.

Les activités humaines participent à cette évolution (construction de barrages, entretien des chenaux de navigation, ouvrages de protection...). Les changements climatiques pourraient jouer un rôle avec l'élévation du niveau marin ; avec l'augmentation de la fréquence et de la violence des tempêtes, une hausse moyenne de 50 cm est prévue, pour l'ensemble des littoraux, au XXIe siècle.

Les écosystèmes littoraux

Carrefour entre les vents, les courants marins et les oiseaux migrateurs, le milieu littoral est riche biologiquement. Mais le patrimoine écologique est fortement affecté à cause de l'empreinte humaine. Ainsi, l'estuaire de la Seine a-t-il perdu plus de 60 % de ses vasières en un siècle ; les trois quarts des dunes ont disparu sur la côte méditerranéenne.

On observe aussi une pollution d'origine animale.

Les pressions humaines sur le littoral

L'urbanisation du littoral est liée au développement du tourisme. On peut parler « d'artificialisation [3] ». C'est la façade méditerranéenne qui connaît le plus fort pourcentage de croissance. Sur les littoraux breton, aquitain, Nord-Pas-de-Calais, Picardie, on constate la création d'aires de loisirs, de ports de plaisance, d'équipements industriels et commerciaux qui favorisent cette artificialisation. Les terres agricoles disparaissent.

Les activités humaines

Le littoral est une zone de production et d'échanges importants :

- La façade atlantique (Gironde) est la plus agricole.
- Les petits établissements industriels sont nombreux.
- Les zones industrialo-portuaires, très vastes, sont localisées à Dunkerque, dans les estuaires de la Basse-Seine, de la Basse-Loire, de la Gironde, dans le delta du Rhône : industries pétrochimiques, raffineries, chimie des engrais, agroalimentaire. Ces zones sont le lieu d'arrivée, de déchargement, de stockage, de traitement et de distribution des matières premières énergétiques importées, comme le charbon, le pétrole, le méthane. Ces industries présentent des dangers certains pour les estuaires, milieux naturels très fragiles.

Des centrales productrices d'électricité y sont implantées : usine marémotrice de la Rance, centrales nucléaires, centrales à combustibles fossiles. Leur aménagement peut modifier la géomorphologie des sites où elles sont installées.

La protection et la gestion du littoral sont confiées au Conservatoire de l'espace littoral et des rivages lacustres, établissement public de l'État, créé en 1975. Il possède actuellement près de 10 % du linéaire côtier de la métropole. Neuf parcs naturels régionaux français ont pour vocation de développer l'économie des régions et veillent à la protection des rivages.

Lexique

Le littoral : zone de contact entre l'océan, ou la mer, et le continent. Le littoral peut avoir plusieurs kilomètres de largeur entre le niveau de la haute mer (marée haute) et celui de la basse mer (marée basse).

La côte : ligne de contact entre la mer et la terre. Elle est parfois droite et régulière (la côte des Landes dans le sud-ouest de la France), parfois irrégulière (côte rocheuse de Bretagne). On trouve différents types de côtes : rocheuses, sableuses, hétérogènes...

L'érosion : attaque des roches et des sols par des agents naturels (l'eau qui ruisselle, la mer, la glace, le vent). L'érosion est responsable de l'évolution des reliefs (affaissements, glissements de terrains, éboulements).

La falaise : muraille rocheuse qui domine la mer. Sa hauteur dépend de celle du relief du continent.

La houle : grosses vagues, lorsque la mer est agitée.

Un chantier naval : lieu du port où sont construits, révisés ou réparés les navires.

Un parc naturel : territoire habité, d'une grande richesse de paysages, de nature et de patrimoine.

Une station balnéaire : agglomération située au bord de la mer et aménagée pour les vacances.

3. Collectif, *L'Environnement en France*, Institut français de l'environnement (IFEN), La Découverte, 1999.

Séance 1 – Les littoraux français : des paysages variés

Compétences disciplinaires
- Définir les éléments du paysage littoral.
- Connaître et localiser les différents types de littoraux en France.

Compétences méthodologiques
- Lire et comparer des photographies de littoraux.
- Localiser sur une carte.

Problématique

Quels sont les éléments qui interviennent dans la définition du littoral ?

Durée de la séance : 70 minutes.

Matériel

Poster 5 Une côte rocheuse en Bretagne : l'île de Groix, dans le Morbihan.
doc. 1 Deux photographies : Une côte dunaire et une côte à lagune.
doc. 2 Une carte de France.
doc. 3 Un croquis à légender.
Une carte de France murale.

Lexique : le littoral, littoral(e), la côte, la mer, l'océan, la falaise, une dune, la plage, le sable, les galets, le cap, la baie, l'île, la presqu'île, la lagune, rocheux, escarpé, sableux, rectiligne, découpé, l'érosion.

Étape 1

Évoquer le littoral : les représentations des élèves

Matériel

Une grande affiche vierge.

Organisation

Travail collectif.

L'enseignant organise une discussion entre les élèves sur leur représentation du littoral. Il note au tableau les idées formulées. Avec l'ensemble de la classe, il identifie les différentes définitions données à partir des mots-clés utilisés (la plage, les bateaux…).

Remarque : toutes les réponses doivent être prises en compte par le maître. Elles correspondent le plus souvent à une définition physique (« c'est la même chose que la côte », une ligne, un trait), économique (« là où sont installés les ports »), fonctionnelle (lieu de la baignade, des jeux de plage).
L'enseignant pourra noter les résultats de cette première synthèse sur une affiche qu'il conservera pour les étapes suivantes.

Étape 2

Observer une côte rocheuse

Matériel
- Une photographie d'une côte rocheuse en Bretagne : l'île de Groix (poster 5).
- Une carte de France murale et/ou la carte du document 2.

Organisation

Travail collectif.

L'enseignant affiche le poster au tableau.
Les élèves identifient le type de document, le type de prise de vue (*il s'agit d'une photographie, d'une vue aérienne*) et le localisent avec l'aide du maître sur la carte de France murale ou sur la carte du document 2.
Ils décrivent collectivement, oralement et de façon spontanée, la photographie.
L'enseignant note les réponses dans le cadre qu'il a préalablement préparé. Il indique le vocabulaire géographique exact.

Ce que je vois	Vocabulaire donné par l'enseignant	Type de côte
– de l'eau – des rochers qui avancent dans la mer – des bateaux ancrés à l'abri des rochers, près de la côte …	la mer, l'océan un cap, un promontoire rocheux, une baie …	rocheuse

Description attendue

Éléments du paysage observé :
- la forme de la côte : découpée, échancrée, abrupte ;
- la nature des matériaux : les rochers ;
- les marques de la présence humaine : on reconnaît des voiliers, peut-être des petits bateaux de pêche au fond de la baie ;
- la végétation : rase, parfois inexistante.

L'enseignant apporte les mots du vocabulaire non cités : le cap, la baie, la lande, l'écume des vagues, les sentiers piétonniers au sommet de la pointe mais aussi au bord de la falaise.

Au cours de cette étape, une première définition du littoral est élaborée, qui associe les divers éléments spatiaux (terre, mer, côte). Une comparaison avec les représentations initiales des élèves peut alors s'effectuer.
Le lexique spécifique des côtes rocheuses est mis en place.

Étape 3

Observer d'autres types de littoraux

Matériel
- Photographies de la côte de la Gironde et de la côte du littoral de l'Hérault (doc. 1, livret couleur p. 20).
- Un tableau par groupe construit sur le modèle ci-dessous :

	Ce que je vois
Photo a	
Photo b	

Organisation de la classe
Travail par groupe de deux élèves.

Chaque groupe observe les deux photographies du document 1.
On définit le type de document et on situe les deux lieux sur la carte de France.
L'enseignant donne alors la consigne de travail :
- ▸ Observez attentivement chacune des deux photographies. Que voit-on sur ces documents ?
- ▸ Quels sont les éléments qui figurent déjà sur le poster ? En quoi ces paysages sont-ils différents ?

Dans le groupe, chaque élève écrit successivement les observations dans le tableau distribué.

La mise en commun se fait collectivement. Le cadre, reproduit au tableau, est renseigné par l'enseignant à partir des réponses des élèves. Comme dans la deuxième étape, le maître apporte les éléments du lexique géographique.

Réponses attendues
Les paysages de Gironde : à gauche du document, une étendue d'eau, l'océan Atlantique. La partie centrale de la photo est occupée par une montagne de sable (la dune du Pilat) sur laquelle on observe des sortes de vagues (ondulations provoquées par le vent). La crête de la dune est parallèle au rivage. À son pied, au second plan de la photo, une vaste zone forestière (la forêt landaise) s'étend jusqu'à l'eau. Elle semble bordée par un liseré blanc qu'on devine être une plage.
Le littoral de l'Hérault : une bande sableuse recouverte par la végétation au premier plan et des constructions (des habitations) au second plan séparent la mer Méditerranée à droite d'une zone d'étangs à gauche. Ceux-ci sont séparés par des plaques de végétation aux contours difficiles à délimiter, des sortes de jetée au fond. Une route longe la plage sableuse tout au long de la flèche. C'est une côte basse.

Au cours de cette étape, on réinvestit les observations faites pour la côte bretonne. La définition du littoral, élaborée précédemment, est précisée, voire affinée : c'est la zone en bordure de mer qui est de nature différente.
On enrichit le lexique avec d'autres mots : la plage, une côte sableuse, un cordon littoral, un étang, une lagune, une dune.

Remarque : on peut demander aux élèves de faire une recherche documentaire sur les caractéristiques de la dune du Pilat.

Étape 4

Définir le littoral et donner une typologie des côtes

Matériel
Les deux tableaux élaborés dans les étapes 2 et 3.

Organisation de la classe
Travail collectif.

À l'aide des tableaux, on compare les éléments des trois paysages.
Il existe des éléments communs aux trois photographies : ce sont les composantes incontournables du paysage littoral (la mer, le trait de côte, la bordure de terre). Elles permettent de le définir et de le différencier de la côte proprement dite. La côte est **une ligne**. Le littoral est **un espace** qui associe les trois éléments cités.
L'enseignant met en relation ces constatations et les représentations initiales des élèves.
À partir des éléments différents, ils définissent une typologie simple des côtes : rocheuses, sableuses et hétérogènes.

Étape 5

Identifier la nature des côtes françaises

Matériel
Une carte murale.

Organisation de la classe
Travail collectif.

Sur la carte murale, les élèves repèrent d'abord le nom des mers et de l'océan qui bordent les côtes françaises sur les façades atlantique et méditerranéenne.

Le maître les note au tableau :

ouest façade atlantique } mer du Nord, Manche, océan Atlantique

sud façade méditerranéenne } mer Méditerranée

Puis l'enseignant indique le type de côte au fur et à mesure en se reportant à la carte suivante :

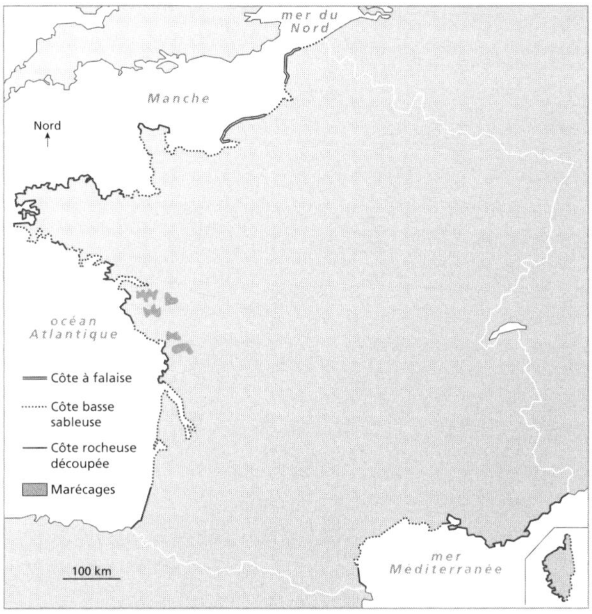

Étape 6

Trace écrite

Matériel

- Une carte de France à légender (doc. 2 à photocopier).
- Deux croquis à légender (doc. 3 à photocopier).

La synthèse comporte trois points :

- La définition du littoral construite en commun.
- Les élèves complètent ensuite, à l'aide du tableau élaboré pendant la leçon, la carte de France (document 2) avec le nom des mers et océan qui bordent les côtes françaises. Ils indiquent également par un point les lieux des photographies observées : l'île de Groix et la dune du Pilat, et par un trait la côte de l'Hérault.

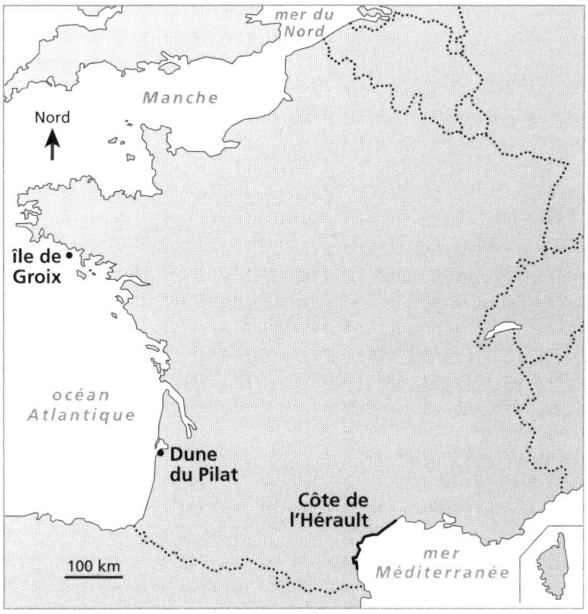

- Avec les mots du lexique étudié, ils légendent les croquis des côtes basse et rocheuse comme indiqué ci-dessous :

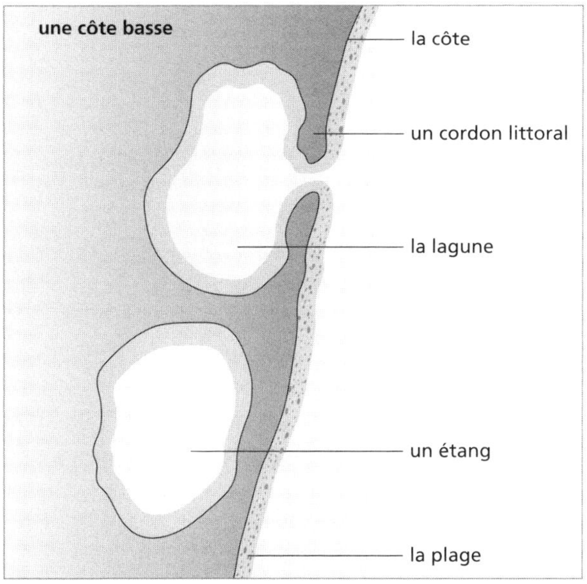

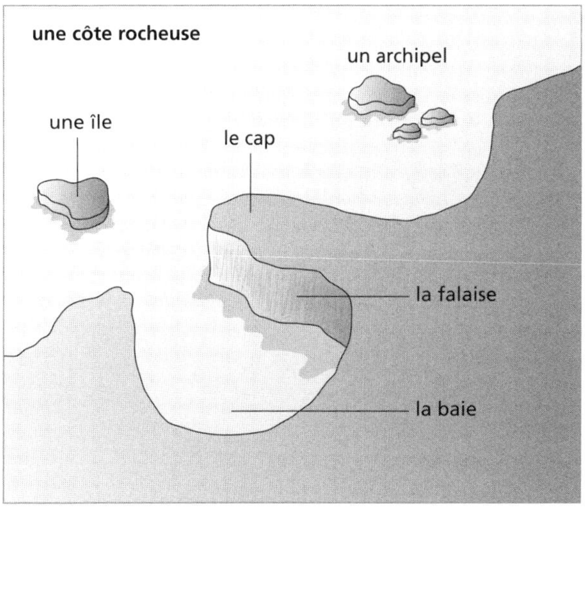

9
Fiche documents

Les littoraux français : des paysages variés

Document 2

1. Écris les noms suivants :
- océan Atlantique,
- mer du Nord,
- Manche,
- mer Méditerranée.

2. Indique par un point :
- l'île de Groix,
- la dune du Pilat.

3. Surligne la côte de l'Hérault.

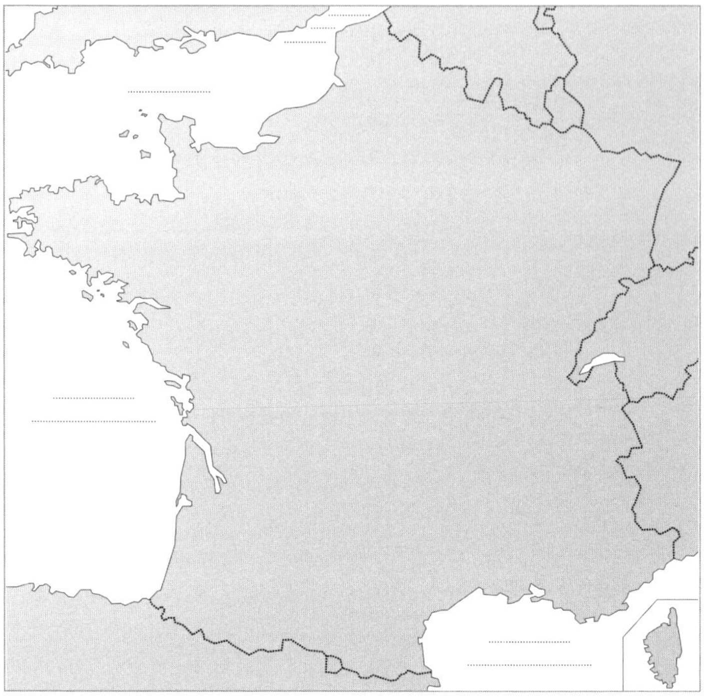

Document 3

Légende le croquis avec les noms suivants : la plage, un étang, la côte, un cordon littoral, la lagune.

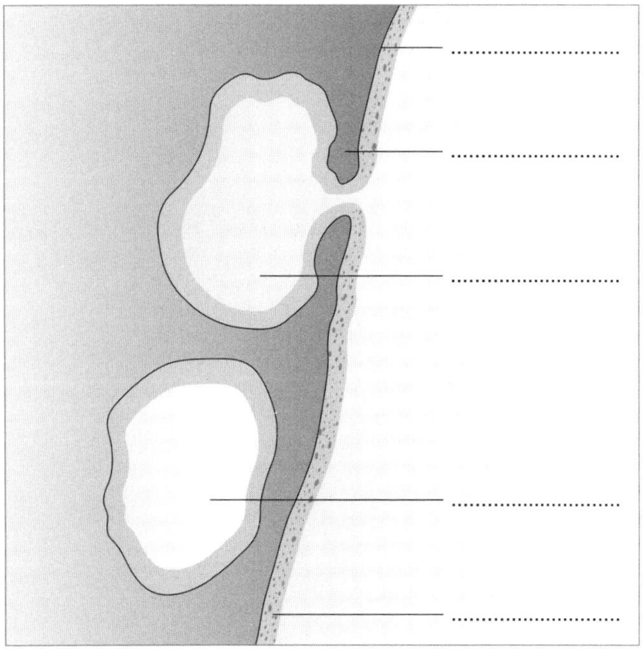

Une côte basse.

Légende le croquis avec les noms suivants : un archipel, la falaise, la baie, le cap, une île.

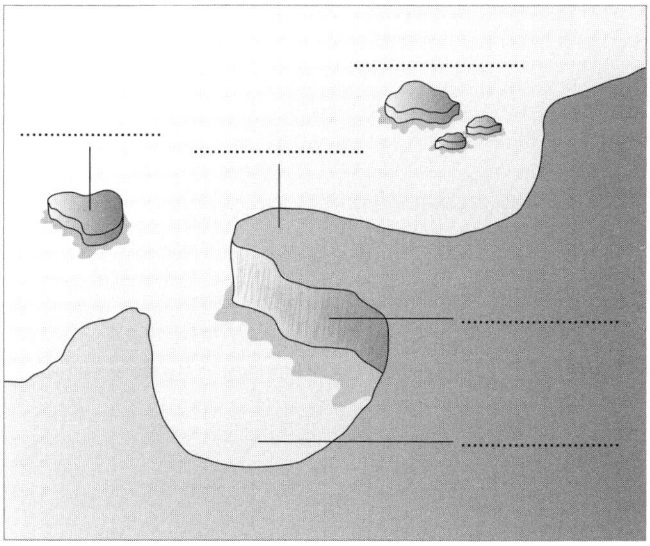

Une côte rocheuse.

Séance 2 – Les littoraux français : des paysages qui évoluent naturellement

Compétences disciplinaires

- Faire prendre conscience aux élèves de l'évolution du paysage littoral.
- Initier à la notion de développement durable.

Compétences méthodologiques

- Comparer de façon critique deux documents.
- Interpréter des photographies.
- Lire une légende.

Problématique

L'homme peut-il intervenir dans l'évolution des littoraux ?

Matériel

doc. 4 Le recul de la falaise d'Ault dans la Somme.
doc. 5 Un texte : « Les conséquences du réchauffement du climat sur les côtes ».
doc. 6 Un fond de carte de France.
doc. 7 Extrait d'une brochure de l'office national de la Chasse et de la Faune sauvage.
Une carte de France murale.
Un atlas.

Lexique : la falaise, la houle, les précipitations, l'érosion.

Durée de la séance : 60 minutes.

Étape 1

Observer le recul des falaises

Matériel

- Le recul de la falaise d'Ault, dans la Somme (doc. 4 à photocopier).
- Une carte murale de France.

Organisation

Travail collectif.

L'enseignant demande à chaque élève d'observer les deux photographies et leur légende respective. Par un questionnement rapide, il s'assure ensuite de la compréhension des documents :

▸ De quels documents s'agit-il ? *Il s'agit de deux cartes postales, de la falaise d'Ault à des époques différentes (1909 et 1934).* Où avez-vous trouvé la réponse ? *Dans la légende.*

On peut alors demander aux élèves de nommer les mots qui l'indiquent.

▸ Quel est le nom du village ? *Ault.* Dans quelle région se trouve-t-il ? *Dans la Somme.*

Le maître situe la Somme sur la carte murale de France.

▸ Que montrent ces deux documents ? *Le bord de mer.* Quel est le plus ancien ? *Le premier.* Combien d'années séparent ces deux photographies ? *25 ans.* Quels sont les éléments qui ont changé ? *Les falaises en bord de mer.*

▸ Quels indices sur le document permettent de comprendre ces changements ?

La classe formule alors des hypothèses pour expliquer la transformation du paysage.

L'enseignant explique le phénomène de recul de la falaise avec le croquis suivant (les élèves le dessineront à l'étape 4, « Trace écrite ») :

Les étapes dans le recul d'une falaise (éboulement)

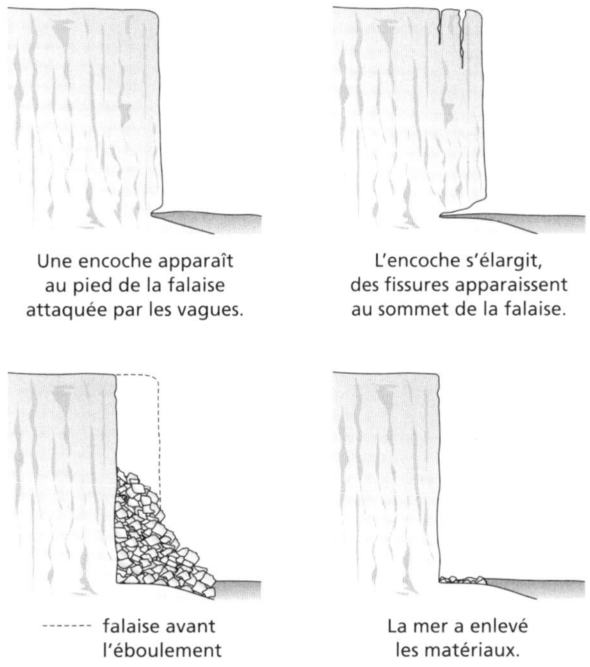

Notion à communiquer aux élèves

On peut expliquer l'évolution des falaises par deux facteurs qui agissent simultanément :

- À la base de la falaise, l'action de la mer : les vagues attaquent la paroi rocheuse à la base ; une encoche se forme, plus ou moins importante en fonction de la dureté de la roche. La falaise se fissure au sommet puis s'écroule. Les courants littoraux transportent ensuite les éboulis. Les vagues poursuivent leur travail de destruction. Les éléments chimiques de l'eau de mer interviennent également. Il faut ajouter le rôle des êtres vivants, animaux et végétaux, qui rongent, perforent… la roche.
- Sur la paroi et au sommet de la falaise : les précipitations, le gel favorisent le ravinement, les glissements, les éboulements.

La nature des roches (roches dures ou tendres), la force des vagues, l'importance des pluies jouent un rôle dans la vitesse de ce recul. ■

Étape 2

Étudier les conséquences du réchauffement climatique sur les côtes

Remarque : ce texte peut être abordé en séance lecture (en liaison avec la maîtrise de la langue).

Matériel

- Le texte : « Les conséquences du réchauffement du climat sur les côtes » (doc. 5 à photocopier).
- Fond de carte de la France (doc. 6 à photocopier).
- Une carte de France murale.

Organisation de la classe

Travail collectif puis individuel.

L'enseignant lit le texte du document 5 à haute voix. Les élèves le relisent silencieusement.
Il fait rappeler les définitions de falaise, d'érosion, de précipitations et de houle.
Puis il demande aux élèves de retrouver dans le texte le nom des régions les plus touchées par l'élévation du niveau de la mer. Elles sont à chaque fois localisées sur la carte murale avec l'aide de l'enseignant.

Les élèves travaillent ensuite individuellement sur le fond de carte (document 6). Avec l'aide de l'enseignant, ils colorient le trait de côte concerné par le réchauffement climatique et indiquent le nom des régions en se reportant à l'atlas. Ils indiquent la légende (voir « Du paysage au croquis d'interprétation », pp. 7-8).

Résultat attendu

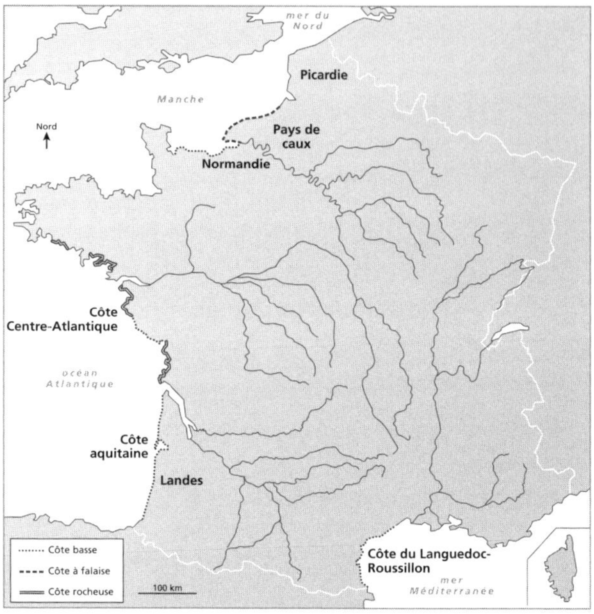

Étape 3

Identifier l'action de l'homme pour lutter contre le recul des littoraux

Matériel

Extrait d'une brochure de l'office national de la Chasse et de la Faune sauvage (doc. 7 à photocopier).

Organisation de la classe

Travail collectif puis individuel.

Le phénomène de recul des littoraux, dont un exemple vient d'être étudié, s'observe sur les côtes françaises mais aussi dans le monde entier. Comment l'homme peut-il contribuer à la protection du littoral ?

Notion à communiquer aux élèves

Il existe en France, depuis 1975, un organisme créé par l'État qui est chargé de la protection du littoral : c'est le Conservatoire national du littoral. Il a pour rôle de protéger les espaces naturels au bord de la mer et de restaurer ceux qui sont endommagés .
Il existe aussi *des réserves naturelles*, créées par l'État en 1976, disséminées partout en France et en particulier sur le littoral. Leur mission est de protéger les plantes, les oiseaux, les fossiles… mais aussi de les faire découvrir au public. ■

Le maître propose aux élèves de se reporter au document 7. Il précise que ces deux pages sont extraites d'un document qui est mis à la disposition des touristes par le ministère de l'Environnement et de l'Agriculture.

- D'où provient ce document ? *De l'office national de la Chasse et de la Faune sauvage.*
- Observez les photographies et le titre de cette brochure. Quels sont les objectifs de cette publication auprès de la population ?

Les élèves émettent des hypothèses ; celles-ci sont notées au tableau.

Les élèves lisent ensuite le texte sur le document.

- Ces hypothèses sont-elles confirmées par le texte ?
- Pourquoi la végétation littorale est-elle précieuse ?
- Quelles consignes doivent respecter les touristes qui se promènent au bord de la mer ?

La classe commente ensuite le code de bonne conduite du visiteur soucieux de préserver le milieu littoral.

Étape 4

Trace écrite

Les élèves construiront la trace écrite autour de trois points :

- la reproduction du schéma sur l'évolution des falaises (*cf.* étape 1) ;
- la carte des régions menacées par le réchauffement climatique (*cf.* étape 2) ;
- la production de logos à partir des consignes données sur la brochure « Respectons le littoral » à propos du respect de la végétation.

Les littoraux français : des paysages qui évoluent naturellement

Document 4

Collection Raymond Regrain

La falaise d'Ault (Somme) avant 1909.

Collection Raymond Regrain

La falaise d'Ault (Somme) avant 1934.

Les littoraux français : des paysages qui évoluent naturellement

Document 5

Les conséquences du réchauffement du climat sur les côtes

En France, actuellement, plus de la moitié de la ligne des plages françaises recule. C'est le cas en particulier dans le Languedoc et le Roussillon. Sur la côte aquitaine, 230 km de côtes sont touchés par ce phénomène. Dans les Landes, la plage peut même reculer de 10 mètres certaines années. En Picardie, les eaux parviennent à grignoter jusqu'à deux mètres par an. Les falaises du pays de Caux reculent, elles aussi, de 20 cm par an.
Avec le réchauffement climatique, les grandes tempêtes sont plus fréquentes, la houle plus forte, le sable est emporté. L'érosion est forte. Cependant, avec une baisse des précipitations et des températures plus élevées, l'éboulement des falaises, prévu par l'élévation du niveau de la mer, serait ralenti.
Les espaces côtiers plus bas, comme ceux de Normandie et la côte centre-atlantique, seraient particulièrement touchés par l'élévation du niveau de la mer.

Document 6

Les régions touchées par le réchauffement climatique

1. **À l'aide d'un atlas, localise les régions touchées par le réchauffement climatique indiquées dans le texte ci-dessus.**

2. **Sur la carte ci-dessous, dessine le type de côte touchée en utilisant les signes de la légende. Écris ensuite le nom des régions.**

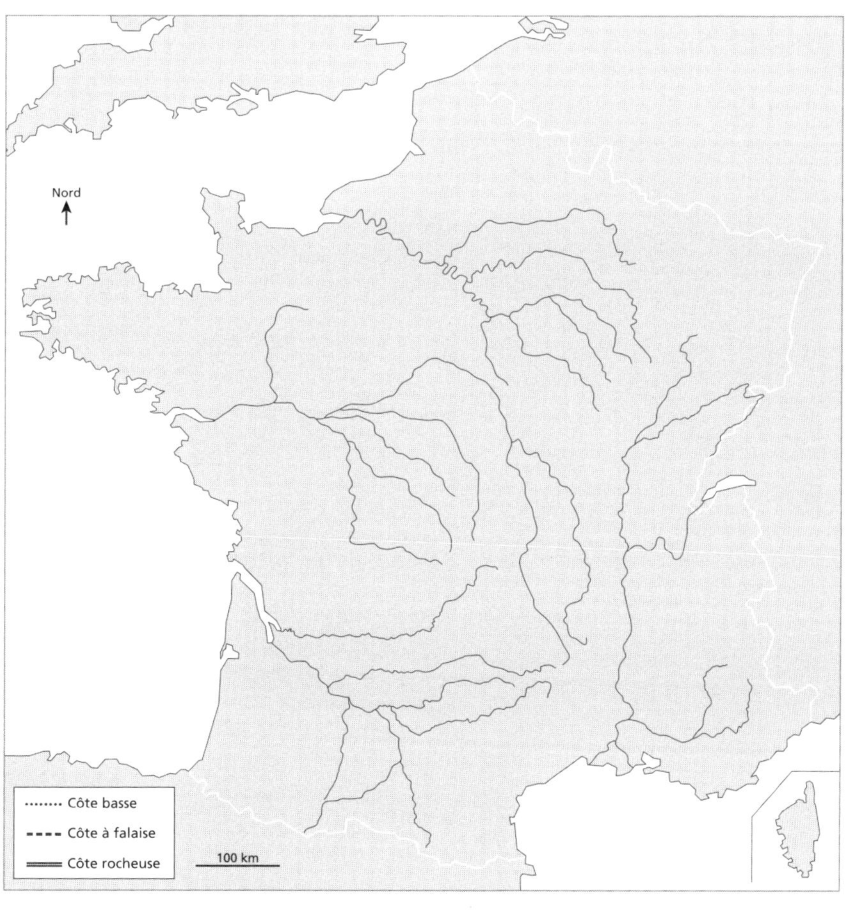

Les littoraux français : des paysages qui évoluent naturellement

Document 7

Extrait d'une brochure de l'office national de la Chasse et de la Faune sauvage.

Séance 3 – Des activités littorales diversifiées

Compétence disciplinaire
- Étudier les activités sur le littoral de la Loire-Atlantique.

Compétences méthodologiques
- Repérer un lieu sur une carte.
- Établir une carte de synthèse avec sa légende.
- Analyser un texte documentaire.
- Prélever des indices dans un document pour compléter un tableau.
- Mettre en relation une photographie et un plan.

Problématique

Quels types d'aménagements nécessitent les activités littorales ?

Lexique : un parc naturel, un chantier naval, un port roulier, le front de mer, une station balnéaire, l'ostréiculture, les marais salants.

Durée de la séance : 70 minutes

Matériel :

Poster 6 Une photographie des salines de Guérande.
doc. 8 Un extrait de la carte IGN des Pays de la Loire.
doc. 9 Une carte vierge du littoral de la Loire-Atlantique.
doc. 10 Un corpus de documents sur l'ensemble portuaire Nantes-Saint-Nazaire :
a) Un texte : « L'ensemble portuaire de Nantes-Saint-Nazaire ».
b) Une photographie de chantiers navals de Saint-Nazaire.
c) Une photographie d'un bateau dans le port roulier de Nantes.
doc. 11 Une photographie de la Baule.
doc. 12 Trois photographies :
a) Le port du Croisic.
b) Le port de la Turballe.
c) Les parcs à huîtres à Mesquer.
doc. 13 Un texte sur Batz-sur-Mer.
Carte de France murale.

Étape 1

Observer la carte du littoral de Loire-Atlantique

Matériel
- L'extrait de la carte IGN des Pays de la Loire (doc. 8 à photocopier).
- La carte du littoral de la Loire-Atlantique vierge (doc. 9 à photocopier).
- La carte de France murale.
- Une grande affiche vierge.

Organisation de la classe
Travail collectif.

Les élèves observent d'abord la carte IGN : elle représente un fragment du littoral atlantique à l'embouchure de la Loire. L'enseignant situe la région sur la carte murale. Puis les élèves repèrent certains éléments : dans les terres, le parc naturel régional de Brière, sur la côte les pointes du Croisic et du Castelli. Ils nomment les principales agglomérations (Saint-Nazaire sur l'estuaire de la Loire ; Pornichet, la Baule-Escoublac, le Pouliguen sur la côte ; Guérande en arrière du littoral), des villes moins importantes (le Croisic, Batz-sur-Mer, la Turballe, Piriac-sur-Mer, Mesquer...), le nom de la côte (la côte d'Amour). À cette occasion, l'enseignant rappelle les définitions d'une pointe, d'un estuaire, d'une baie.

Puis il propose une identification des activités de la région à partir de plusieurs documents. Au fur et à mesure du déroulement des étapes, il complète un tableau synthétique tracé sur une affiche. Les élèves choisissent un pictogramme pour chaque fonction (ex. ☼ pour une station balnéaire) et le reportent ensuite sur la carte. Au fur et à mesure, ils en organisent la légende.

Tableau et carte attendus en fin de séance

Lieu	Situation	Fonction	Pictogrammes
Saint-Nazaire	Estuaire de la Loire	Port industriel, de commerce, de tourisme	▲
la Baule	Côte	Station balnéaire	☼
le Croisic	Côte	Port de pêche et de plaisance, Station balnéaire	Ⓟ ☼
la Turballe	Côte	Port de pêche et de plaisance, Station balnéaire	Ⓟ ☼
Mesquer	Côte	Élevage des huîtres (ostréiculture)	Ⓗ
Guérande	Arrière du littoral	Exploitation du sel	▦
Batz-sur-Mer	Côte	Exploitation du sel, Station balnéaire	▦ ☼

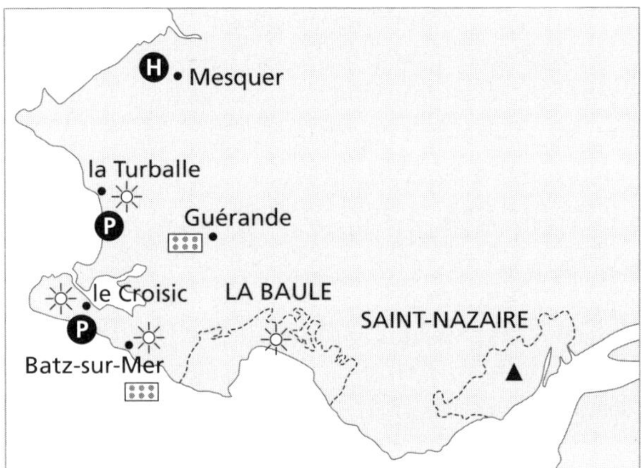

Légende :

LA BAULE Grande agglomération
le Croisic Petite agglomération
☼ Station balnéaire
Ⓟ Port de pêche et de plaisance
▲ Port industriel
▦ Exploitation du sel marin
Ⓗ Élevage des huîtres

Étape 2

Connaître les activités du port de Nantes-Saint-Nazaire

Matériel

– Le corpus de documents sur l'ensemble portuaire Nantes-Saint-Nazaire (doc. 10 à photocopier).
– L'extrait de la carte IGN des Pays de la Loire (doc. 8).
– La carte du littoral de la Loire-Atlantique à compléter (doc. 9).

Organisation de la classe

Travail collectif.

Les élèves lisent le texte et observent les photos. Ils répondent oralement aux questions de l'enseignant :

- Où se situe le port de Saint-Nazaire ? *Sur la rive droite de l'estuaire de la Loire.*
- Est-ce un port important ? *Il occupe la quatrième place des ports français.*
- Quelle est sa particularité ? *Il comprend quatre zones le long de l'estuaire, chacune est spécialisée.*
- Quelle est l'activité des chantiers navals ? *Des bateaux y sont construits ou réparés. La photographie montre le site de Saint-Nazaire avec un bateau révisé dans un bassin. Un portique et des grues sont situés au bord de la zone.*

L'enseignant précise que le pont en arrière-plan est le pont de Saint-Nazaire qui enjambe l'estuaire de la Loire (ce pont est visible sur le document 8).

- En observant la photographie du port de Nantes, expliquez ce qu'est « un port roulier » ? *Un port roulier reçoit des bateaux qui transportent entre autres des véhicules (voitures, remorques, camions) dans leur soute. Sur la photographie, les véhicules, en attente de chargement, stationnent sur un vaste parking.*

À la suite de cette analyse, les élèves complètent le tableau synthétique avec l'enseignant et indiquent Saint-Nazaire sur la carte (doc. 9).

Étape 3

Découvrir les stations littorales

Matériel

– Le cahier de brouillon.
– La photographie de la Baule (doc. 11, livret couleur p. 21).
– Les trois photographies de port en Loire-Atlantique (doc. 12, livret couleur p. 21).
– L'extrait de la carte IGN des Pays de la Loire (doc. 8).

– La carte du littoral de la Loire-Atlantique à compléter (doc. 9).

Organisation de la classe
Travail collectif, puis individuel.

L'enseignant introduit le document 11 en demandant :

▸ Quelle est la ville photographiée ? *la Baule*.

Les élèves repèrent cette ville sur la carte (doc. 8). Ils observent et analysent collectivement la photographie. Ils s'expriment librement, et l'enseignant note les éléments essentiels au tableau : l'océan ; une longue plage qui suit une ligne courbe ; la ville avec des immeubles situés face à la mer, les constructions sont continues tout le long du rivage.
Les élèves déduisent que la fonction essentielle de la Baule est touristique : c'est une station balnéaire. Ils complètent le tableau synthétique et leur carte (doc. 9). L'enseignant ajoute que de Pornichet au Pouliguen, la plage s'étend sur 9 kilomètres.

Les élèves se reportent ensuite aux photographies de la Turballe, du Croisic et de Mesquer (doc. 12). Ils décrivent en quelques mots, sur leur cahier de brouillon, les éléments essentiels de ces documents.

Résultat attendu
Le Croisic est un port avec des bateaux de plaisance ; maisons et commerces bordent le quai.
À la Turballe, des bateaux de pêche sont amarrés au quai. Au premier plan : des caisses empilées remplies de poissons encombrent le quai ; des pêcheurs déchargent leurs casiers.
Sur la photo de Mesquer, on voit en mer, au second plan, des « gradins » de couleur verte : l'enseignant précise que ce sont des parcs à huîtres. Au premier plan, des bateaux à marée basse.

Au cours de la mise en commun, l'enseignant précise que le Croisic et la Turballe sont à la fois des ports de pêche et de plaisance, et des stations balnéaires. Il montre que les trois agglomérations ont des activités tournées vers la mer : la pêche, la plaisance, l'élevage des huîtres (l'ostréiculture). Il indique que la Turballe est le 5e port de pêche français mais le premier pour la sardine et l'anchois. Les élèves complètent le tableau synthétique et leur carte (doc. 9).

Étape 4

Découvrir l'exploitation du sel marin

Matériel
– Le texte sur Batz-sur-Mer (doc. 13 à photocopier).
– La photographie des salines de Guérande (poster 6).
– L'extrait de la carte IGN des Pays de la Loire (doc. 8).
– La carte du littoral de la Loire-Atlantique à compléter (doc. 9).

Organisation de la classe
Travail collectif, puis individuel.

Les élèves lisent les informations données par le document 13, puis répondent oralement aux questions de l'enseignant :

▸ Quelle est l'origine de ce document ?
▸ Quelles informations donne-t-il ?

Réponses attendues
Ce document est fourni par l'office du tourisme de Batz-sur-Mer. Il donne diverses informations sur la ville : l'altitude (rappel de la définition de ce terme) ; le nombre d'habitants ; la desserte ferroviaire (on note que la côte est desservie par le TGV, ce qui facilite la venue des touristes) ; la situation sur la côte ; les sites et promenades touristiques et les sites naturels (on remarque que la plupart ont un rapport direct avec la mer).

Les élèves concluent que cette petite ville est une station balnéaire dont les paysages naturels attirent les touristes. C'est aussi un centre d'exploitation du sel.
Ils repèrent Batz sur le document 8 et complètent le tableau synthétique et leur carte (doc. 9).

Ensuite l'enseignant affiche le poster des marais salants de Guérande. Les élèves l'observent et le décrivent collectivement : c'est un paysage composé de nombreux bassins. Certains ont des formes non géométriques à la couleur verdâtre, d'autres sont rectangulaires, limités par des bords blancs avec des taches blanches centrales. Leur couleur va du bleu vert au brun. Des routes sillonnent cet espace.
L'enseignant donne les précisions suivantes : les marais salants, appelés aussi « salines », s'étendent entre Guérande et Batz-sur-Mer. Le sel y est exploité depuis le IXe siècle. L'eau est retenue dans les *vasières*, bassins construits en argile, où l'eau se décante puis s'évapore. Le sel apparaît alors sous forme de cristaux dans les bassins. Les hommes qui travaillent dans les salines s'appellent des *paludiers*. Guérande est située sur la carte IGN, le tableau et la carte sont renseignés.

Étape 5

Trace écrite

À la fin de ces trois étapes, les élèves constatent la diversité des activités pratiquées sur cette zone peu étendue du littoral atlantique.
La trace écrite comporte :

- Le tableau synthétique et la carte du littoral complétés au cours des différentes étapes (voir p. 124).
- La phrase de synthèse ci-dessus.
- Le vocabulaire spécifique abordé au cours de cette séance.

Évaluation

Compétences évaluées

- Identifier des types de côtes.
- Acquérir des éléments du vocabulaire spécifique des littoraux.
- Comprendre un phénomène naturel : le recul des falaises.
- Mémoriser des actions de protection de la nature.
- Réinvestir, sur un document de même type que celui qui a été étudié dans la leçon, les connaissances acquises sur l'organisation de l'espace portuaire.

Cette évaluation porte sur les trois séances consacrées aux littoraux. Elle constitue une séance à part entière.
L'enseignant explicite la consigne de chaque question avec les élèves, puis leur laisse le temps pour répondre.
Il passe ensuite à la deuxième consigne, etc.
Il semble préférable pour des élèves de première année de cycle 3 de procéder par étape plutôt que de travailler la fiche en autonomie complète après explicitation de toutes les consignes au début du travail.

Corrigé

1. 1re photo : le littoral de l'Hérault = côte à lagune.
2e photo : calanques et îles méditerranéennes = côte rocheuse.
3e photo : Gironde = côte sableuse.

2.

					I									
R	E	C	T	I	L	I	G	N	E		M			
		A			E		A				A			
		P					L	A	G	U	N	E		
				D	U	N	E				C			
							T				H			
							S	A	B	L	E	U	S	E
									A					
									I					
					P	L	A	G	E					

3. Les vagues attaquent le pied de la falaise ; une encoche apparaît. Elle s'élargit. Au sommet de la falaise apparaissent des fissures. La falaise s'écroule. Les éboulis sont emportés par la mer.

4. L'élève les choisit parmi les consignes proposées dans la leçon : rester sur les sentiers balisés – Respecter les plantations – Ne pas franchir les barrières de protection (les ganivelles) – Ne pas cueillir de fleurs – Repérer les espaces protégés indiqués par les panneaux et les respecter…

5. Chantier naval : lieu du port où sont construits, révisés ou réparés les navires.
Station balnéaire : agglomération située au bord de la mer et aménagée pour les vacances.

6.

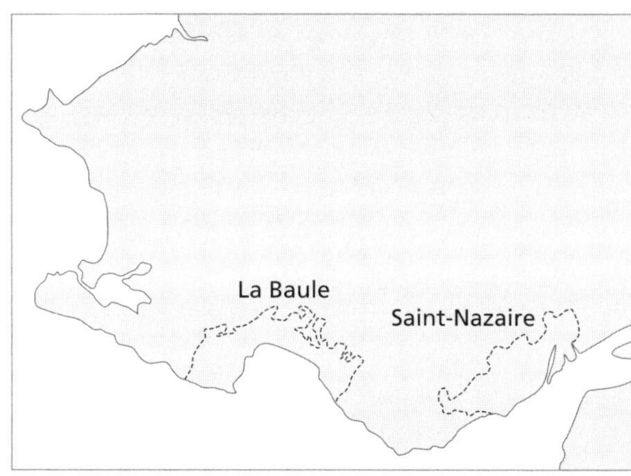

Des activités littorales diversifiées

Document 8

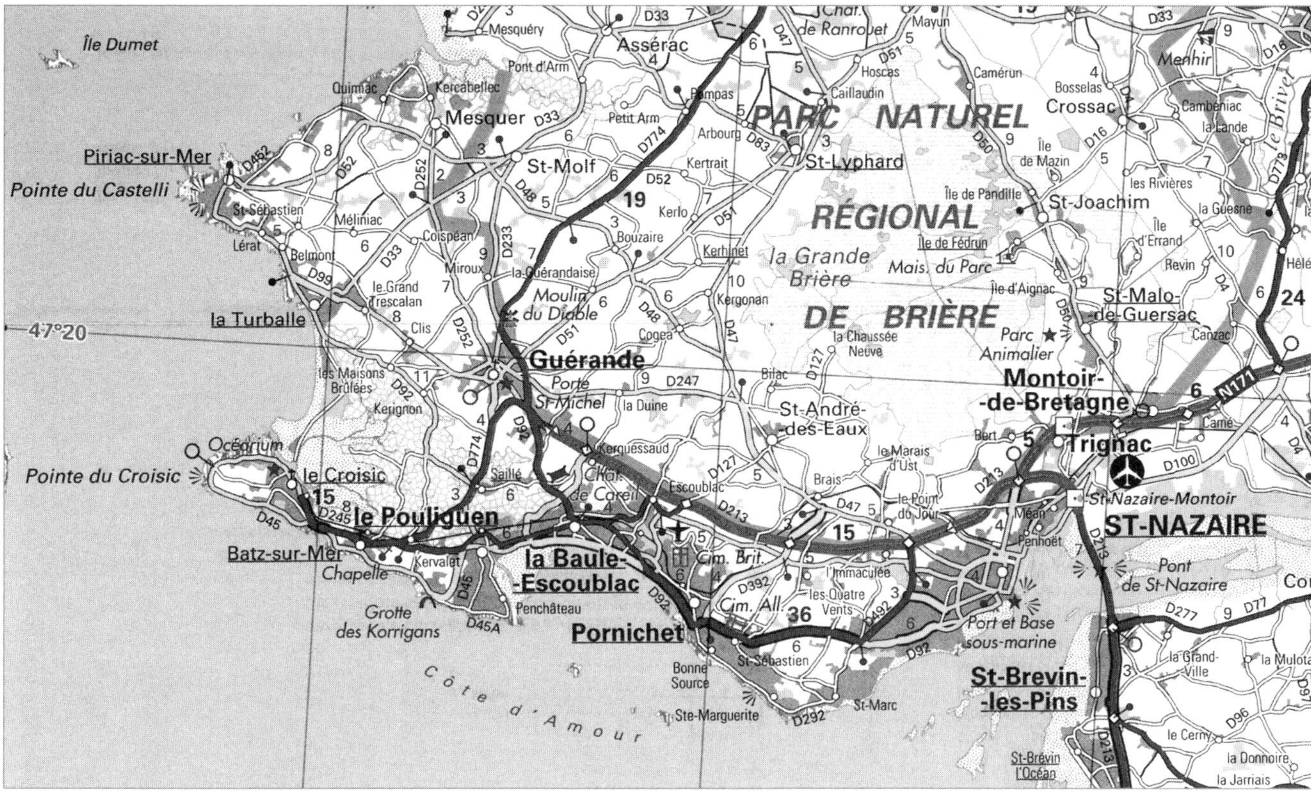

Extrait de la carte IGN des Pays de la Loire (carte régionale IGN R07 – 2007).

Document 9

Littoral de la Loire-Atlantique.

Des activités littorales diversifiées

Document 10

L'ensemble portuaire de Nantes-Saint-Nazaire

Quatrième port autonome français après Marseille, Le Havre et Dunkerque, l'ensemble portuaire de Nantes-Saint-Nazaire est situé sur la rive droite de l'estuaire de la Loire. Il se compose de quatre zones le long de l'estuaire :

1. Le port de *Saint-Nazaire* est un lieu d'importation* de fruits, d'exportations** de céréales, d'huile et de produits sous froid (viandes, produits laitiers). Une grue de 400 tonnes permet de soulever les colis lourds. On y trouve les chantiers navals de l'Atlantique.

2. Le port de *Montoir* est spécialisé dans le transport roulier (camions, voitures, remorques), les marchandises variées, le charbon.

3. Le port de *Donges* importe du pétrole brut avec la raffinerie Total.

4. Le port de *Nantes* est entre autres un port céréalier, un terminal des produits forestiers, un point de départ des croisières.

D'après www.nantes.port.fr.

* Importation : arrivée de produits des pays étrangers.
** Exportation : envoi de produits vers les pays étrangers.

a

© Y. Arthus-Bertrand / Altitude

b **Les chantiers navals de Saint-Nazaire.**

© André Bocquel

c **Le port routier de Nantes.**

Des activités littorales diversifiées

Document 13

Batz-sur-Mer

Situation et accès
Altitude : 0 mètre.
Nombre d'habitants : 3133.
Gare SNCF de Batz (ligne Paris-Le Croisic, TGV)
Station balnéaire située à mi-chemin entre La Baule et Le Croisic.

Sites et itinéraires touristiques
Église Saint-Guénolé.
Promenades sur le sentier des douaniers.
Circuit des marais salants et musée des marais salants.
Sentiers pédestres balisés.
Pont du Diable.

Sites naturels
Marais salants.
Plages Saint-Michel, Valentin et de la Govelle.
Ensemble granitique de la côte sauvage.

Source : Office du tourisme de Batz-sur-Mer.

9
Fiche
ɔcuments

Des activités littorales diversifiées

Document 13

Batz-sur-Mer

Situation et accès
Altitude : 0 mètre.
Nombre d'habitants : 3133.
Gare SNCF de Batz (ligne Paris-Le Croisic, TGV)
Station balnéaire située à mi-chemin entre La Baule et Le Croisic.

Sites et itinéraires touristiques
Église Saint-Guénolé.
Promenades sur le sentier des douaniers.
Circuit des marais salants et musée des marais salants.
Sentiers pédestres balisés.
Pont du Diable.

Sites naturels
Marais salants.
Plages Saint-Michel, Valentin et de la Govelle.
Ensemble granitique de la côte sauvage.

Source : Office du tourisme de Batz-sur-Mer.

Les littoraux

1. Écris sous chaque photographie le nom du type de côte qui convient :

côte rocheuse / côte sableuse / côte à lagune.

....

2. Utilise le vocabulaire étudié pour remplir cette grille de mots croisés.

1. Se dit d'une côte droite.
2. Pointe de terre ou avancée rocheuse dans la mer.
3. Terre entourée par la mer.
4. Cailloux arrondis, polis par l'eau.
5. Mer située entre la mer du Nord et l'océan Atlantique.
6. Étendue d'eau salée entre le cordon littoral et la terre.
7. Accumulation de sable au bord de la mer ou dans le désert.
8. Caractérise une côte constituée de sable.
9. Découpure arrondie du littoral par laquelle la mer pénètre dans la terre.
10. Accumulation de sable ou de galets dans les zones où les vagues s'étalent.

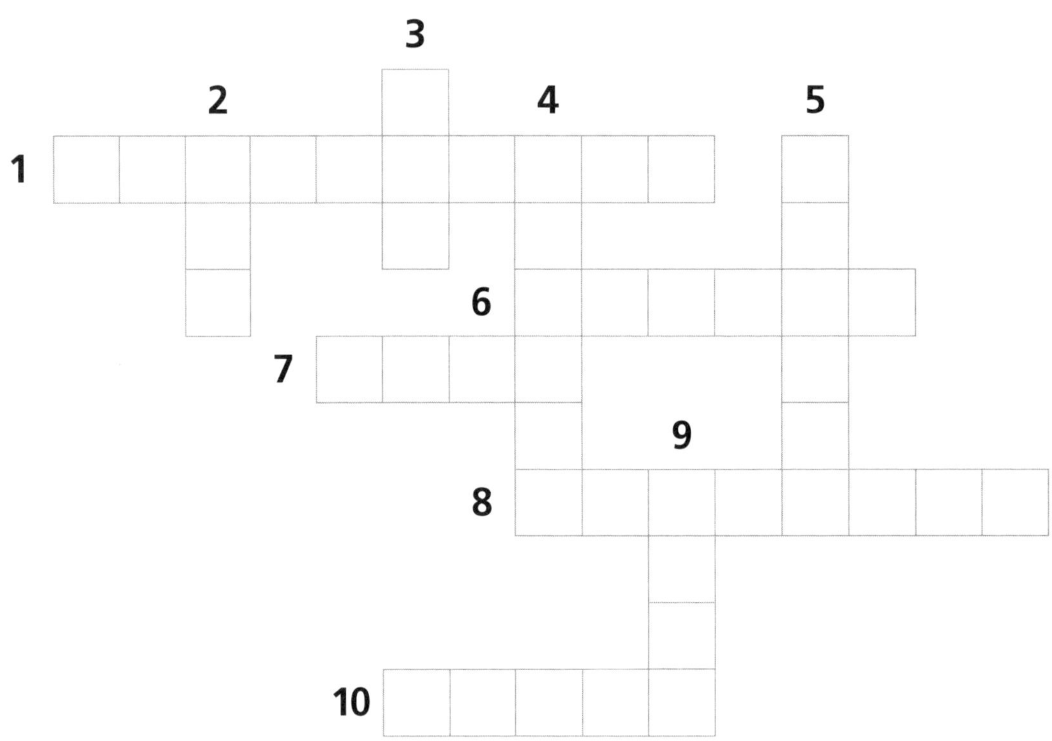

Les littoraux

3. Explique en quelques phrases l'éboulement des falaises.

....

....

....

4. Cite trois recommandations pour protéger le littoral.

....

....

....

5. Donne les définitions suivantes :

- Un chantier naval : ....

....

- Une station balnéaire : ....

....

6. Place la Baule et Saint-Nazaire sur cette carte.

10

Synthèse : la région de l'élève

Informations pour l'enseignant

En cohérence avec les programmes, cette séquence permet de construire une synthèse sur la région de l'école, dans le cadre de la découverte des « réalités géographiques locales à la région où vivent les élèves[1] ». La géographie consiste en effet en l'étude de l'organisation de l'espace par les sociétés et permet de comprendre comment les hommes transforment leurs territoires par leurs activités et pour celles-ci.
Cette séquence nécessite de faire appel aux connaissances acquises lors des neuf séquences précédentes. Lors de la séance 1, l'élève doit restituer et utiliser les acquis des neuf premières séquences pour parvenir à réaliser la carte de sa propre région lors de la séance 2. Cette carte qui ne sera pas parfaite, bien sûr, se veut le reflet des acquis de l'élève. En effet, les programmes de l'école primaire invitent « les élèves à mobiliser leurs connaissances et compétences dans des situations progressivement complexes pour questionner, rechercher et raisonner par eux-mêmes[2] ». Grâce à des situations d'échanges variées, l'élève « apprend à tenir compte des points de vue des autres, à utiliser un vocabulaire précis appartenant à un niveau de la langue courante[3] ». Chaque séance vise à permettre l'expression orale des élèves, à favoriser la communication et le dialogue afin de construire un savoir commun. Les deux séances proposées s'appuient en effet sur l'acquisition du vocabulaire relatif aux cartes, croquis, tableaux. Il s'agit de faire découvrir ce vocabulaire aux élèves par la lecture mais aussi par la réalisation de documents divers.
Les programmes 2008 soulignent que « tous les domaines d'enseignement contribuent au développement et à la précision du vocabulaire des élèves ». Chaque séance de cette séquence offre la possibilité à l'élève de renforcer l'acquisition d'un vocabulaire spécifique lié à son environnement proche, son département, sa région.

Si l'enseignant souhaite approfondir la découverte du territoire national, la démarche proposée dans cette séquence peut être transposée pour l'étude d'une autre région. Dans un premier temps, à l'aide des documents connus des élèves, il s'agira de délimiter le territoire de cette autre région et d'en définir des caractéristiques physiques. Dans un deuxième temps, à l'aide de nouveaux documents (tableaux, graphiques), il s'agira de définir les spécificités de la région, ses atouts, ses activités économiques.
La mise en relation de deux régions françaises très différentes permet de donner aux élèves les connaissances nécessaires pour nommer et comprendre les espaces dans lesquels ils vivent. Cette comparaison est une première ouverture sur le monde à partir de réalités géographiques locales.

1. *Programmes d'enseignement de l'école primaire*, B.O. hors-série, n° 3, 19 juin 2008, p. 25.
2. *Ibid.*, p. 21.
3. *Ibid.*, p. 21.

Retrouvez des fonds de carte de toutes les régions
et tous les départements
sur le site des éditions Retz : www.editions-retz.com.

Séance 1 – Les caractéristiques géographiques de ma région

Compétences disciplinaires
- Connaître les caractéristiques géographiques de sa région.
- Connaître sa région pour comprendre l'organisation du territoire.

Compétences méthodologiques
- Effectuer des recherches sur une carte.
- Localiser sur une carte.
- Lire un tableau.

Problématique

Comment caractériser notre région en France ?

Matériel

Poster 3 Régions et départements français.
doc. 1 Un tableau de synthèse à compléter.
doc. 2 Une carte des régions et départements de France.
doc. 3 Une carte du relief et des principaux cours d'eau en France.

Lexique : région, département, relief.

Durée de la séance : 60 minutes.

Étape 1

Définir les caractéristiques de la région de l'élève

Matériel
- Le cahier de brouillon.
- Une grande affiche vierge.

Organisation de la classe

Travail individuel puis collectif.

L'enseignant annonce aux élèves qu'ils vont définir les caractéristiques de leur région. Il leur demande de rappeler ce qu'ils ont étudié sur les régions françaises lors des séquences précédentes.
Individuellement, les élèves listent sur leur cahier de brouillon les éléments indispensables à la description de leur région.
Durée de la recherche : 5 minutes.
Lors de la mise en commun, l'enseignant note sur une affiche les différents éléments cités par les élèves.

Étape 2

Lire un tableau

Matériel

Le tableau de synthèse à compléter (doc. 1 à photocopier).

Organisation de la classe

Travail collectif.

L'enseignant distribue le document 1 et pose la question :
- ▸ Quelle est la nature de ce document ? *Il s'agit d'un tableau à compléter. Il regroupe les principales informations nécessaires à l'étude de notre région.*

Les élèves lisent le tableau et le comparent à l'affiche réalisée lors de l'étape 1.
- ▸ Dans ce tableau, manque-t-il des informations importantes ?

Les élèves notent ces informations dans les cases blanches situées au bas du tableau.
- ▸ La classe avait-elle tout prévu ?

L'enseignant demande aux élèves quels sont les documents dont ils vont avoir besoin pour remplir ce tableau.
Durée de la recherche : 10 minutes.

Réponses attendues

Pour remplir le tableau, les élèves auront besoin d'une carte des régions et départements français, d'une carte du relief et des cours d'eau en France, des documents étudiés lors des séquences précédentes.

Étape 3

Repérer sa région sur une carte de France

Matériel
- Le tableau à compléter (doc. 1).
- La carte des régions et départements de France (doc. 2 à photocopier).
- La carte collective des régions et départements français (poster 3).

Organisation de la classe

Travail collectif, groupes de 2, puis collectif.

L'enseignant distribue le document 2 et demande aux élèves d'en définir la nature :
- ▸ Quelle est la nature de ce document ? *Il s'agit d'une carte de France avec un découpage du territoire en régions, elles-mêmes divisées en départements.*

Il rappelle aux élèves le travail effectué sur le découpage administratif de la France lors de la séquence 5. Il leur demande de repérer leur région sur la carte de France distribuée, puis de la colorier. La vérification se fait au tableau à l'aide du poster 3. Par groupes de deux, les élèves effectuent une première analyse permettant de noter la situation géographique de la région au sein du territoire national et de relever le nombre de départements qui la composent. Cette analyse permet de remplir le tableau en répondant aux questions 1 à 8.

Étape 4

Relever les caractéristiques géographiques de sa région

Matériel

- Le tableau à compléter (doc. 1).
- La carte des régions et départements de France (doc. 2).
- La carte du relief et des principaux cours d'eau en France (doc. 3 à photocopier).
- La carte collective des régions et départements français (poster 3).
- Le cahier de brouillon.

Organisation de la classe

Travail individuel, par groupes de 2, puis collectif.

L'enseignant distribue le document 3. Il demande aux élèves de situer, sur cette carte du relief, la région où ils vivent. Ils en dessinent le contour à l'aide du document 2.
Puis, par groupe de 2, ils relèvent sur le document le maximum de renseignements sur la géographie de leur région (relief, cours d'eau…). Ils notent ces informations dans leur cahier de brouillon. Ils peuvent évidemment apporter des informations qui ne sont pas sur les deux documents mais qui ont été vues lors des séquences précédentes.

Durée de la recherche : 10 minutes.
Lors de la mise en commun, les élèves remplissent leur tableau en répondant aux questions 9 à 11.

Remarque : après un rappel du travail effectué sur le logo de la région en séquence 5, on peut aussi répondre aux questions 12 et 13.

Étape 5

Synthèse

Matériel

- Le tableau complété (doc. 1).
- La carte des régions et départements de France (doc. 2).
- La carte du relief et des principaux cours d'eau en France (doc. 3).
- La carte collective des régions et départements français (poster 3).
- Le cahier de brouillon.

Organisation de la classe

Travail par groupes de 4.

L'enseignant demande aux groupes de rédiger un court texte reprenant les différentes caractéristiques de leur région.
Durée de la recherche : 15 minutes.

Après une mise en commun, ce texte est rangé dans le cahier de géographie avec les deux cartes et le tableau de synthèse car ces documents serviront au cours de la séance 2.

10
Fiche documents

Les caractéristiques géographiques de ma région

Document 1

QUESTIONS	RÉPONSES
1. Quel est le nom de notre région ?	
2. Où est-elle située en France ?	
3. À quoi doit-elle son nom ?	
4. De combien de départements est-elle composée ?	
5. Quels sont ces départements ?	
6. Dans quel département se situe notre école ?	
7. À quoi ce département doit-il son nom ?	
8. Quels sont les régions ou les pays limitrophes de notre région ?	
9. Quelle est la mer qui borde notre région ?	
10. Quels sont les cours d'eau importants qui traversent notre région ?	
11. Quels éléments du relief trouve-t-on dans notre région ?	
12. Quel est le logo de notre région ?	
13. Que signifie le logo de notre région ?	

10
Fiche documents

Les caractéristiques géographiques de ma région

Document 2

Régions et départements en France.

Les caractéristiques géographiques de ma région

Document 3

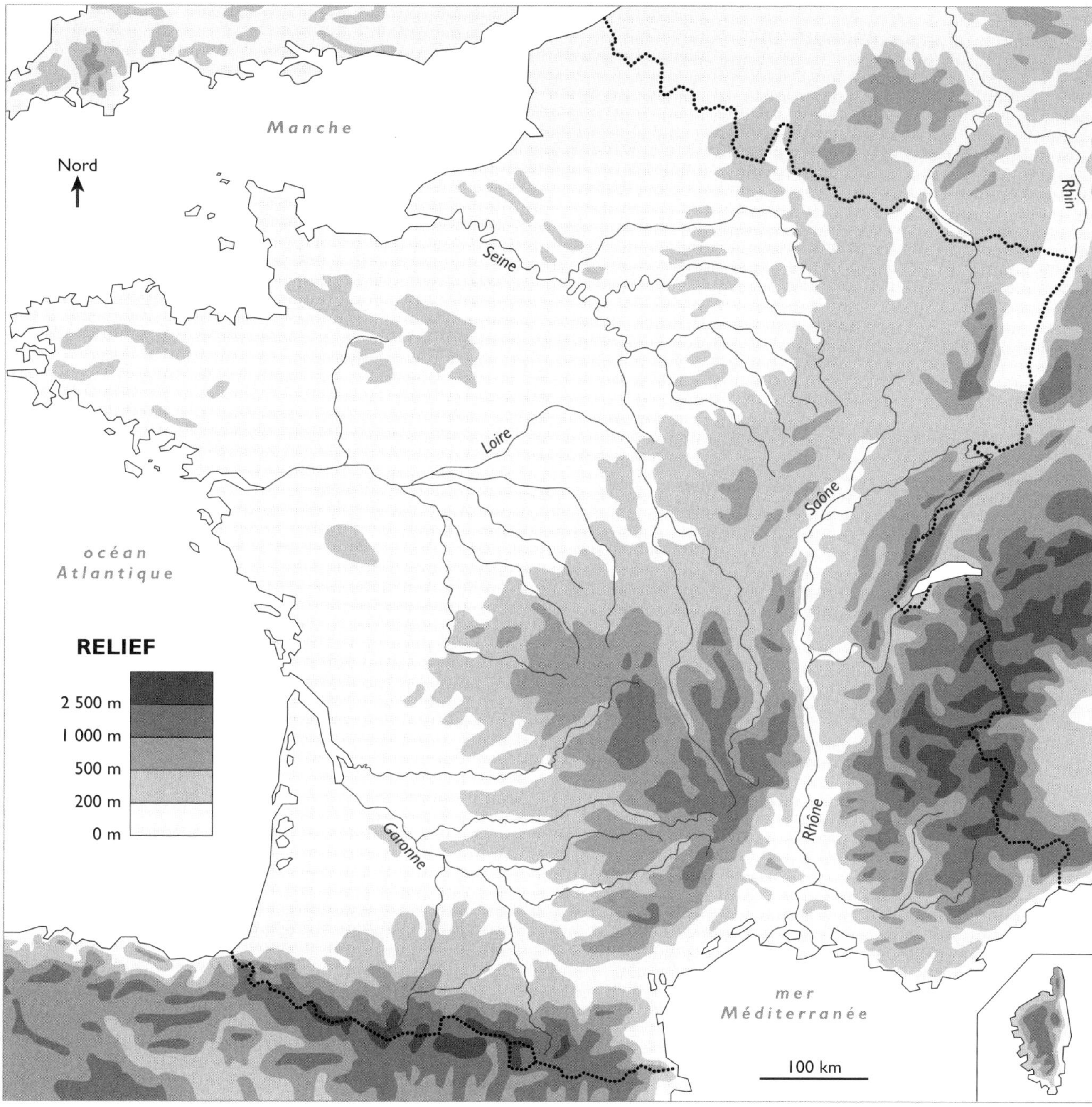

Le relief en France.

Séance 2 – Réaliser la carte de sa région

Compétences disciplinaires
- Connaître les caractéristiques géographiques de sa région.
- Connaître les caractéristiques économiques de sa région.
- Connaître sa région pour comprendre l'organisation du territoire.

Compétences méthodologiques
- Localiser sur une carte.
- Réaliser une carte.

Problématique
Comment réaliser la carte de notre région ?

Matériel
doc. 1 Le tableau de synthèse complété.
doc. 3 La carte du relief et des principaux cours d'eau en France.
Un fond de carte de la région de l'élève.
Ce fond de carte agrandi au format A3.
Carte murale du relief de la France.

Lexique : région, département, relief.

Durée de la séance : 60 minutes.

Étape 1

Lire une carte muette de la région de l'élève

Matériel
- Le fond de carte de la région de l'élève.
- Ce même fond de carte au format A3.

Organisation de la classe
Travail collectif.

L'enseignant explique aux élèves qu'ils vont réaliser la carte de leur région en se servant des informations renseignées dans le tableau (doc. 1 complété). Pour cela, il leur demande de sortir les documents de la séance précédente et il leur distribue le fond de carte de leur région. Ce fond de carte muette doit comporter les limites des départements, les cours d'eau et les principales villes[4]. Il affiche au tableau ce fond de carte au format A3.
L'enseignant demande :
- Quelle est la nature de ce document ? *Il s'agit d'une carte muette.*
- Que représente cette carte ? *C'est la carte de notre région.*
- Que relevez-vous comme informations sur cette carte ? *Les limites de la région, des départements, les villes et les cours d'eau.*

L'enseignant demande aux élèves de noter en titre le nom de la région étudiée, d'écrire sur la carte le nom des cours d'eau et des principales villes, et établit avec eux la légende avec ces premiers éléments. La carte au format A3 reste au tableau pendant toute la séance et est complétée après chaque étape.

Étape 2

Réaliser une carte du relief de la région de l'élève

Matériel
- Le tableau complété (doc. 1).
- La carte du relief et des principaux cours d'eau en France (doc. 3).
- Le fond de carte de la région de l'élève.
- La carte au format A3 complétée par l'enseignant.
- La carte murale du relief de la France.

Organisation de la classe
Travail collectif.

L'enseignant demande aux élèves de reprendre la carte du relief sur laquelle ils ont dessiné les contours de leur région (doc. 3). En comparant cette carte à la carte murale, ils relèvent les caractéristiques du relief de la région : plaine, plateau, moyenne montagne, haute montagne. Ils peuvent éventuellement s'aider du tableau complété en séance 1.
L'enseignant leur demande ensuite de dessiner les contours des différents éléments du relief sur le fond de carte régional, en étant le plus précis possible, même si cette carte sera forcément moins juste qu'une carte réalisée par un cartographe.
Collectivement, on définit un code de couleur pour compléter la carte et la légende. Ce code sera identique à celui rencontré traditionnellement sur les cartes du relief : du vert pour les plaines au marron foncé pour les plus hauts sommets.

4. L'enseignant peut télécharger ce type de carte sur le site Internet des éditions Retz (www.editions-retz.com, rubrique « Télécharger ») ; ou trouver divers types de cartes sur le site http://histgeo.ac-aix-marseille.fr/carto/index.htm.

Pour les régions proches du littoral, les élèves indiquent sur leur carte le type de côte (à lagune, rocheuse, sableuse) et complètent la légende.

Les élèves réalisent leur carte sous le guidage de l'enseignant qui complète le fond de carte au format A3, au fur et à mesure.

Étape 3

Réaliser une carte économique de la région de l'élève

Matériel

- Le tableau complété (doc. 1).
- La carte de la région de l'élève complétée.
- La carte au format A3 complétée par l'enseignant.
- Une feuille de calque par élève.

Organisation de la classe
Travail collectif.

L'enseignant demande aux élèves de placer la feuille de calque sur la carte réalisée précédemment et de la fixer par un point de colle. Les élèves dessinent le contour de la région et les points indiquant les principales villes ; ils notent le nom de ces villes.
Ensuite, sous le guidage de l'enseignant, les élèves notent, sur leur calque, les « points forts » de leur région afin de faire apparaître les principales activités économiques. Cela peut se faire en interrogeant les élèves mais aussi en leur indiquant de manière plus directe. Le tableau de synthèse peut être utile si les élèves ont relevé des questions concernant les activités économiques.
La légende est établie collectivement. Cette légende permet de donner quelques précisions sur ces « points forts » : zone industrielle, usine, zone touristique…

Étape 4

Ajouter les axes de communication

Matériel

- La carte de la région de l'élève complétée.
- La carte au format A3 complétée par l'enseignant.

Organisation de la classe
Travail collectif.

Après un bref rappel de ce qui a été étudié lors de la séquence 4, l'enseignant indique sur la carte au format A3, les principaux axes de communication de la région ; au fur et à mesure, les élèves notent ces informations sur leur calque. Pour finir leur carte, les élèves complètent la légende.

Étape 5

Trace écrite

Pour l'ensemble de la séquence, elle comporte :

- la carte des régions et départements de France où la région de l'école est coloriée (doc. 2) ;
- la carte du relief et des principaux cours d'eau en France sur laquelle l'élève a reproduit les contours de sa région (doc. 3) ;
- le tableau et la synthèse réalisés en séance 1 ;
- la carte du relief de la région de l'élève construite à partir du fond de carte ;
- la carte économique de la région réalisée sur calque.

Tous ces documents sont réunis dans le cahier de géographie.

11

L'eau : besoins et traitement

Informations pour l'enseignant

Les programmes de géographie de juin 2008 pour le cycle 3 mentionnent l'étude de l'eau dans la commune « en relation avec le programme de sciences expérimentales et de technologie[1] ».
En France, la pénurie d'eau n'est pas encore une menace pour le pays si on la compare à d'autres régions du monde. Chaque village, chaque ville disposent d'un approvisionnement. « De la source au réservoir, de la station de traitement aux canalisations, la présence de l'eau nécessite la mise en place d'une diversité de structures qui, reliées entre elles, forment un réseau.[2] » La fonction des communes est de gérer au mieux cette ressource qui se raréfie : elles ont pour mission de produire une eau de qualité, d'éviter les gaspillages et d'assurer le contrôle des rejets d'eaux usées. À cette fin, nombre d'agglomérations ont mis en place des chartes de l'environnement dans lesquelles l'eau est une priorité.

Les besoins en eau
Ils sont multiples.

Les besoins domestiques concernent la consommation alimentaire mais aussi l'hygiène et le confort dans la maison. Ainsi en France, une personne utilise environ 160 litres d'eau par jour[3]. Il faut signaler que la moyenne mondiale de consommation d'eau est caractérisée par des écarts considérables entre les pays (30 litres en Afrique par personne et par jour contre plus de 400 litres aux États-Unis).

Les besoins des collectivités comme les hôpitaux, les écoles, les espaces verts des communes sont élevés.

Les industries et l'agriculture nécessitent aussi de grandes quantités d'eau. Ainsi, dans le domaine agricole, un hectare de maïs irrigué a des besoins en eau équivalents à la consommation annuelle de 400 personnes. Dans le domaine industriel, dans les centrales nucléaires, le prélèvement d'eau pour le refroidissement est important (plus de la moitié du volume total prélevé)[4].
Au niveau national, l'agriculture utilise environ 68 % de l'eau consommée, l'eau potable en représente 24 %, les industries 5 % et la production énergétique 3 %.

Sur les 34 milliards de m^3 d'eau prélevés chaque année en France, près de 6 milliards de m^3 d'eau potable sont distribués[5], le reste étant réparti entre l'irrigation, la production d'électricité et l'industrie. La consommation individuelle est fonction de la région, du revenu, de l'âge, de l'équipement du logement, de la gestion de l'eau du village, de la ville, voire du quartier. On observe des écarts importants entre les volumes allant de 47 m^3/hab. pour la Guyane à 59 m^3/hab. pour la Picardie, 166 m^3/hab. pour l'Île-de-France et 296 m^3/hab. pour la Réunion. Ces différences ont plusieurs origines. Il faut prendre en compte « la variable climatique » : on consomme davantage d'eau dans le sud en raison des températures plus élevées ; « la variable tourisme » car la consommation

1. *Programmes de l'enseignement primaire*, B.O. hors-série, n° 3, 19 juin 2008, p. 25.
2. *L'eau dans la ville*, BT, 1995, p. 2.
3. www.eaufrance.fr.
4. *État des lieux de l'environnement en France et de son évolution en 2006*, IFEN, p. 201.
5. *Les chiffres de la consommation d'eau en France*, Ministère de l'Écologie, de l'Énergie, du Développement durable et de l'Environnement, mai 2007.

étant calculée seulement en fonction des populations résidentes, elle est surestimée du fait d'une fréquentation touristique élevée ; la variable « territoire » : la consommation en zone urbaine est supérieure à celle d'une zone rurale[6].

Ce sont les eaux souterraines et les eaux de surface qui fournissent l'eau du robinet. Cette eau, prélevée dans les zones où le degré de pureté de l'eau et les réserves sont les plus élevées, est stockée dans des citernes, des châteaux d'eau. En surface, les cours d'eau sont aménagés : des barrages servent de réservoirs d'eau artificiels ; ensuite l'eau est acheminée par des conduites jusqu'au domicile des consommateurs. 98,5 % des Français reçoivent l'eau potable à leur domicile, les 1,5 % restants sont alimentés par des sources ou des puits leur appartenant.
Les nappes phréatiques sont approvisionnées par le ruissellement et l'infiltration de l'eau de pluie. Or, les pratiques agricoles intensives avec l'épandage des lisiers, l'utilisation de substances nocives pour le milieu naturel comme les nitrates, les phosphates ou les engrais, les activités industrielles, l'urbanisation entraînent une pollution de ces eaux souterraines mais aussi des eaux de surface dans lesquelles on constate la présence en excès d'éléments minéraux.
L'accroissement du nombre de citadins a pour conséquence une production sans cesse croissante des eaux usées dont le traitement est nécessaire avant leur retour dans le milieu naturel. La protection des captages ainsi que le traitement des eaux usées s'avèrent donc nécessaires.

Le traitement de l'eau
Non directement consommable, l'eau brute doit subir un traitement qui répond aux normes de la réglementation afin de devenir potable : il s'agit d'éliminer les éléments grossiers puis plus fins et de la rendre propre. Ces traitements sont plus ou moins complexes en fonction de la qualité première de l'eau : ils vont du type A1 (traitement physique simple et désinfection) au type A3 (traitement physique, chimique, affinage, désinfection)[7].
Les eaux pluviales sont évacuées grâce à un réseau d'assainissement qui collecte également les eaux usées jusqu'à la station d'épuration où elles subissent un traitement avant de retourner dans le milieu naturel.
Protéger la qualité de l'eau et gérer les ressources à long terme sont deux objectifs essentiels des communes. Les agences de l'eau, créées en 1964, sont chargées de cette protection : il en existe six « correspondant chacune à un bassin versant, c'est-à-dire un territoire dont les eaux suivent toutes une même pente vers la mer[8] ». En 1992, l'eau est déclarée « patrimoine commun de la Nation » par une loi qui déclare que l'utilisation de l'eau dont on est propriétaire ne doit pas être nuisible à la communauté.

L'approvisionnement quantitatif et qualitatif en eau potable, la collecte et le traitement des eaux usées nécessitent des installations particulièrement performantes et coûteuses (12 000 stations de traitement avant la distribution dans les réseaux de collecte et de pompage de plus en plus complexes, 16 000 stations d'épuration des eaux usées avant le rejet dans les cours d'eau). La charge financière en incombe aux communes qui peuvent prendre en charge ces frais avec une régie communale ou qui délèguent ce service à des compagnies spécialisées. En France, elles sont au nombre de trois : Véolia, la Lyonnaise des eaux, Sur International. Ces sociétés françaises privées desservent 76 % des Français en eau potable.

Lexique

Épurer les eaux usées : traiter les eaux usées dans des installations appelées « stations d'épuration », avant de les rendre au milieu naturel.
Pollution de l'eau : altération de l'eau par différents produits qui rendent son utilisation dangereuse. La pollution peut affecter les eaux souterraines (nappes, puits) ou les eaux superficielles (plans d'eau, rivières).
Produire et distribuer de l'eau potable : prélever l'eau, la traiter pour la rendre potable, et la conduire jusqu'au consommateur.
Un réseau d'assainissement : ensemble d'installations qui permet d'éliminer une grande partie de la pollution des eaux usées avant leur retour dans le milieu naturel.

6. « Enquête eau-assainissement 2004 », *Coup d'œil*, n° 105, Agreste Rhône-Alpes (www.agreste.agriculture.gouv.fr), septembre 2008.
7. IFEN.
8. P. Godard, C. Merle, *Une histoire de l'eau. Des origines à nos jours*, Autrement, Histoire Junior, 2006, p. 53 et s.

Gérer l'eau dans l'avenir

Les rejets des stations d'épuration des collectivités polluent les cours d'eau. Les systèmes d'assainissement sont imparfaits et contribuent aux contaminations microbiologiques. 68 % des stations d'épuration des grandes agglomérations ont des normes conformes, cependant l'ensemble des réseaux d'assainissement et d'eau potable risque de devenir vétuste et déficient dans cinquante ans. Le coût de l'épuration augmente. Dans le domaine agricole, de nets progrès sont observés à la suite de nouvelles réglementations qui restent cependant insuffisantes Les problématiques sur l'eau potable, l'assainissement et l'agriculture doivent être révisées à la lumière de l'évolution des connaissances scientifiques actuelles.

Selon les termes de Riccardo Petrella, deux défis sont à relever. Le premier est de *re-prendre soin de l'eau,* de plus en plus rare et précieuse « en passant d'une consommation débridée excessive et dévastatrice à une utilisation saine et raisonnable » (meilleurs systèmes d'irrigation, modification des processus de production industrielle afin de réduire les quantités d'eau utilisées et la production d'eaux usées difficilement recyclables). Le second défi est *d'abandonner la transformation de l'eau en marchandise rare et* [de] *promouvoir le vivre ensemble avec et grâce à l'eau.*[9]

9. Id., *Ibid.*, p. 62 et s.

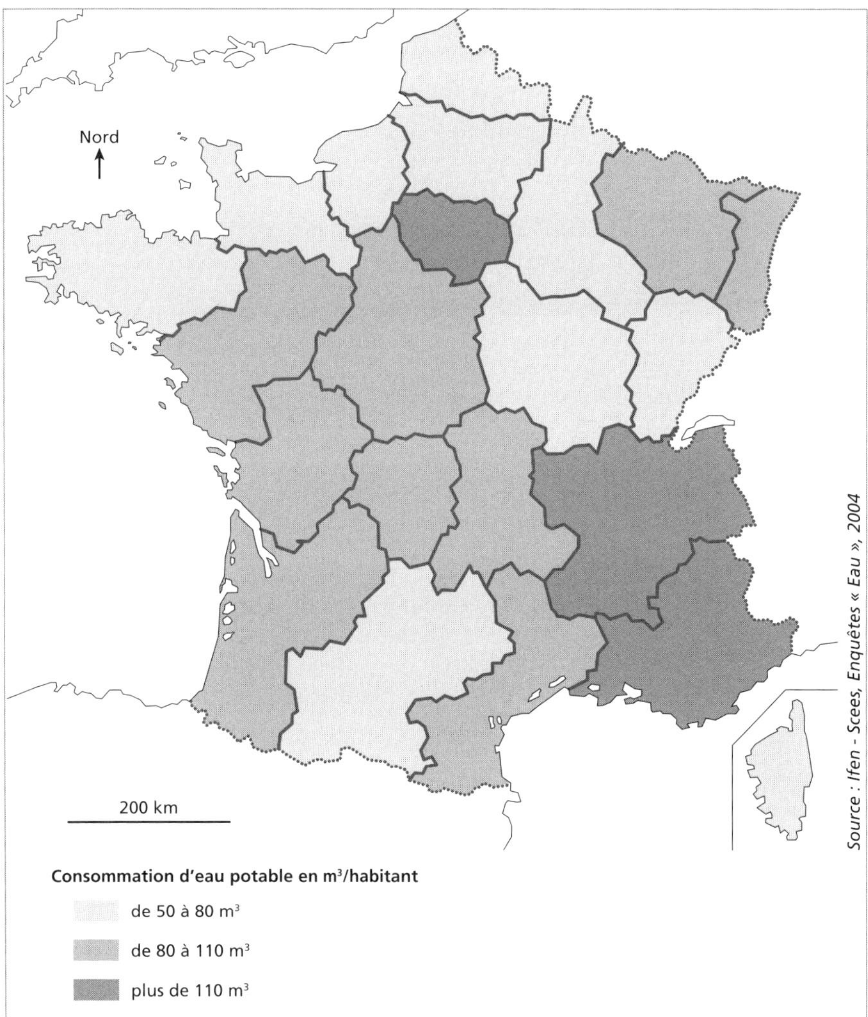

Séance 1 – Les besoins et ressources en eau des communes françaises

Compétences disciplinaires

- Connaître les besoins en eau des communes en France.
- Prendre conscience de la précarité de leurs ressources en eau.

Compétences méthodologiques

- Repérer un lieu sur une carte.
- Lire et analyser une carte.
- Analyser une affiche.

Problématiques

Les besoins en eau des communes sont-ils les mêmes dans les régions françaises ? Les ressources en eau dont disposent les régions sont-elles inépuisables ?

Matériel

doc. 1 Une carte sur la consommation d'eau potable dans les régions françaises.
doc. 2 Une affiche : « L'eau dans le département du Var ».
Un atlas.
Une carte murale de France (ou le poster 3).

Lexique : eau potable.

Durée : 60 minutes.

Étape 1

Rechercher les utilisations de l'eau dans les communes

Organisation de la classe
Travail collectif.

L'enseignant demande aux élèves de réfléchir, en s'appuyant sur leur expérience personnelle, aux besoins en eau dans leur village, leur ville, leur région. Il note toutes les réponses au tableau. Les élèves énumèrent surtout les besoins domestiques, comme la boisson, la cuisine, l'hygiène...
L'enseignant élargit la réflexion au niveau de l'agglomération, des activités agricoles et industrielles. Il met en évidence les différents types d'utilisation en les regroupant par couleur (usages domestiques, usages des collectivités, usages agricoles, usages industriels).

Il interroge ensuite les élèves sur la qualité de l'eau utilisée :
- Selon l'usage, l'eau doit-elle présenter toujours le même degré de pureté ?

Si certains usages comme la boisson nécessitent impérativement une eau dépourvue de toute pollution, d'autres comme le lavage des voitures tolèrent une eau de moins bonne qualité.

Notion à communiquer aux élèves

L'eau fournie à la population des agglomérations est une eau potable, c'est-à-dire une eau qui ne présente pas de risque pour la santé. La loi fixe les critères de pureté, définis par le ministère de la Santé. Dans l'agriculture et dans l'industrie, les éleveurs ainsi que de nombreuses entreprises comme les industries agroalimentaires (celles qui transforment les produits agricoles pour l'alimentation) utilisent de l'eau qui doit être de bonne qualité. En raison de la sécurité alimentaire qu'elles doivent respecter, l'eau utilisée doit être conforme à la réglementation. Ce sont les communes qui ont pour mission de fournir cette eau potable. ■

Étape 2

Connaître la consommation d'eau potable dans les régions françaises

Matériel
- La carte sur la consommation d'eau potable dans les régions françaises (doc. 1, livret couleur p. 22).
- Des atlas (ou le poster 3).
- Le cahier de brouillon.

Organisation de la classe
Travail collectif, puis en binômes.

Pour montrer la disparité de la consommation d'eau potable en France, l'enseignant distribue aux élèves le document 1. Afin de bien lire cette carte, les élèves se reportent d'abord à sa légende. L'enseignant en rappelle le rôle : la légende permet de comprendre les informations données par la carte ; ici les trois couleurs utilisées correspondent

à trois niveaux de consommations d'eau : plus la couleur est foncée, plus la région consomme d'eau. L'unité de mesure utilisée est le mètre cube (m^3) ; il représente le volume d'eau contenu dans un cube qui aurait un mètre de côté.
Les élèves, en binômes, choisissent une couleur et identifient les régions concernées à l'aide d'un atlas ou du poster 3. Ils émettent des hypothèses sur les raisons du niveau de consommation d'eau (élevé, moyen, faible).
Lors de la mise en commun, l'enseignant reporte les réponses dans un tableau de synthèse, que les élèves copient dans leur cahier de géographie.

Tableau attendu

Consommation d'eau potable par année	Régions concernée	Caractéristiques
Forte Plus de 110 m^3	**3 régions :** Île-de-France Rhône-Alpes Provence-Alpes-Côte d'Azur	Forte population urbaine. Régions industrielles. Régions touristiques. Irrigation des cultures. Climat plus chaud.
Moyenne 80 à 110 m^3	**Nord ouest de la France :** Alsace Lorraine **Des régions au centre et à l'ouest :** Centre Pays de la Loire Poitou-Charentes Limousin Auvergne Aquitaine **Une région méditerranéenne :** Languedoc Roussillon	Absence de grandes agglomérations. Régions d'élevage (comme le Limousin). Irrigation des cultures (maïs en Aquitaine, par exemple). Régions touristiques.
Faible 50 à 80 m^3	**Régions dans la moitié nord :** Bretagne Basse-Normandie Haute-Normandie Picardie, Nord-Pas-de-Calais Champagne-Ardenne Bourgogne. **Régions dans la moitié sud :** Midi-Pyrénées Corse.	Régions faibles consommatrices surtout dans la moitié nord de la France sauf la Corse et la région Midi-Pyrénées.

L'enseignant apporte des informations supplémentaires sur les régions qui consomment beaucoup d'eau : la population urbaine y est très forte ; ce sont les régions industrielles ou touristiques qui connaissent une augmentation saisonnière de leur population ; mais aussi les régions agricoles comme celles du sud-ouest ou du centre qui pratiquent l'irrigation des cultures. Ainsi, la consommation est plus élevée dans la moitié sud du pays (températures plus élevées, tourisme littoral).

Notion à communiquer aux élèves

Les élèves retiendront que la consommation en eau potable varie en fonction des régions. Leur industrialisation, l'urbanisation ou la fréquentation touristique peuvent expliquer une forte consommation. Ce sont surtout les régions plus chaudes situées au sud de la France qui ont les besoins les plus élevés à cause du climat, du tourisme, de l'irrigation des cultures. ■

Étape 3

Poser le problème de la fragilité des ressources en eau dans certaines régions françaises

Matériel
- L'affiche « L'eau dans le Var » (doc. 2, livret couleur p. 22).
- La carte murale de France (ou le poster 3).

Organisation de la classe
Travail collectif.

L'enseignant précise que, pour la majorité des communes, l'eau est issue des ressources souterraines (les nappes). Toutefois, l'alimentation peut aussi provenir des lacs et des rivières, ou des deux origines : souterraine et superficielle.
Il soumet alors la problématique suivante :
▸ Les ressources en eau des communes sont-elles abondantes dans toutes les régions ?

Pour y apporter une réponse, il distribue aux élèves le document 2 et leur demande de décrire les éléments qui le composent, et d'exprimer ce qu'évoque, pour eux, cette affiche. Lors de cette analyse, il apporte des renseignements complémentaires.

Résultat attendu

Au centre de l'affiche, un espace coloré rouge, vert et brun, où sont dessinées des gouttes d'eau humanisées (yeux, nez, bouche). L'enseignant précise qu'il s'agit de la carte d'un département français : le Var, qui se trouve au sud-est de la France ; il le situe sur la carte murale (ou sur le poster 3). Sur cette carte du Var, les reliefs sont représentés en brun et rouge, et les plaines en vert.

Un slogan en deux parties encadre la carte du département : « Dans le Var, l'eau est rare. Alors économisons-la ! ». Les traductions de ce slogan en anglais et en italien rappellent que cette région est fréquentée par de nombreux touristes (le Var est proche de l'Italie).

Sur la partie supérieure de l'affiche, le fond représente de l'eau qui coule. Sur la partie basse, le bleu uni évoque la mer. L'enseignant explique qu'il s'agit de l'eau qui coule des reliefs vers la mer Méditerranée qui borde le Var.

Au bas de l'affiche, un numéro de téléphone et un site internet pour obtenir des informations complémentaires, ainsi que deux logos, celui du Conseil Général du Var et celui de la préfecture du Var. Ces éléments renseignent sur l'origine du document.

La classe conclut sur l'intention de cette affiche : le conseil général et la préfecture veulent attirer l'attention sur le manque d'eau en région méditerranéenne. Ils souhaitent sensibiliser la population (et les touristes) sur la nécessité de protéger et d'économiser cette ressource indispensable à la vie. Le maître ajoute que d'autres régions françaises sont aussi menacées par la pénurie d'eau, mais que la consommation ne baisse pas (actuellement, un Européen utilise huit fois plus d'eau douce que ses grands-parents).

Étape 4

Trace écrite

Elle est constituée :

- des principaux usages de l'eau dans les communes avec un exemple pour chacun d'entre eux ;
- de la carte sur la consommation d'eau potable dans les régions françaises et du tableau de synthèse élaboré en étape 2 ;
- de la conclusion de l'étape 3 sur la raréfaction des ressources en eau dans certaines régions françaises face à une consommation en augmentation et la nécessité pour les consommateurs d'adopter un comportement citoyen.

Séance 2 – Le traitement de l'eau

Compétences disciplinaires

- Connaître les actions des communes pour assurer la sécurité et la qualité de l'approvisionnement en eau.
- En observer les conséquences dans l'aménagement des zones habitées.

Compétences méthodologiques

- Analyser un texte documentaire.
- Situer des régions sur la carte de France.
- Se repérer sur un plan et le compléter.
- Mettre en parallèle un texte et un plan.

Problématiques

Comment les communes assurent-elles la qualité de l'eau utilisée ? Comment contribuent-elles ainsi à la protection de la nature ?

Durée de la séance : 60 minutes.

Matériel

doc. 3 Deux extraits de presse avec un tableau à compléter :
a) « La pollution dans la région Nord-Pas-de-Calais ».
b) « Une pollution de rivière dans la région d'Alençon en Normandie ».

doc. 4 Un plan de l'alimentation et du traitement de l'eau dans l'agglomération de Dijon.

doc. 5 Un texte : « Le programme Eauvitale de l'agglomération de Dijon ».

Une carte murale de France (ou le poster 3).

Lexique : pollution de l'eau, épurer, réseau d'assainissement.

Étape 1

Étudier la pollution de l'eau destinée à la consommation

Matériel

- Les deux extraits de presse avec un tableau à compléter (doc. 3 à photocopier).
- La carte murale de France (ou le poster 3).

Organisation de la classe

Travail collectif puis en binômes.

Les élèves lisent les deux textes et répondent aux questions de l'enseignant :

- ▸ Quelle est la nature de ces documents ? *Ce sont deux extraits de presse.*
- ▸ Dans quels journaux sont parus ces articles ? La Voix du Nord *et* Ouest-France.
- ▸ Quelles régions sont concernées ? *Le Nord-Pas-de-Calais et la Basse-Normandie.*

L'enseignant situe ces deux régions sur la carte murale (ou le poster 3).

- ▸ Quel est le thème de chacun de ces textes ? *La pollution de l'eau utilisée par les habitants de la ville.*

Ensuite, chaque binôme choisit un des documents et complète le tableau.

La mise en commun met en évidence l'altération de l'eau potable à cause de la pollution d'une nappe souterraine ou d'une rivière par des agents chimiques. Les élèves identifient les origines de la pollution et indiquent les moyens mis en œuvre par les communes pour protéger les consommateurs (abandon des captages, distribution de bouteilles d'eau).

Lors de cette mise en commun, chaque binôme complète la partie du tableau qu'il n'a pas renseignée.

Résultat attendu

Région / ville	Eau polluée	Origine de la pollution	Conséquences
a. Nord-Pas-de-Calais Lille	Nappe d'eau souterraine	Agriculture (pesticides) Mauvaise gestion de la ville (rues, voies ferrées, habitants)	Certains captages d'eau sont abandonnés.
b. Normandie Alençon	Rivière	Produits chimiques (nitrates…)	Eau du robinet non potable Distribution d'eau en bouteilles

L'enseignant pose alors la problématique suivante :

- ▸ Quels équipements les communes mettent-elles en place pour améliorer la qualité de l'eau ?

Étape 2

Traiter l'eau : l'exemple de l'agglomération de Dijon

Matériel

- Le plan d'alimentation et du traitement de l'eau à Dijon (doc. 4 à photocopier).
- Le texte sur le programme « Eauvitale » de Dijon (doc. 5 à photocopier).
- La carte murale de France.

Organisation de la classe

Travail collectif.

Avec l'aide de l'enseignant, les élèves situent la région Bourgogne et Dijon sur la carte murale. Ils se reportent ensuite au document 4. Dans un premier temps, ils y observent le plan de l'agglomération dijonnaise : en utilisant la légende, ils repèrent l'étendue de la ville de Dijon et les communes de l'agglomération. Ils en nomment quelques-unes (ex : Genlis à l'est, Perrigny-les-Dijon au sud, Fleurey-sur-Ouche à l'ouest ou Ahuy au nord). Ils citent également le nom de la rivière qui traverse Dijon (l'Ouche) ainsi que le nom du canal qui lui est parallèle (le canal de Bourgogne).
Dans un second temps, ils repèrent les sources et les captages dans les nappes souterraines qui alimentent l'agglomération en eau (sources du Suzon, source de Morcueil, captage des Gorgets sur l'Ouche, captage de Poncey-les-Athée sur la Saône). Ils repèrent où sont situés les réservoirs (à l'ouest). L'enseignant précise qu'ils sont construits sur des collines (à l'est, l'altitude de l'agglomération est plus faible).

Ensuite, les élèves lisent le texte et répondent oralement aux questions de l'enseignant :

- ▸ Quel est le nom du programme de la ville de Dijon concernant le traitement de l'eau ? *Eauvitale.*
- ▸ Selon vous, quelle en est la signification ? *L'eau est indispensable à la vie.*
- ▸ Pourquoi ce programme a-t-il été mis en place ? *La nappe souterraine qui alimente la ville en eau est polluée.*
- ▸ Comment l'eau de la nappe souterraine est-elle rendue potable ? *Des équipements ont été installés : deux usines d'eau potable et des systèmes d'alerte.*

Les élèves peuvent surligner la réponse dans le texte.

- ▸ Pourquoi faut-il traiter les eaux usées ? *Pour protéger le milieu naturel.*
- ▸ Quels équipements existent à Dijon ? *Stations d'épuration modernisées, réseau de canalisations, bassins pour dépolluer.*

De nouveau, les élèves surlignent les expressions dans le texte et entourent le nom des quatre villages qui possèdent une station d'épuration des eaux usées.

- ▸ Comment les pertes en eau sont-elles limitées ? *Grâce à un système de repérage des fuites sur les canalisations.*
- ▸ Quelle autre action l'agglomération de Dijon a-t-elle mise en place ? *Elle informe toutes les personnes concernées des dangers de la pollution de l'eau.*

Lors de l'étude de texte, l'enseignant donne les explications et les définitions nécessaires à sa bonne compréhension (une usine d'eau potable, traiter l'eau, les eaux usées, épurer, une station d'épuration).

Un tableau résume les moyens mis en place pour traiter l'eau et réduire la pollution :

Traitement de la nappe souterraine	Usines d'eau potable Systèmes d'alerte de la pollution
Traitement des eaux usées	Station d'épuration Réseau de canalisations Bassins de dépollution
Plan attendu Réduction des fuites d'eau	Système de repérage
Information du public	Les dangers de la pollution

Étape 3

Trace écrite

Elle est constituée :

- de la conclusion de l'étape 1 ;
- du tableau de l'étape 2 ;
- des définitions du vocabulaire étudié au cours de la séquence.

Évaluation

Compétences évaluées
- Connaître le lexique spécifique.
- Situer des lieux sur une carte.
- Savoir restituer des connaissances acquises.

Corrigé

1. Une eau qui ne présente pas de risques pour la santé.

2. a)

b) Forte population urbaine. Régions industrielles. Régions touristiques. Irrigation des cultures. Climat plus chaud.

3. Elle installe des stations d'épuration, des bassins pour la dépollution. Elle construit des réseaux de canalisations, des usines pour rendre l'eau potable. Elle met en place des systèmes pour alerter de la pollution ou pour repérer les fuites d'eau. Elle sensibilise le public aux problèmes de pollution de l'eau.

4.

												d					
										1	C	A	P	T	A	G	E
				b								S					
		a		F			c				2	S	O	U	R	C	E
3	D	E	P	O	L	L	U	E	R			A					
		P		R			S					I					
		U		A			E					N					
		R		G			E					I					
		E		E		4	S	O	U	T	E	R	R	A	I	N	E
		R															

Le traitement de l'eau

Document 3

Pollution de l'eau dans le Nord

L'eau de la région Nord-Pas-de-Calais est-elle plus polluée que celle d'autres régions ? L'eau potable provient en grande partie des nappes d'eau souterraines. Le niveau de celle qui alimente l'agglomération de Lille, trop exploitée, a baissé. De plus, elle est polluée par les produits utilisés pour l'agriculture (les nitrates et les pesticides), dont la quantité augmente dans la nappe d'eau. D'autres causes interviennent, comme la gestion de la voirie, du réseau ferré, des zones urbaines et des particuliers, qui obligent à l'abandon de certains captages*.

D'après *La Voix du Nord*, jeudi 3 mars 2005.

* Un captage : dispositif pour collecter ou pomper l'eau.

a

Alerte à la pollution de l'eau à Alençon

Suite à une pollution de rivière, l'eau du robinet est déclarée non potable dans 12 des 19 communes de la communauté urbaine d'Alençon (Basse-Normandie). Des bouteilles d'eau seront distribuées chaque jour… L'eau n'est pas toxique mais des produits chimiques comme les nitrates ont pollué la rivière. Des risques d'infection sont possibles en cas de consommation de l'eau du robinet. Il est donc interdit de la boire, de cuisiner et de se brosser les dents avec.

D'après *Ouest-France*, mercredi 4 juillet 2007.

b

Choisis un des deux textes. Relis-le et complète le tableau ci-dessous.

Région / ville	Eau polluée	Origine de la pollution	Conséquences
a.	....	....	....
b.	....	....	....

Le traitement de l'eau

Document 4

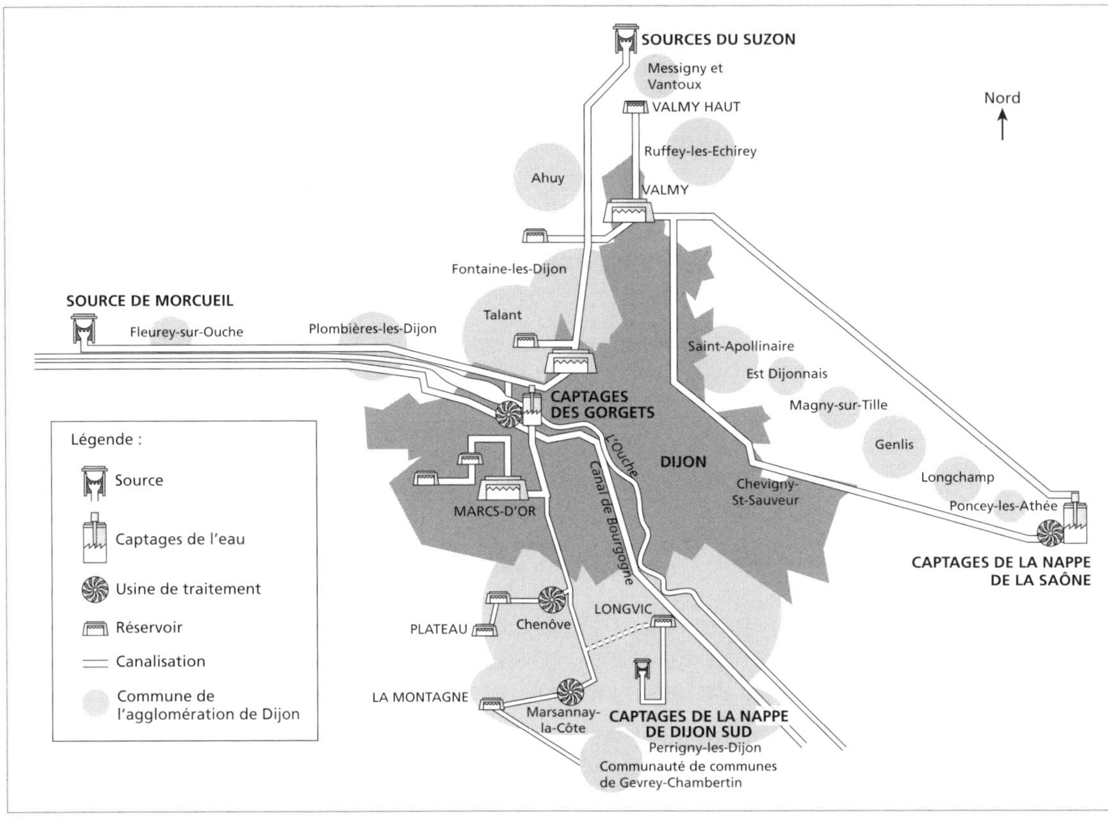

Alimentation et traitement de l'eau dans l'agglomération de Dijon.

Document 5

Le programme « Eauvitale » de l'agglomération de Dijon

L'utilisation de produits polluants dans l'agriculture, la culture de la vigne (la viticulture) et l'industrie ont rendu la nappe souterraine qui alimente en eau la ville de Dijon très fragile… Des équipements pour traiter l'eau de cette nappe ont donc été mis en place :

– Deux usines d'eau potable à Chenôve et à Marsannay, équipées d'un filtre à charbon actif qui retient les pesticides.

– Des systèmes d'alerte à la pollution. Vers Marsannay-la-Côte, des forages* ont été creusés. Des pompes alimentent en eau des appareils d'analyse pour détecter les produits dangereux. En cas de pollution de l'eau, celle-ci sera stoppée. L'eau polluée sera traitée et rejoindra le milieu naturel.

Par ailleurs, les eaux usées sont traitées par quatre stations d'épuration à Dijon-Longvic, Chevigny-Saint-Sauveur, Ouges et Gevrey-Chambertin puis rejetées dans le contre-canal de Bourgogne et dans l'Ouche. Ces stations ont été modernisées pour mieux contribuer à la protection de la nature et lui rendre une eau propre.

Un réseau de canalisations et des bassins pour dépolluer les eaux de pluie ont été installés, de même qu'un système pour repérer rapidement les fuites sur les canalisations et éviter les pertes inutiles d'eau.

Un programme d'information sur les dangers de la pollution de l'eau a été mis en place pour les habitants, les agriculteurs et les industriels.

D'après *Le Grand Dijon*, site de l'agglomération dijonnaise : www.grand-dijon.fr.

* Un forage : former un trou en creusant.

11 Fiche évaluation L'eau : besoins et traitement

1. **Donne la définition de l'eau potable.**

....

2. **a) Sur cette carte de France, colorie les trois régions qui consomment une grande quantité d'eau potable.**

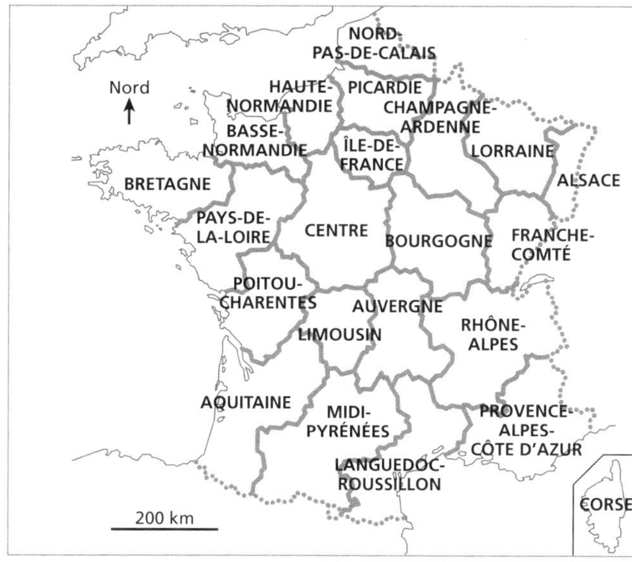

b) Explique pourquoi ces régions consomment beaucoup d'eau.

....

....

3. **Que fait une ville pour traiter les eaux usées ?**

....

....

4. **Complète cette grille de mots croisés à l'aide des définitions suivantes.**

Horizontalement

1. Dispositif pour pomper l'eau.
2. Eau qui sort de terre et qui donne naissance à un cours d'eau.
3. Enlever la pollution.
4. Nappe d'eau sous la terre.

Verticalement

a. Rendre l'eau pure.
b. Fait de former un trou en creusant.
c. Eaux utilisées.
d. Rendre l'eau plus propre.

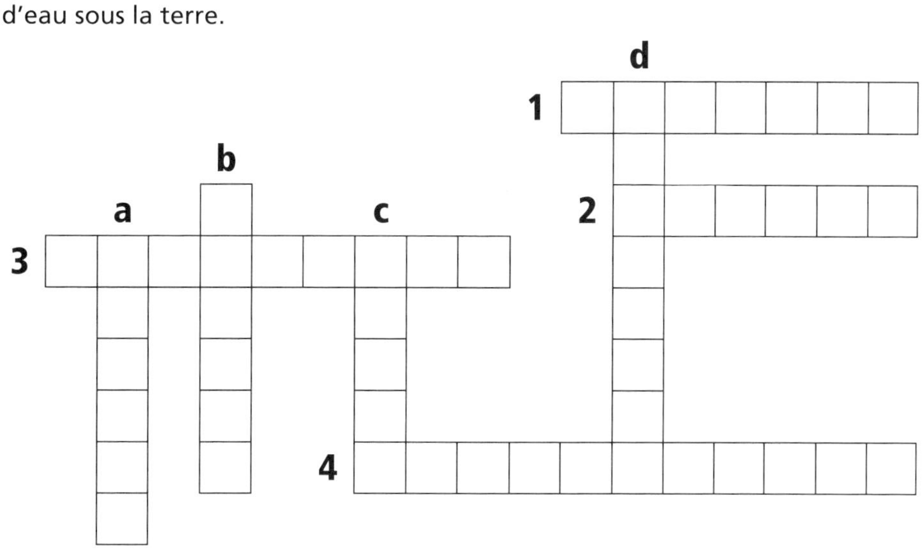

12

Les déchets : réduction et recyclage

Informations pour l'enseignant

Petite histoire des déchets[1]

Les déchets ont une importance dans la connaissance des civilisations. Par exemples, les hommes préhistoriques laissaient les restes de nourriture à l'endroit même où ils mangeaient ; dans l'Antiquité, les Grecs emportaient les déchets hors de la ville ; au Moyen Âge, les habitants jetaient leurs déchets, excréments, carcasses d'animaux dans la rue ou les rivières. Cela dure jusqu'à l'apparition des réseaux d'eau potable et du tout-à-l'égout au XIXe siècle. En 1884, Eugène Poubelle, préfet de la Seine, ordonne le dépôt des ordures ménagères dans des récipients spéciaux munis d'un couvercle ; ceux-ci sont déposés devant les portes, afin d'être ramassés par les services municipaux. Ainsi, Paris montre la voie et dispose de centres de traitement de déchets particulièrement performants dès 1896, notamment à Saint-Ouen.

En 1907, il existe quatre usines pour traiter les déchets de Paris (Romainville – Issy – Ivry – Saint-Ouen) appelées « usines de broyage et d'incinération ».

Législation

En France

La première grande loi-cadre sur la gestion des déchets a été promulguée le 15 juillet 1975. Elle instaure l'obligation pour chaque commune de collecter et d'éliminer les déchets des ménages. Le gouvernement instaure une nouvelle loi en 1992 (la loi Royal) afin de définir de nouvelles règles pour la gestion des déchets ménagers et interdire la mise en décharge qui représentait un énorme gaspillage de matières premières et des risques de pollution. La circulaire Voynet de 1998 donne la priorité à la valorisation de la matière. Il s'agit de développer le recyclage (du verre, du papier, des emballages) et le compostage (des déchets verts notamment). L'objectif fixé est de valoriser 50 % de l'ensemble des déchets collectés.

En Europe

Des directives européennes complètent ces textes nationaux. En 1989 et 1993, de nouvelles normes d'incinération non polluante obligent les États membres à mettre en place des systèmes onéreux et très sophistiqués de traitement des fumées, les incitant à limiter, sinon à réduire, les tonnages incinérés. En 1994, une directive européenne fixe l'échéance du 30 juin 2001 pour valoriser 50 à 65 % du poids des déchets d'emballage. La directive européenne relative aux déchets des équipements électriques et électroniques (DEEE), publiée le 13 février 2003, établit les grands principes de leur gestion. En particulier, les distributeurs doivent assurer la reprise des anciens matériels à l'occasion de chaque vente d'un équipement neuf. Cela conduit à la création d'une nouvelle filière d'élimination. En 2006, une nouvelle directive[2] établit un cadre de gestion coordonnée des déchets dans les États membres afin de limiter la production de déchets et d'organiser au mieux leur traitement et leur élimination. Les États interdisent l'abandon, le rejet et l'élimination incontrôlée des déchets ; ils doivent promouvoir la prévention, le recyclage et la transformation des

1. Source : http://www.syctom-paris.fr/edi/sitetom/histoire/index.htm
2. http://europa.eu/scadplus/leg/fr/lvb/l21197.htm

déchets afin de les réutiliser. Les mesures prévoient une coopération entre États membres en vue de l'établissement d'un réseau intégré et adéquat d'installations d'élimination.
Le coût de l'élimination des déchets doit être supporté par le détenteur qui remet des déchets à un ramasseur ou à une entreprise et/ou par les détenteurs antérieurs ou le producteur du produit générateur de déchets, selon le principe du pollueur-payeur.

Différents types de déchets

Les déchets sont répertoriés dans une « nomenclature ». On peut les classer par catégories en fonction de leur nature, de leur provenance ou encore de leur caractère plus ou moins toxique. On distingue :
• *Les déchets des ménages et assimilés* : déchets produits par les ménages, les commerçants, les artisans, et même les entreprises et industries quand ils ne présentent pas de caractère dangereux ou polluant (papiers, cartons, bois, verre, textiles, emballages).
• *Les déchets des entreprises ou d'activités professionnelles,* parmi lesquels il faut distinguer :
– *Les déchets inertes,* solides minéraux qui ne subissent aucune transformation physique, chimique ou biologique importante (pavés, sables, gravats, tuiles, béton, ciment, carrelage).
– *Les déchets industriels banals* (DIB), déchets des entreprises non dangereux qui sont aussi appelés « déchets assimilés aux déchets ménagers ».
– *Les déchets industriels dangereux ou spéciaux (DIS),* déchets des entreprises qui, en raison de leurs propriétés dangereuses (explosif, comburant, inflammable, irritant, nocif, toxique, cancérogène, corrosif, infectieux, toxique pour la reproduction, mutagène, écotoxique), ne peuvent pas être déposés dans des installations de stockage recevant d'autres catégories de déchets.
• *Les déchets ultimes* : résultant ou non du traitement d'un déchet, qui n'est plus susceptible d'être traité dans les conditions techniques et économiques du moment, notamment par extraction de la part valorisable ou par réduction de son caractère polluant ou dangereux. Depuis le 1er juillet 2002, les installations d'élimination des déchets par stockage ne sont plus autorisées à accueillir que des déchets ultimes.
• *Les déchets d'activités agricoles* qui proviennent des élevages ou des cultures.
• *Les déchets d'activités de soins,* dont certains sont considérés comme à risques.
• *Les déchets nucléaires* qui sont placés sous la responsabilité d'un organisme public particulier : l'Andra (Agence nationale pour la gestion des déchets radioactifs).

Des projets et des objectifs[3]

Le 20 décembre 2007, les participants à la table ronde du Grenelle Environnement sur les déchets ont trouvé un accord sur les lignes directrices d'une politique cohérente et ambitieuse de gestion des déchets :
– réduction chaque année de la production d'ordures ménagères de 5 kg par habitant et par an, sur 5 ans, soit 25 kg au total ;
– rupture dans le domaine du recyclage matière et organique des déchets ménagers et assimilés, afin de passer de 24 % en 2004 à 35 % en 2012, et à 45 % en 2015 ;
– recyclage de 75 % des emballages ménagers en 2012 contre 60 % en 2006 ;
– diminution de 15 % à l'horizon 2012 des déchets destinés à l'enfouissement ou à l'incinération.

Lexique

Collecte sélective : récupération et sélection des déchets en fonction de leur nature en vue de leur valorisation dans des unités de traitement spécifiques.
Déchets : selon la loi, un déchet est un « résidu d'un processus de production, de transformation ou d'utilisation, toute substance, matériau, produit ou plus généralement tout bien meuble abandonné ou que son détenteur destine à l'abandon » (article 1 de la loi du 15 juillet 1975).
Déchets ultimes : déchets qui ne sont plus valorisables, ni par recyclage, ni par valorisation énergétique.
Développement durable : un développement qui répond aux besoins des générations du présent sans compromettre la capacité des générations futures à répondre aux leurs.
Incinération : traitement thermique des déchets urbains ou industriels et transformation en énergie (électricité ou chaleur).
Recyclage : traitement des déchets qui permet de les réintroduire dans le cycle de production d'un produit en remplacement d'une matière première neuve.

3. Source : http://www.developpement-durable.gouv.fr/

Les aspects de la réduction des déchets sont multiples, depuis la conception jusqu'à l'achat, l'utilisation et la récupération. La quantité de déchets par an et par habitant ne cesse de croître en France et dans les pays développés. Il nous faut donc agir selon plusieurs axes :

– Mieux produire, c'est d'abord au moment de la conception des produits que l'on peut réduire les impacts sur l'environnement.

– Mieux consommer, une grande part de nos déchets provient de nos achats, il est possible de diminuer de près de moitié le poids des déchets de son chariot de course.

– Réutiliser, car avant de devenir déchets, nos objets peuvent souvent servir à d'autres.

– Mieux jeter, emballages, produits toxiques ou déchets verts, les déchets ne finissent pas tous dans la même poubelle. Apprendre à composter et à bien trier permet de mieux valoriser ses déchets.

Le rôle de l'école

Étudier les déchets à l'école aide à former des citoyens soucieux de la planète et éviter qu'un scénario de film ne devienne une prophétie, comme dans le film Wall-E : « Il n'y a plus rien, que des déchets. (...) La Terre est une décharge qui baigne dans une lumière fuligineuse. (...) [Un robot, Wall-E] parcourt des paysages terrifiants, grandioses, où les squelettes des anciens gratte-ciel sont alignés sur les tours de déchets que Wall-E et ses congénères, aujourd'hui hors service, ont édifiées depuis que les hommes ont quitté la planète.[4] »

Le premier axe de la stratégie nationale de développement durable est : « Le citoyen acteur du développement durable ». Il s'agit, entre autres, de développer, dans le milieu scolaire et les activités extra-scolaires, l'éducation à l'environnement pour un développement durable. « Les femmes, les hommes et les enfants sont, quel que soit le pays où ils habitent, les vecteurs essentiels de changement des pratiques. (...) Les femmes, les hommes et surtout les enfants doivent apprendre ces gestes quotidiens salutaires à long terme.[5] » L'étude des déchets à l'école ne peut concerner la seule Géographie qui s'attache à montrer le rôle des sociétés humaines, les transformations qu'elles apportent à leur environnement et les enjeux liés à ces transformations. Cette « approche du concept de développement durable s'appuie sur les enseignements disciplinaires (histoire, géographie, sciences expérimentales et technologie) et sur le domaine transversal de l'éducation civique.[6] »

« L'éducation à l'environnement pour un développement durable doit être une composante importante de la formation initiale des élèves, dès leur plus jeune âge et tout le long de leur scolarité, pour leur permettre d'acquérir des connaissances et des méthodes nécessaires pour se situer dans leur environnement et y agir de manière responsable.[7] »

4. Voir la critique « Wall-E : romance écolo entre robots » de Thomas Sotinel, *Le Monde*, 30 juillet 2008.
5. http://eduscol.education.fr/D1185/pdvue01.htm
6. http://eduscol.education.fr/D1185/primaire_accueil.htm
7. Circulaire n° 2004-110 du 8 juillet 2004.

Compétences disciplinaires
- Comprendre la notion de déchets.
- Avoir une première approche de la gestion des déchets selon le principe de développement durable.
- Comprendre l'importance de la réduction de nos déchets et du recyclage.

Compétences méthodologiques
- Lire un schéma.
- Localiser sur une carte.
- Comprendre des textes et des documents variés.
- Analyser des photographies et formuler des hypothèses.

Problématique

Comment s'organise la gestion des déchets en France ?

Matériel

doc. 1 Un schéma sur les différentes sortes de déchets.

doc. 2 Deux textes sur la collecte des déchets de la ville de Charenton-le-Pont.

doc. 3 Un schéma sur le traitement des déchets en Île-de-France.

doc. 4 Six photographies sur le traitement des déchets.

Lexique : déchets, collecte sélective, recyclage, incinération, développement durable.

Durée de la séance : 50 minutes.

Étape 1

Établir la notion de déchets

Matériel

Le cahier de brouillon.

Organisation de la classe

Travail collectif puis par groupes de 4.

Pour démarrer cette séquence, l'enseignant interroge les élèves sur leur représentation de la notion de déchets. Il leur demande de citer quelques exemples de déchets et note leurs réponses au tableau. Puis, par groupe de quatre, les élèves essaient d'établir un classement des déchets notés au tableau. L'enseignant peut les guider en leur suggérant de penser au devenir des déchets.

Lors de la mise en commun, l'enseignant évoque les notions de déchets biodégradables, recyclables, réutilisables et toxiques.

Résultat attendu

Le classement peut être le suivant :
1. Déchets ménagers non recyclables (restes de repas, couches, boîtes sales…).
2. Papiers, journaux, magazines, enveloppes...
3. Emballages en plastique (bouteilles, flacons…).
4. Emballages en carton (briques alimentaires, boîtes d'œufs…).
5. Emballages métalliques (boîtes de conserve, barquettes aluminium, canettes, aérosols…).
6. Le verre (bouteilles, pots…).
7. Les vieux vêtements ou textiles usagés.
8. Les objets encombrants (gravats, électroménager, appareils audiovisuels, informatiques et bureautiques…).
9. Les objets dangereux (batterie, huile de vidange, piles usagées…).

Notion à communiquer aux élèves

Les déchets produits en France sont très variés. Il en existe des biodégradables, des recyclables, des réutilisables, des toxiques. ■

Étape 2

Connaître les différentes sortes de déchets

Matériel

Le schéma sur les différentes sortes de déchets (doc. 1 à photocopier).

Organisation de la classe

Travail collectif.

L'enseignant distribue le document 1 et pose les questions suivantes auxquelles les élèves répondent oralement :
- Quelle est la nature de ce document ? *Il s'agit d'un schéma montrant le contenu moyen d'une poubelle en France.*
- Que montre-t-il ? *Il montre les différentes sortes de déchets en fonction de leur volume jeté chaque année en France.*
- Retrouvez-vous dans cette poubelle tous les déchets que nous avons évoqués lors de l'étape 1 ? *Oui.*
- Quels sont les déchets les plus importants ? *Les emballages en plastique (26 %).*

L'enseignant ajoute qu'en 1960 une personne produisait 220 kg de déchets par an, alors qu'aujourd'hui elle en produit 450 kg. Il demande :

- En observant ce schéma, pouvez-vous expliquer pourquoi on produit deux fois plus de déchets que dans les années 1960 ? *L'augmentation du nombre de déchets s'explique par une production croissante des emballages (plastiques, papier et carton).*

Notion à communiquer aux élèves

Dans les poubelles françaises, la majorité des déchets sont constitués d'emballages : plastique, verre, carton. Les journaux sont une autre partie importante de nos déchets. ■

L'enseignant soumet une problématique :

- Que deviennent tous ces déchets ?

Étape 3

Savoir comment les déchets sont collectés

Matériel

Les deux textes sur la collecte des déchets de la ville de Charenton-le-Pont (doc. 2 à photocopier).

Organisation de la classe

Travail par groupes de 4.

Après une lecture collective des deux textes et une explication du vocabulaire inconnu, l'enseignant demande aux élèves de répondre aux questions suivantes sur leur cahier de brouillon :

- Quelles sont les solutions mises en place par les communes de Charenton-le-Pont et de Saint-Maurice pour le ramassage des déchets ? *Les communes gèrent le ramassage des ordures ménagères, des déchets recyclables, et la collecte des encombrants et des déchets toxiques.*
- Que demande-t-on aux habitants ? *On demande aux habitants de trier leurs déchets car la part des emballages (plastique, carton, verre) est de plus en plus importante.*
- Quels sont les intérêts du tri sélectif ? *Le tri sélectif permet de réduire le nombre de déchets à incinérer, il permet de réaliser des économies d'énergie considérables et de préserver des ressources naturelles précieuses.*
- Que deviennent les ordures ménagères non recyclables ? *Les ordures ménagères de la ville de Charenton-le-Pont sont déversées et incinérées avec récupération d'énergie au centre du Syctom d'Ivry-Paris 13.*

Notion à communiquer aux élèves

Face à la quantité de déchets à traiter, certaines communes ont fait le choix du tri sélectif. Ainsi, elles maîtrisent une part du coût de l'élimination des déchets et mènent une action écologique en participant à la limitation des prélèvements dans la nature grâce au recyclage. ■

Étape 4

Comprendre l'organisation du traitement des déchets en Île-de-France

Matériel

Le schéma sur le traitement des déchets en Île-de-France (doc. 3, livret couleur p. 23).

Organisation de la classe

Travail collectif.

L'enseignant distribue le schéma sur le traitement des déchets en Île-de-France. Il demande aux élèves de repérer la ville de Charenton-le-Pont, commune d'Île-de-France, limitrophe de Paris. Ils peuvent également repérer le centre Syctom d'Ivry-Paris 13 évoqué dans l'étape précédente.

Après avoir observé ce document, les élèves répondent oralement aux questions suivantes :

- Que signifie le terme Syctom ? *Syndicat intercommunal de traitement des ordures ménagères.*

L'enseignant explique le rôle du Syctom : c'est un établissement public qui assure le traitement et la valorisation des déchets des communes. Les communes assurent le service de collecte et emportent les déchets vers les différents centres du Syctom : centre de tri, centre de transfert, déchetterie et centre d'incinération avec valorisation énergétique ; dans ces derniers, on brûle les déchets en récupérant l'énergie sous forme d'électricité et de vapeur.

- Combien de communes font appel au Syctom ? *84 communes d'Île-de-France.*
- Quelle est la plus grande d'entre elles ? *Paris.*
- Combien y a-t-il de centres d'incinération ? *3.*
- Combien y a-t-il de centres de tri des déchets ? *6 en service, 3 en projet.*
- Quelle quantité de déchets a été traitée en 2007 ? *2,43 millions de tonnes.* Pour en montrer l'ampleur, l'enseignant peut dire que ce poids représentent 248 Tour Eiffel ou 248 000 autobus.

Notion à communiquer aux élèves

Les communes ne peuvent assurer seules la gestion et le traitement des déchets produits par les habitants. Elles travaillent avec un établissement public qui construit et gère des installations de traitement des déchets. ■

Étape 5

Comprendre le circuit des déchets des villes après collecte

Matériel
Six photographies sur le traitement des déchets (doc. 4, livret couleur p. 24).

Organisation de la classe
Travail collectif.

L'enseignant invite les élèves à observer les photographies. Il leur demande de décrire les cinq premières oralement.

Réponses attendues
Ces photographies montrent des installations importantes utilisées dans le traitement des déchets :

a) Une grande usine, un centre d'incinération où l'on brûle les déchets ménagers.
b) Un centre de transfert des déchets.
c) Des ouvriers trient des déchets.
d) Des balles de déchets en plastique.
e) Un camion poubelle vide son chargement dans une fosse.

Pour chaque photo, **l'enseignant apporte des informations complémentaires** :

a) Dans ce centre d'incinération avec valorisation énergétique, les déchets brûlés produisent de l'énergie récupérée pour produire de la vapeur ou de l'électricité pour le chauffage urbain.
b) Ces centres reçoivent des ordures ménagères ou des objets encombrants collectés par les communes voisines, qui sont trop éloignées des centres de traitement. Ces déchets sont ensuite acheminés par gros porteurs ou par péniches pour être traités dans des centres d'incinération ou des centres de tri.
c) Les ouvriers enlèvent le non-recyclable et sélectionnent par catégorie les matières recyclables.
d) Les matériaux triés sont ensuite mis en balle par catégorie (plastique, papier, carton, aluminium, acier et briques alimentaires) puis sont acheminés dans des sociétés spécialisées afin d'être recyclés.
e) Les centres d'incinération reçoivent les déchets non recyclables issus des collectes usuelles : déchets alimentaires, refus de tri, tout déchet ne pouvant être recyclé… L'incinération de ces déchets permet de créer de l'énergie sous forme d'électricité et de vapeur et d'isoler des matériaux réutilisables.

Enfin, l'enseignant demande aux élèves :

▸ Que montre la dernière photographie ? *On voit des camions déverser des déchets en plein air.*

L'enseignant précise qu'il s'agit d'une photographie montrant une décharge (ou centre d'enfouissement technique) où finissent, en France, environ 50 % des déchets. Il s'agit d'un autre mode, réglementé, de traitement des déchets. Un centre d'enfouissement technique (CET) est une décharge conçue pour le stockage de déchets ultimes sans générer de pollution de l'environnement.

Notion à communiquer aux élèves

Les installations de traitement des déchets sont de plus en plus importantes. À l'issue d'un long processus, le tri des déchets mis en place dans les communes permet une valorisation de ceux-ci par le recyclage ou la transformation en énergie. Chaque citoyen joue un rôle dans le tri et la réduction des déchets. En effectuant un tri sélectif chez lui, il lutte contre la pollution et pour la sauvegarde de la planète.
Les déchets ultimes sont enterrés dans des centres spécialement conçus à cet effet. ■

Évaluation

Compétences évaluées

- Connaître la notion de déchet.
- Restituer le vocabulaire lié aux déchets et à leur traitement.
- Avoir compris la notion de recyclage des déchets.
- Savoir interpréter un graphique simple.

Corrigé

1.

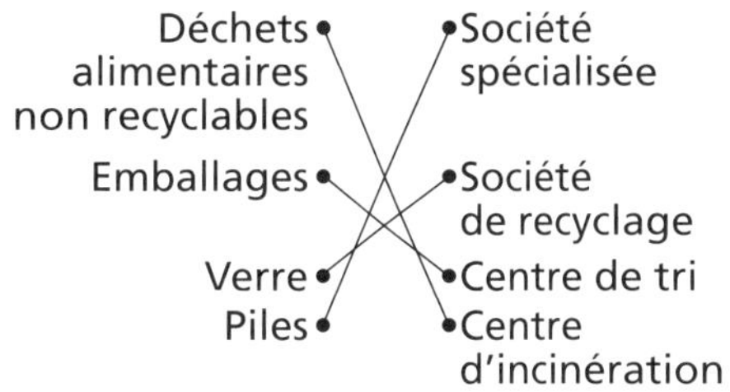

2. *De haut en bas* :
Déchets non recyclables
Journaux
Emballages

3. a) faux. b) vrai. c) vrai. d) vrai. e) vrai. f) faux. g) faux.

4. a) Centre d'incinération.
b) Centre d'enfouissement technique.
c) Emballage.
d) Centre de tri.
e) Collecte.

12
Fiche documents

Les déchets : réduction et recyclage

Document 1

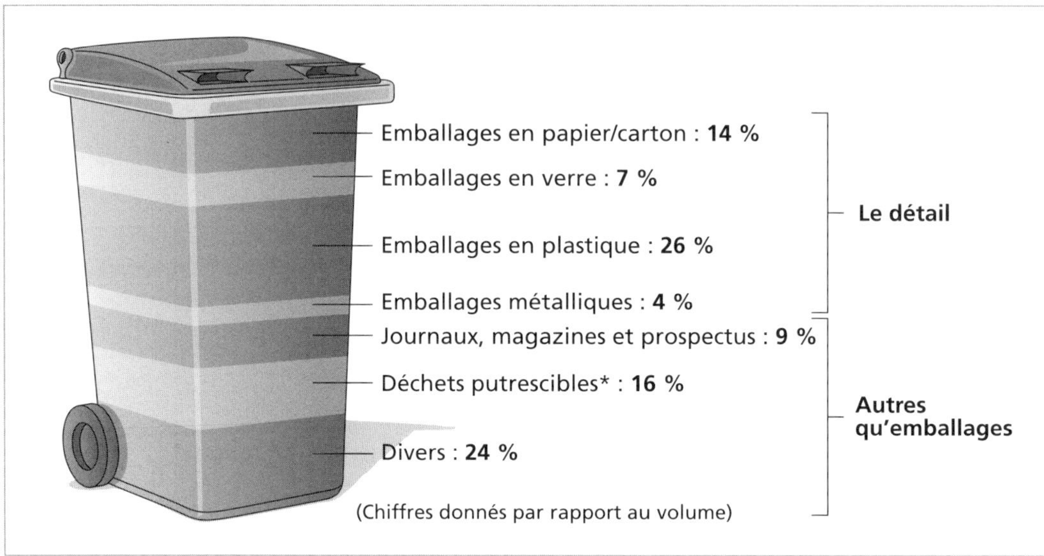

Source : ADEME

Contenu moyen d'une poubelle en France.

* Déchets putrescibles : déchets composés de matière organique biodégradable susceptibles de se dégrader spontanément dès leur production.

12
Fiche documents

Les déchets : réduction et recyclage

Document 1

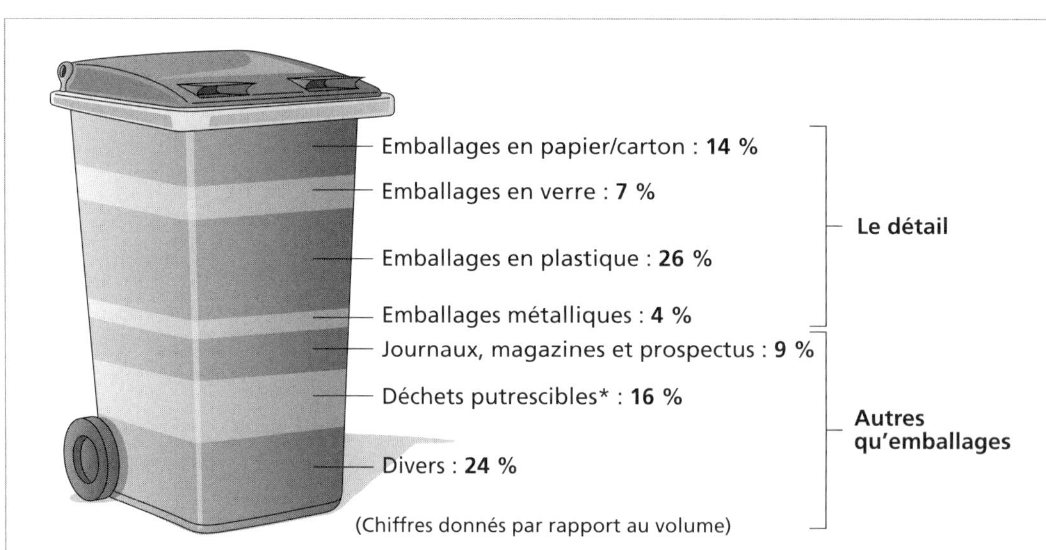

Source : ADEME

Contenu moyen d'une poubelle en France.

* Déchets putrescibles : déchets composés de matière organique biodégradable susceptibles de se dégrader spontanément dès leur production.

Les déchets : réduction et recyclage

Document 2

- Les **ordures ménagères** sont ramassées tous les jours de 17h à 23h sauf le dimanche et le 1er mai. Pour des raisons évidentes de sécurité, les conteneurs ne doivent pas stationner sur le trottoir en dehors des heures de collectes.

  Les **bacs marron** (emballages et journaux magazines) sont collectés tous les jeudis matin (de 6h30 à 12h30).
  Les **bacs bleus** (verre) sont collectés **tous les jeudis de 9h30 à 16h30.**

  Depuis le 1er janvier 2006, des "codes-barres" permettant d'identifier les conteneurs sont installés progressivement sur l'ensemble des conteneurs de la ville.
  Ceci dans le but de faire disparaitre les bacs "ventouse" qui restent toute la journée sur la voie publique.

- Pour la collecte des encombrants, la ville est divisée en **deux secteurs** :
  - **secteur 1** : 1er et 3ème mardi du mois
    de la rue de Paris incluse à l'avenue de Gravelle
  - **secteur 2** : 2ème et 4ème mardi du mois
    de la rue de Paris exclue au quai des Carrières

  Les **"encombrants"** sont des déchets de gros volume d'origine domestique comme les appareils électroménagers, les matelas ou les sommiers et les meubles. **Ils sont ramassés le matin (de 6h30 à 12h30).**
  Attention : Les cartons, même de grande taille, ne peuvent pas être pris avec les encombrants, ils doivent être présentés avec les ordures ménagères.
  Sont également exclus : les gravats, les débarras, les palettes, les solvants toxiques...

- **Le camion planète pour les déchets toxiques** est à votre disposition le 2ème mercredi du mois avenue Jean Jaurès (face au marché) et le 4ème samedi du mois avenue du Général de gaulle (quartier de Bercy), de 9h à 12h.

- Une déchetterie du Syctom est à la disposition des particuliers au 44 avenue Victor Hugo à Ivry sur Seine, tous les jours de 10h à 18h sans interruption (sauf le 1er mai). Vous pouvez y déposer des gravats, des encombrants, de la ferraille, du bois, des déchets verts, etc... **(Tél. : 01 43 90 00 28)**

a **Extrait de la plaquette sur la collecte des déchets à Charenton-le-Pont.**

Pourquoi la collecte sélective ?

L'évolution du niveau de vie, la diminution de la taille des foyers et le succès des produits alimentaires conditionnés et prêts à consommer ont eu pour conséquence un fort accroissement du volume des déchets produits en France au cours des 40 dernières années.
Dans le même temps est apparue une modification de la nature des déchets. En trente ans, la part des emballages a doublé et celle des plastiques a été multipliée par dix.

Maîtriser les coûts d'élimination des déchets
En raison des normes antipollution de plus en plus strictes, le coût d'incinération d'une tonne d'ordures ménagères ne cesse de croître : 67,53 euros par tonne aujourd'hui contre 9,45 euros par tonne en 1987. La collecte sélective permet de réduire le volume d'ordures ménagères à incinérer, tout en percevant des recettes sur les matériaux triés.

Limiter les prélèvements sur la nature
Le tri permet de réaliser des économies d'énergie considérables et de préserver des ressources naturelles précieuses.
Chaque tonne de plastique recyclée permet d'économiser entre 700 et 800 kg de pétrole brut. En 2000, 56 000 tonnes de pétrole brut ont été ainsi économisées.
2,5 tonnes de bois sont épargnées pour 1 tonne de papier carton recyclée. 500 000 tonnes de bois sont restées dans les forêts grâce aux recyclages.
Chaque tonne d'acier recyclée fait économiser une tonne de minerai de fer.

Les ordures ménagères sont déversées et incinérées avec récupération d'énergie au centre du Syctom d'Ivry-Paris 13. L'énergie récupérée sert à la production électrique et au chauffage urbain.

Trier est une occasion simple de faire un geste qui pèse dans la sauvegarde de notre planète.

D'après www.charentonlepont.fr.

b

12 Fiche évaluation — Les déchets : réduction et recyclage

1. Relie les types de déchets et leur destination.

Déchets alimentaires non recyclables •	• Société spécialisée
Emballages •	• Société de recyclage
Verre •	• Centre de tri
Piles •	• Centre d'incinération

2. En fonction des volumes jetés en France, classe dans la poubelle les déchets suivants :

déchets non recyclables, emballages, journaux

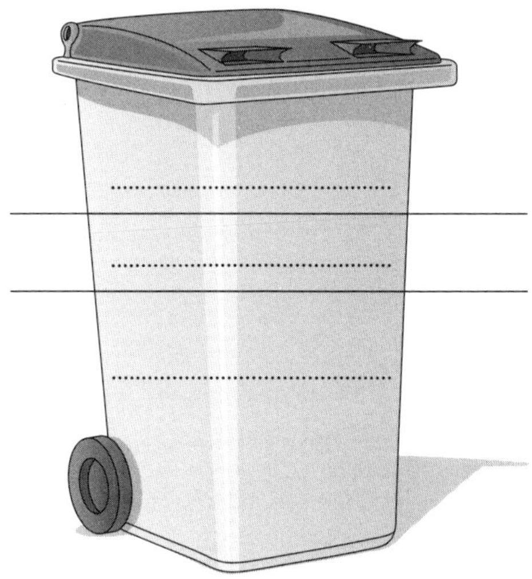

3. Réponds aux affirmations suivantes par VRAI ou FAUX. Entoure la bonne réponse.

a)	Tous les déchets sont recyclables.	Vrai	Faux
b)	La collecte sélective permet de diminuer les prélèvements sur la nature.	Vrai	Faux
c)	En France, la part des emballages est de plus en plus importante.	Vrai	Faux
d)	Il existe plusieurs façons de traiter les déchets.	Vrai	Faux
e)	Les déchets brûlés dans les incinérateurs produisent de l'énergie récupérable.	Vrai	Faux
f)	L'incinération est le seul moyen d'éliminer les déchets.	Vrai	Faux
g)	Tous les déchets d'Île-de-France sont traités au même endroit.	Vrai	Faux

4. Associe chaque mot à sa définition.

centre de tri – centre d'enfouissement technique – emballage – centre d'incinération – collecte

a) Dans ces centres, on brûle les ordures ménagères qui ne peuvent être recyclées :

....

b) Un centre où l'on stocke les déchets ultimes, comme par exemple les déchets toxiques :

....

c) Toute matière plastique, carton, métal... recouvrant la nourriture par exemple :

....

d) Centre où les déchets sont triés par catégorie :

....

e) Le fait de récupérer les déchets mis dans ta poubelle pour les emmener au centre de tri ou de valorisation énergétique. Les camions poubelle effectuent ce travail !

....

Sommaire

L'organisation territoriale française

L'analyse des paysages français

Le développement durable

Des paysages de village en France

Document 1

© Tim Mannakee/ Grand Tour/ Corbis.

a Turenne, Corrèze.

© Grand Tour/ Corbis.

b Riquewihr, Alsace.

© Guy Marche/ amanaimages/ Corbis.

c Lyon, Rhône-Alpes.

Des paysages de village en France

Document 1 (suite)

d Manonville, Lorraine.

Document 3

Extrait de la carte IGN de Manonville (carte de randonnée 33140 Thiaucourt-Regnéville).

La structure urbaine

2
L'organisation territoriale française

Document 3

© J. Loïc / Photononstop.

a La rue Caumartin, à Paris.

© Achdou F. / Urba Images Server.

b Vitry-sur-Seine, dans la banlieue parisienne.

© Achdou F. / Urba Images Server.

c Stains, à l'est de Paris.

© Champollion H. / TOP / HPP.

d La place de l'Opéra Garnier, à Paris.

© Achdou F. / Urba Images Server.

e Euralille, près de la gare de Lille.

© Scneider D. / Urba Images Server.

f La faculté de médecine de Bordeaux.

Les quartiers urbains en fonction de l'habitat

Document 6

© Yann Arthus-bertrand / Altitude.

a Corbeil-Essonnes.

© Yann Arthus-bertrand / Altitude.

b Le Vésinet.

© Guignard P. / Urba / Air Images Server.

c Les Courtillères, à Pantin.

Les quartiers urbains en fonction de l'activité

Document 7

© Yann Arthus-Bertrand/ Altitude.

a L'usine Michelin de Clermont-Ferrand.

© Yann Arthus-Bertrand/ Altitude.

b Le quartier de La Défense.

© P. Guignard / air-images.net.

c Le port de la Grande Motte.

© Claudius Thiriet/ Altitude.

d Le quartier de l'Europe à Strasbourg.

La circulation des hommes et des biens

Document 1

a

b

c

d

La circulation des hommes et des biens

Document 1 (suite)

© Alain Le Bot/ Photononstop.

e

© Agnès Bichet/ Photononstop.

f

© Peter and Georgina Bowater/ Tips/ Photononstop.

g

© Joel Damase/ Photononstop.

h

La circulation des hommes et des biens

Document 1 (suite)

© Javier Larrea / AGE Fotostock / Eyedea.

i

© Alain Le Bot/ Photononstop.

j

© Jacques Loic/ Photononstop.

k

© Paolo Lazzarin/ Tips/ Photononstop.

l

La France organisée en régions

Document 1

a Logo de la région Auvergne.

b Logo de la région Rhône-Alpes.

La montagne

Document 2

© J.-D. Risler / Grandeur nature / Eyedea.

Glacier et village du Tour, vallée de Chamonix, dans les Alpes.

Document 3

© F. Jourdan / Hoa-Qui / Eyedea.

Le col du Tourmalet, dans les Pyrénées.

La montagne

Document 4

© Lorne P. / Explorer / Hoa-Qui / Eyedea.

Vallée de la Santoire, dans le Massif central.

Document 5

© Mattes R. / Explorer / Hoa-Qui / Eyedea.

Le grand ballon de Guebwiller, dans les Vosges.

La montagne

Document 6

© Fournier A. / SCOPE.

Les Houches, dans les Alpes.

Document 8

© Damase J. / Explorer / Hoa-Qui / Eyedea.

La chaîne des Puys, dans le Massif central.

Plateaux, plaines et vallées fluviales

Document 1

© L. Roulland / Altitude.

La plaine d'Aquitaine.

Document 2

© Photo aérienne Bernard Beaujard.

Le plateau bourguignon.

Plateaux, plaines et vallées fluviales

Document 3

© Garcin J.-P. / Photononstop.

a Vignobles du Roussillon.

© Yann Arthus-Bertrand / Altitude.

b L'usine Elf/Atochem de Gonfreville l'Orcher.

© Rozenwajg R. / Photononstop.

c La plaine de Beauce.

Plateaux, plaines et vallées fluviales

Document 3 (suite)

© Travert Y. / Photononstop.

d La plaine de la Limagne.

© Gisnes R. / Altitude.

e La plaine du Nord.

© Allain / Andia.

f Les Côtes d'Armor, en Bretagne.

Des campagnes variées

Document 1

© R. Rozencwaig / Photononstop.

Le village d'Arboussols, dans les Pyrénées orientales.

Document 2

© J.-D. Sudres.

Le village de Lixy, en Bourgogne.

Des exploitations agricoles diverses

Document 8

© Yann Arthus-Bertrand / Altitude.

Un paysage agricole dans les Côtes d'Armor : des champs en bocage.

Document 9

© Roger Rozencwajg / Photononstop.

Un paysage agricole dans la Beauce : des champs ouverts.

Les littoraux : des paysages variés

Document 1

© Roy Philippe / Hoa-Qui / Eyedea.

a Paysages de Gironde : une côte dunaire.

© Sappa C. / Hoa-Qui / Eyedea.

b Le littoral de l'Hérault : une côte à lagune.

Des activités littorales diversifiées

Document 11

La Baule.

Document 12

a Le port du Croisic.

b Le port de la Turballe.

c Les parcs à huîtres à Mesquer.

11

Le développement durable

L'eau : besoins et traitement

Document 1

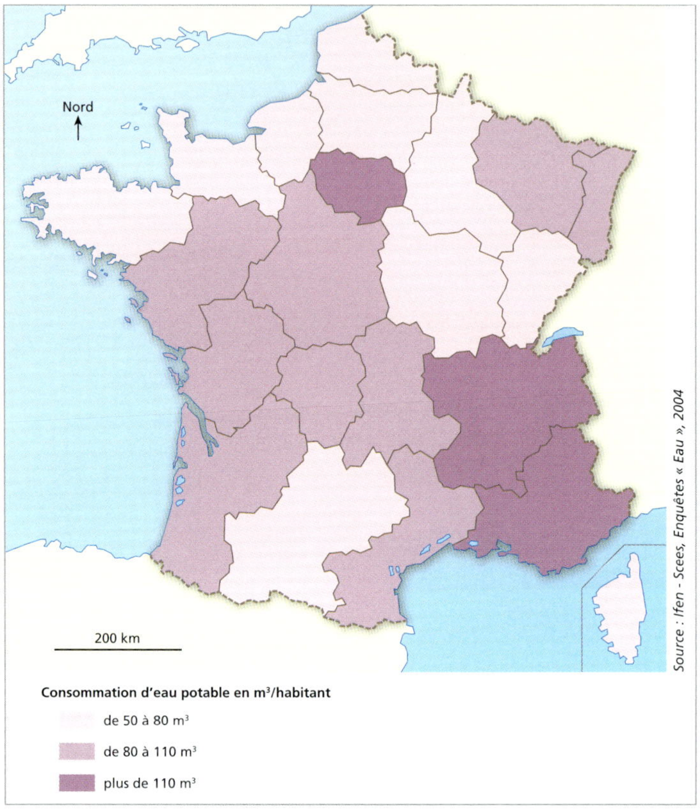

La consommation d'eau potable dans les régions françaises.

Document 2

© Préfecture du Var.

Les déchets : réduction et recyclage

Document 3

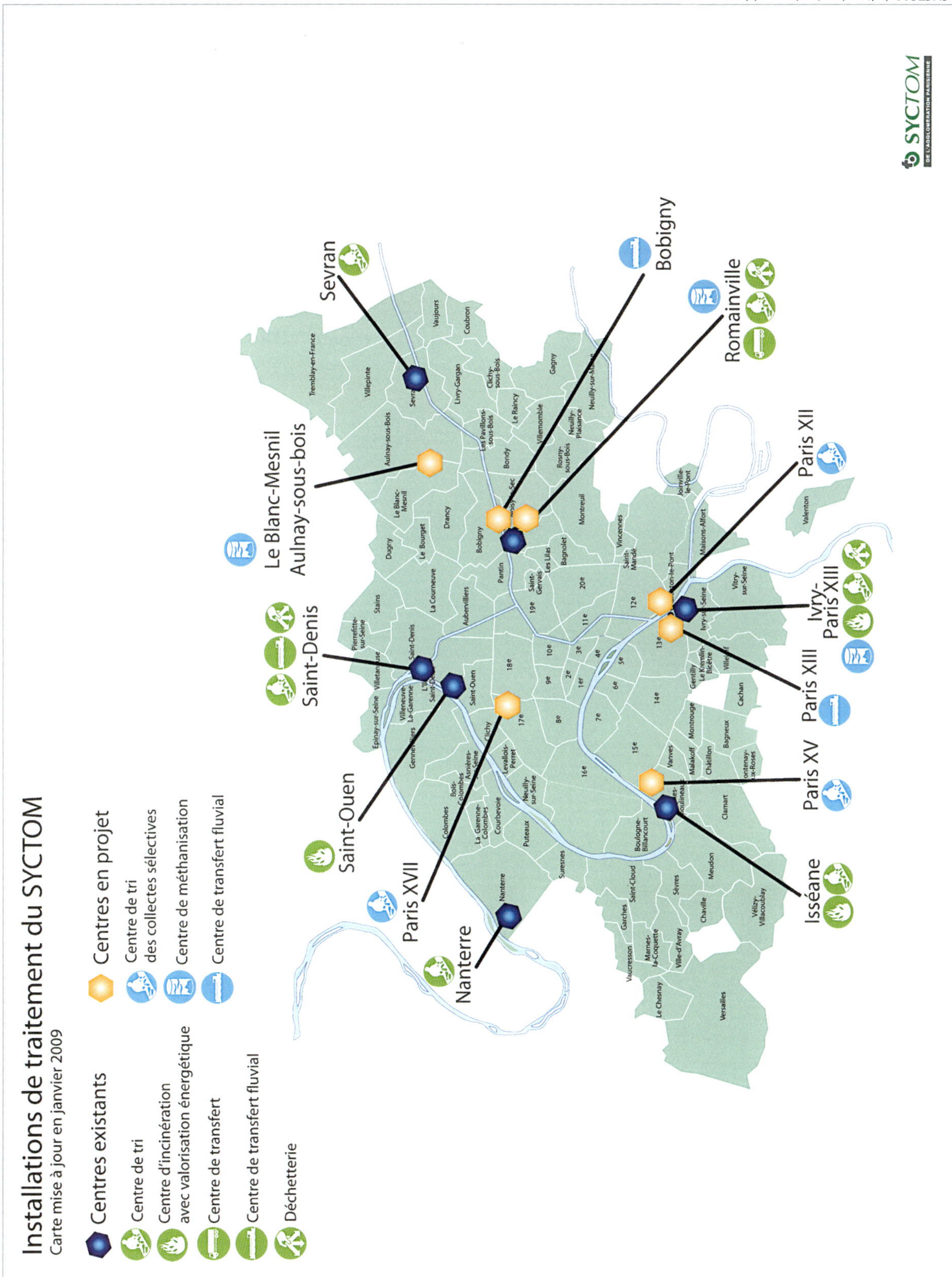

Le SYCTOM (Syndicat intercommunal de traitement des ordures ménagères) en chiffres
84 communes de 5 départements d'Île-de-France, solidaires pour traiter leurs déchets
5,58 millions d'habitants
2,43 millions de tonnes de déchets en 2008

12
Le développement durable

Les déchets : réduction et recyclage

Document 4

a Centre d'incinération à valorisation énergétique (Saint-Ouen).

b Centre de transfert (Romainville).

c Tri des déchets en vue du recyclage (Nanterre).

d Balles de déchets en plastique (Nanterre).

e Réception de déchets dans un centre d'incinération.

f Centre d'enfouissement technique.